나의 레종 데트르

나의 레종 데트르

초판 1쇄 발행 2007년 9월 25일
초판 2쇄 발행 2007년 11월 20일

지은이 | 김갑수
펴낸이 | 박혜숙
펴낸곳 | 미래M&B
전무 | 정준걸
편집이사 | 한희덕
책임편집 | 김현주
영업 | 김용석, 장동환, 김대성
제작 | 남상원
독자서비스 | 김하연

등록 | 1993년 1월 8일(제10-772호)
주소 | 서울시 서초구 서초3동 1550-13 소소헌 빌딩 4층
전화 | 02-562-1800(대표), 02-522-0768~9(편집)
팩스 | 02-562-1885(대표), 02-587-1884(편집)
전자우편 | mirae@miraemnb.com
홈페이지 | www.miraemnb.com

ⓒ 김갑수, 2007

ISBN 978-89-8394-362-0　03810

값 12,000원

* 잘못 만들어진 책은 바꾸어 드립니다.

쿨한 남자 김갑수의
종횡무진 독서 오디세이

나의 경이로운 대로론

김갑수 지음

미래M&B

저 자 의 말

허공에 무덤을 파다

어느 봄날의 아침나절, 새로 돋아나는 나뭇잎을 보며 저 초록들도 할 말이 있어서 초록일 거야, 하고 중얼거린 기억이 있다. 집과 작업실에 있는 세 대의 컴퓨터를 훑으니 대략 5천 매가 넘는 문서 파일이 모인다. 무슨 할 말이 그렇게나 많았던 걸까. 그 '할 말'의 상당수가 책을 통해 이루어져 있었다. 내가 책을 읽었다기보다는 책이 나에게 말을 걸었다는 쪽에 가깝다. 저자 또는 등장인물과 두런두런 말을 건넨 흔적. 그것은 곧 시간을 흘려보내는 내 나름의 방식이기도 했다.

두 권의 음악 칼럼집을 출간하고 꽤 여러 해의 공백기가 있었다. 그동안에도 날마다 음악을 들었고 신간의 숲을 헤치며 틈틈이 소감을 적어 신문이나 잡지에 팔았다. 땅을 파거나 물건을 만드는 것처럼 실체감이 드는 삶이 아니어서 언제나 허공중에 두 발이 떠 있는 듯했다. '허공에 무덤을 판다'는 파울 첼란의 시구를 떠올린다. 허공을 뒤집으면 공허가 된다.
그래도 이 무목적적이고 무지향적인 책읽기에 굳이 변명을 안겨준다면 '실용에 대한 반발'이라고나 할까. '지식검색'으로 순식간에 온 세상의 의문을 다 풀어버리는 세상에서 기나긴 페이지의 살결을 더듬으며 우회하는 방법은 분명 비실용적이다. 더불어 잘사는 요령을 한입에 떠먹여준다고 장담하는 실용서적을 애써 피하고 고전적 태도로 씌어진 책을 선호하는 것 역시 비실용적일 것 같다. 그러나 삶이 내게 가르쳐주었다. 실용적인 것이 종국에는 가장 쓸모없더라고.

원고료가 밥 먹여주는 세상이 아니어서 지난 10여 년 새 쉼 없이 방송을 해오고 있다. 〈책하고 놀자〉〈TV 책방〉〈책과 함께하는 세상〉〈라디오 독서실〉〈TV, 책을 말하다〉 등등 여러 방송사의 책 관련 프로그램의 진행자나 고정 패널을 맡았는데, 그 일은 허공에 떠 있는 내 두 발을 땅에 내려놓아주곤 했다. 대지에 발을 디디면 더 이상 몽상의 책읽기는 허용되지 않는다. 그래서 입혀진 의상이 소위 출판평론가 또는 문화평론가다. 평론이 옳고 그름을 분별하는 일이라면 사실 출판도 문화도 평론한 일이 없다. 다만 더 나아 보이는 것을 선택해서 소개했을 따름이다.

방송일과 더불어 또 한편으로 무수한 '위원질'을 해왔다. 4년여에 걸친 한국간행물윤리위원회의 서평위원을 비롯해 온갖 자문위원, 기획위원, 심사위원 따위를 섭렵했는데 그 대부분이 책과 관련된 일이다. 아비의 직업이 뭔지 끝끝내 이해하지 못하는 아들에게 이 지면을 빌어 '위원'이라고 선포해둔다. '위원질' 역시 원고료로 살 수 없는 세상이 만들어주었다.

원고를 추려보니 대부분 흘러간 화제라는 생각이 든다. 하지만 책이 하루살이 신문기사처럼 취급돼서야 될 일인가. 더욱이 '여기 언급한 책들을 읽으시오' 하는 권고의 목적으로 펴내는 것도 아니다. 나는 이 독서집이 시간의 공허를 견뎌내지 못하는 어떤 자가 책장의 첩첩산중을 넘나들며 견뎌낸 흔적으로 읽히기를 소망한다. 아니 공허할 틈조차 없는 사람들이 잠깐이나마 내 공허에 동참하기를 꿈꾼다.

그 공허의 다른 이름이 책 제목이 된 '나의 레종 데트르'다. 본문 어느 대목엔가 설명이 나오기는 하지만, 이 구식으로 멋 부린 외래종의 어감을 그냥 그대로 받아들여주었으면 한다. 모든 낱말 뜻을 꼬치꼬치 다 알아야 하는 것도 아니고 더욱이 토속 언어에 대한 신앙심이 내게는 없다. 굳이 사족을 달자면 '존재 이유'는 언명이 아니라 물음이다. 답변 없는 물음으로 한평생인데 그것이 곧 나의 레종 데트르, 나의 책읽기다.

한희덕, 심순영 두 사람 덕으로 책이 나온다. 출간을 요청하고 실무를 맡아준 두 분이다. 원고 작업을 한없이 지연시키게 만든 벗 서병성의 이름도 기록해둔다. 끊임없이 오디오를 교체하도록 유혹하는 그가 아니었다면 이미 몇 권의 책이 나왔을 것이다. TBS DMB팀의 김남일 부장, 이영준 차장, 박정호 피디, 방은영 작가에게 고마움의 인사를 전한다. 연예인이 점령한 방송가에서 나 같은 문화 부랑자들이 일할 수 있도록 애쓰는 방송인들이다.

저 초록들도 할 말이 있어서 초록일 거라고 되뇌던 계절이 훌쩍 지나가 또 한차례의 가을 쓰라림을 통과한다. 쓰라림 없는 가을은 한 번도 없었다. 아마 저 가을도 할 말이 있어서 쓰라릴 거다.

2007년 가을

김갑수

저자의 말 허공에 무덤을 파다 • 6

1 성교

우리는 아직 카사노바에 도달하지 못했다 • 15 참을 수 없는 존재의 가벼움 • 18 나도 톨스토이와 동격이다 • 25 다들 망거질 때 망거지지 않은 몇몇 놈 • 27 섹스를 공부하자! • 31 사랑은 진할수록 아름답다 • 33

2 재미나는 인생

태초에 먼지가 있었다 • 39 흡연을 고민하는 햄릿 • 41 수의사 헤리엇의 아름다운 이야기 • 46 어느 무명 철학자의 유쾌한 행복론 • 50 추리문학의 교과서들 • 52

3 내 안의 시

사랑을 잃고 나는 쓰네 • 59 맛없는 인생의 식탁에 아무도 초대하지 않았다 • 64 슬픔이 너를 깨문다 • 67 불은 언제나 되살아난다 • 72

4 멜로디를 넘어서

한 놈만 죽인다! • 79 내 영혼의 음악 • 84 왜 클래식인가? • 86 멜로디를 넘어 의미의 세계로 • 88 록, 그 폭발하는 젊음의 미학 • 89 그 남자의 재즈일기 • 91 날아라 밴드 뛰어라 인디 • 94 후레자식 음악의 지형도 • 98 미쳐 있는 행복은 미친 사람만이 안다 • 102

5 소설, 하나

윤대녕의 두 여자 • 107　결혼은 미친 짓이다 • 111　첫사랑 • 113　떨림 • 116　풍경의 내부 • 118　황석영과 박현욱을 동시에 읽고 보니 • 121　아들을 위하여 • 125　이호철과 김영하의 사이 • 127　너를 만나고 싶다 • 131

6 소설, 둘

내 안의 깊은 계단 • 137　식물들의 사생활 • 140　종희의 아름다운 시절 • 142　아주 오래된 농담 • 145　난 유리로 만든 배를 타고 낯선 바다를 떠도네 • 148　사랑을 선택하는 특별한 기준 • 152　당당한 불륜 • 156　여류, 봄날의 신경숙에서 가을의 전경린까지 • 159　들어라, 58년 개띠들아 • 161　행복 없이 사는 연습 • 165

7 유행의 속내

책하고 놀자 • 173　TV, 책을 말하다 • 178　울적한 밤의 쇼펜하우어 • 182　휴가철에 어떤 책을 준비할까? • 185　엽기, 변태, 일탈에 끌리는 마음 • 193　밀리언셀러의 비밀 • 197

8 고전의 미로

고전 명저를 찾아 읽으며 • 205　문인 183명의 고전 체험기 • 212　나는 이런 책을 읽어왔다 • 214　릴케, 고흐, 모딜리아니, 카프카와의 만남 • 216　일생에 한 번쯤은 • 220　문학교육을 검증한다 • 222

9 영혼의 문제

화난 사람을 위하여 • 231 아름다운 삶 • 234 느리게 살 수 있는 능력 • 236 법정의 봄 여름 가을 겨울 • 239 바다로 간 게으름뱅이 • 241 다스리고 달린다 • 245 에버렛 루에스의 아름다운 날들 • 248 아미쉬 공동체도 살 수 있는 사회 • 250 열등감, 열등감, 아아… 열등감 • 252 미안하다고 말하기가 그렇게 어려웠나요? • 253

10 진실 혹은 거짓말

춘아, 춘아, 옥단춘아 • 261 김어준과 김규항 • 265 졸라 스페셜 • 267 유명인의 심리세계에 내 자아가 숨어 있다 • 270 여성사도 역사다 • 271

11 사람들

유인원과의 산책 • 277 나쁜 성질이 도달한 위대한 생애 • 281 희미한 옛사랑의 그림자 • 285 이념무상 시대의 체 게바라 • 287 자서전들 읽읍시다 • 290

12 운명

운명의 딸 • 299 밀란 쿤데라의 향수 • 303

13 일본소설의 신비

당대를 담아낸다 • 309 우아하고 감상적인 일본 야구 • 311 생의 신비와 암리타 • 313 이양지의 죽음과 돌의 소리 • 317

14 돌아오는 여행

비틀어본 해외 견문록 • 325 나를 부르는 숲 • 328 필독 해외 여행기를 기대하며 • 331

15 한국 까발리기

발칙한, 그러나 명석한 미국인 문화건달 • 339 서양 문명인의 눈에 비친 '미개국가' 조선 • 343 일본 사회학자의 눈에 비친 한국인 • 347

16 민족주의의 그늘

민족주의와 발전의 환상 • 353 리영희에서 진중권으로 • 355 이완용, 매국과 애국의 두 얼굴 • 358 누가 일본을 왜곡하는가 • 360

chapter 1
성교

RAISON D'ETRE

우리는 아직 카사노바에 도달하지 못했다

레 종   데 트 르 | 누군가 좋아하는 일을 멈출 수가 없다. 레종 데트르 raison d'etre, '존재의 이유'쯤으로 번역되는 멋진 프랑스어가 있었지. 나의 레종 데트르는 그렇다면 한 좋아함에서 출발하여 더 이상 좋아할 수 없음으로 귀착되는 사이사이에 잠깐씩 마련되는 휴식 같은 데 있다. 그러나 존재의 이유를 잃어버리는 일, 그러니까 누군가를 좋아하거나 그 감정을 상실하는 일을 멈출 수도 포기할 수도 없다. 누군가를 열망하는 상태의 비존재성, 그것은 마약이나 종교적 광신을 닮은 것 같다. 생각해 보라. 명료하게 자신을 들여다봐야 하는 상태로 일관한다면 더 이상 살고 싶겠는가. 사랑의 감정은 존재가 비존재로 도약하는 계단 노릇을 한다. 그 덕에 참 오래도 살았다. 오십이라니!

멘 토 | 《카사노바 나의 편력》이라는 책을 놓고 TV 토론을 하게 되었다. 카사노바를 내 인생의 멘토로 삼고 싶다고 했더니 같이 출연한 두 명의 패널 모두가 황당무쌍하다는 표정을 짓는다. 정신과 의사와 외과의사, 공교롭게도 두 사람 모두 의사였다. 하나님의 영역을 넘보는 자들이다. 타인의 몸과 마음을 고치는 직업이라니. 그들의 일은 이른바 '정상적 상태'를 만들어주는 것이다. 그런 자들이 알겠는가? 정상적 상태라는 형벌이며 고통을……. 만일 창조주 하나님이 존재한다면 그는 징벌의 목적으로 인간을 빚었음이 틀림없다. 끊임없이 먹어야 하고 싸야 하는 과제를 죽을 때까지 행하도록 만들다니! 다만 정상적 상태를 유지하기 위해 전생을 바쳐야 하는 숙제는 참혹하다. 그러나 어쨌든 나의 멘토 카사노바는 비정상적 인간형이라는 세평을 얻음으로 해서 하나님의 징벌을 모면한 드문 인물이었다. 멘토란 그렇게 되고 싶은 상대를 뜻한다. 나의 생은 멀쩡하게 살아야 한다는 과제로 인해 괴로웠고 거듭 괴로웠다. 카사노바를 닮고 싶다.

성 교 | 여자들이 있었다. 백작의 딸, 카트리나, 앙리에트, 수녀 C.C.와 결혼을 약속했던 M.M., 테레사, XCV 양……. 생각보다 많지는 않아서 돈 조반니의 수천 명 수준은커녕 대략 40년의 섹스 라이프 가운데 한 해에 네댓 명꼴로 집계된다. 하긴 그럴 수밖에. 카사노바는 여자 한 명 한 명마다 전력을 다했고 그때마다 매번 호들갑스럽게 사랑을 표현했다. 타협의 산물일까. 사랑의 열광을 구가하는 것이 성교의 동작에 추임새를 넣어주는 역할이기 때문이었을까. 카사노바는 한 명하고뿐만이 아

니라 동시에 여러 명과도, 혹은 다른 사내가 지켜보는 가운데 관음성교를 즐기기도 했다. 그러나 언제나 사랑이다. 사정의 횟수만큼 사랑이었다. 후세 독자에 대한 비웃음이었을까. 아니 사랑이라니, 선영아, 아, 선영이는 김연수의 소설이고, 사랑이라니 거 참……. 그러니까 카사노바의 성교를 감싸고 있는 열광적 사랑의 감정 속에 인류가 몇천 년 동안 논쟁해온 사랑론이 다 녹아 있다. 프로이트, 라깡 유의 그럴싸한 심리학도 어쩌면 카사노바 자서전의 주석에 불과한지 모른다. 나는 의문에 사로잡힌다. 사람들은 왜 자기의 성교는 은폐하고 타인의 성교는 비난하는 습성을 갖게 된 걸까? 그러니 어찌 카사노바를 존경하지 않을 수 있으랴.

똑 똑 함 | 카사노바는 엄청나게 지적인 인물이다. 당대의 석학 볼테르 등과 동급이었다. 자서전 전체가 주체하지 못할 지적 날카로움과 당대의 계몽사조에 대한 깊은 이해로 번뜩인다. 18세기 유럽 사회사의 증언과 분석으로 이만한 글을 찾기 힘들다. 그런데 책을 읽지 않은 다수의 멍청이들이 그를 오직 난봉의 화신으로 몰아쳤다. 기독교 문명의 음모이기도 하고 카사노바 자신의 미필적 고의에도 해당된다. 사드가 그랬고 바타유가 그랬고, 물론 카사노바도 글을 써서 세론의 화살을 자초했다. 왜 그랬는가. 어떤 심사가 그 같은 미필적 고의를 일으켰는가. 그 이유를 찾는 일이 카사노바 자서전 읽기다. 나는 혹은 우리는 아직 카사노바에 도달하지 못했다.

참을 수 없는 존재의
가벼움

고매한 가르침은 말한다. 진실하고 올바른 사랑은 상대를 소유하려 들지 않는다고. 하지만 그 말은 아름다운 거짓말에 불과한 것. 나만의 사람을 만들고자 하는 배타적 욕망이 사랑의 출발점이다. 사랑의 배타적 속성이 없다면 얼마나 심심할 것인가. 일단 세상의 온갖 소설과 영화의 상당 부분은 폐기처분되어야 한다. 애달픈 노랫말도, 절절했던 가슴앓이의 추억들도 다 쓸모없는 것이 된다. 그런데도 왜 그렇게 가르치는가. 상대를 소유하려 들지 말라고. 원래 세상의 가르침이란 하기 힘든 것만 요구하는 경향이 있지만, 좀 거창하게 파악해보자면 그건 아마도 힘 있고 능력 있는 자의 '더 많은 소유'를 제한하고자 하는 자본주의 체제의 고육책으로 여겨진다. 아울러 인간의 본성으로는 아무래도 무리인 일부일처 제도를 유지시키기 위한 방편으로도.

∽

꽤 오래전 일이다. 탤런트 서갑숙의 책 《나도 때론 포르노그래피의 주인공이고 싶다》가 한창 화제일 때 나도 한번 TV 토론회에 불려 나갔다. 이혼까지 경험한 40세의 여자가 평생에 걸쳐 11명의 남자와 관계를 가졌다는 게 그리도 이상한 일이냐는 나의 발언에 보수적인 입장을 대변해 나온 분들은 기가 막혀하며 분개하는 표정까지 지었다. 민망하기도 하지. 아무리 줄여 기억해도 나 자신부터 서갑숙이 경험한 수효를 넘는다. 날라리나 매춘부이기는커녕 내 상대들은 모두 이른바 양갓집 규수

이거나 전문 직업인들이었다. 가슴 뜨거운 사랑을 나눈 상대도 있고 호감이 발전해 즐겁게 테니스 한 게임 치듯 한 경우도 있었다. 과연 내가 알고 있는 사람들은 그 보수파들과는 한하늘 아래 다른 세상을 살고 있는 것인가.

  진실한 사랑, 소유의 욕망, 섹스, 가슴앓이…… 생각이 정리되질 않는다. 진실은 어디에 있는가. 이런 관심사를 뜨거운 햇살 아래 반짝이는 백사장의 모래알처럼 드러내준 작가가 있다. 매년 노벨 문학상 단골 후보인 밀란 쿤데라. 1990년대 내내 문화 언저리에 관심 있는 사람들이 가장 자주 언급한 이름이 일본의 무라카미 하루키와 체코 출신의 프랑스 작가 밀란 쿤데라였다. 하루키는 고립된 자아의 고독과 페이소스로 사람들을 적셨고, 쿤데라는 까놓고 드러낸 농담 같은 생의 진실을 낱낱이 일러줬다. 쿤데라의 그 진실이란 바로 '참을 수 없는 존재의 가벼움'.
  제목이 너무 많은 것을 말하고 있다. 쿤데라는 소설의 시작 부분에서부터 선택을 강요한다.
  "… 가장 무거운 무게는 동시에 가장 집약적인 삶의 충족 이미지다. 무게가 무거우면 무거울수록 우리의 삶은 더욱더 땅에 가깝다. 그것은 더욱더 실제적이고 참된 것이 된다. 이와는 반대로 무게가 전혀 없을 때 그것은 인간이 공기보다도 더 가볍게 되어 둥둥 떠올라 땅으로부터, 세속의 존재로부터 멀리 떠나게 한다. 그래서 인간은 절반만 실제적이고, 그의 동작은 자유롭고 동시에 무의미한 것이 된다. 자, 그러니 어떤 것을 선택할 것인가? 무거운 것을? 아니면 가벼운 것을?"

문장을 옮겨 적어놓고 보니 퍽 심오하게(?) 읽힌다. 그게 아니라……아, 영화를 보는 것도 한 방법이다. 다니엘 데이 루이스와 줄리에트 비노슈, 레나 올린이 얽히고설킨, 카우프만의 썩 잘된 영화 〈프라하의 봄〉이 바로 《참을 수 없는 존재의 가벼움》을 원작으로 하고 있다. 토마스로 나오는 다니엘 데이 루이스는 정처없는 바람둥이처럼(나는 그가 바람둥이라는 데 동의하지 않는다) 비쳐지고, 줄리에트 비노슈는 삶을 이해하지 못한 채 사랑의 격랑에 휩쓸려 다니는 촌여자 테레사를 보여주고, 레나 올린은 응시와 관조의 태도로 한발짝 물러서 있는 신비스러운 여인 사비나의 역할이다. 존재의 가벼움과 무거움을 가를 때 어느 쪽이 테레사이고 어느 쪽이 사비나인가? 그리고 가운데 선 남자 토마스는?

다시 처음으로 돌아가야지. 지금 여기서 말하고 싶은 주제는 '진실'에 관해서다. 좁혀서 말하자면 유행가 제목에도 있는 '사랑의 진실'에 대해. 무엇이 사랑의 진실인가. 고매한 말씀의 상공을 내려와서 실제를 보자. 우선 우리나라는 진실한 사랑을 하기가 참으로 쉽다. 당신이 만일 남자라면 한번 실험해보라. 어떤 여자를 무지무지 좋아하는데 섹스나 스킨십만 참는다면 당신은 금방 점잖은 사람이 되고 진실한 사랑을 하는 사람이 된다. 얼마나 손쉬운 일인가. 포르노물이 가르치는 확실한 거짓이 있는데, 육체적 충동이란 게 실제로는 포르노에서처럼 그렇게 대단한 것도, 못 말리게 참기 힘든 일도 아니라는 사실이 그것이다. 사내들은 그걸 다 안다. 정말로 참기 힘든 건 사랑하는 상대에게 특별한 존재가 되고 싶어 하는 열망이다. 자, 당신이 만일 '진실한 사랑'을 하고 싶다면 어떤 선택을 할 것인가. 무거움과 가벼움 혹은 실제적이고 참된 것과 자유롭지만 무의미한 것 사이에서.

이야기를 나 자신으로 끌어와볼까? 하지만 무슨 고백 체험수기를 쓰겠는가. 그러나 어쨌든 사랑의 감정은 항상 나를 아프게 했다. 욕정만이 있었다면 한결 편안했을 것이다. 그러나 나는 언제나 상대의 하반신에만이 아니라 대뇌피질에도 기억을 남겨두고 싶어 했다. 참을 수 없는 존재의 무거움 또는 자의식.

쿤데라의 주인공들은 어떠했는가. 번역자 송동준 씨가 역자 후기에서 훌륭한 암시를 준다. 먼저 남자 주인공 토마스는 여인 개체의 자아가 각기 숨기고 있는 독특성을 성교 때 각기 상이한 반응 및 태도에서 찾아낼 수 있다고 믿기 때문에 수백 명의 여인들과 교접을 한다. 즉 여성 한 사람 한 사람에 대한 성실한 이해를 위해서 그는 섹스를 추구하는 것이다. 한편 예술가인 사비나의 삶은 배반의 연속으로 이어진다. 아버지를 배반하고 공산주의를 배반하고 남편을 배반하고 그 대신 생의 자유로움을 안겨주는 토마스와 구속 없는 애정관계를 누린다. 거기에는 토마스에 대한 종국의 배반도 포함된다. 사랑은 배반에 의해 완성된다는 은희경의 유명한 교설은 사비나에게서 힌트를 얻었는지도 모른다. 사랑을 할 수 없게 된 오늘날의 인간들이 사랑을 한다 함은 자신을 속이거나 아니면 다른 사람을 속이는 것으로서, 자신의 생각에 대한 배반이거나 아니면 실제에 대한 배반이라는 게 사비나의 행각을 빌은 쿤데라의 주장. 배반만이 사비나의 진실이다. 그럼 촌여자 테레사는? 그녀는 자신의 생을 객관적으로 이해하지 못한다. 물론 자기 주관으로 생을 개척해나가는 데도 실패한다. 그런 그녀에게 사랑이란 상대에 대한 함몰을 의미하는 것이다. 한없이 빠져들고 한없이 집착하고 한없이 질투하는 테레사. 그런데 토마스를 획득하는 현실적인 사랑의 승리자는 테레사다.

─────

쿤데라를 함께 읽은 친구의 말. "우리나라 여자들은 죄다 테레사야." 우하하하하. 그건 그렇지. 나와 세련된(?) 테니스 섹스를 나눈 상대들이 언제나 예외 없이 묻는 말이 있다. "다른 여자들하고도 이렇게 가볍게 관계를 갖나요?" 자신이 사소하게 취급되는 존재일지도 모른다는 것에 대한 불안감. 그러니까 자유로움의 이면에 참을 수 없는 존재의 무거움, 테레사의 그림자가 언제나 자리하는 것이다.

과연 사랑의 진실이란 무얼까. 토마스의 자유, 사비나의 배반, 테레사의 함몰, 과연 어느 것인가. 또한 사랑의 진실에서 섹스가 차지하는 질량은 어느 정도일까. 체험을 뒤져보는 게 역시 쉽다. 물론 나에게도 떠올리기 싫은 기나긴 테레사 시절이 있었다. 간절했고 열렬했고 그래서 깨졌다. 이어서 다른 인생이 찾아왔다. 쉬운 만남과 쉬운 헤어짐. 진지하지 않은 적은 없었지만, 적어도 집착으로부터는 해방될 수 있었다. 자, 무엇을 말하고 싶은 것인가. 내가 만난 여자들에게는 어떤 공통점이 있다는 사실이다. 처음부터 알았던 것은 아니지만 나중에 저절로 그 속성을 깨닫게 되었다. 내가 만난 여자들의 공통점이란, 부디 나를 얼간이로 여기지 말기를 바라면서 말하건대, 모두가 이른바 객관적으로 '잘난 여자'들이라는 사실이다.

잘난 여자들에게는 대략 세 가지 특징이 있다. 첫째, 순진하다. 순진할 수밖에. 의사가 되는 과정에, 기자나 프로듀서를 하는 가운데, 화가나 작가로 이름을 날리게 되는 과정에, 혹은 유학 가 학위를 마치고 돌아와 대학 선생이 되는 과정 동안에 어찌 무수한 만남과 감정의 사술詐術을 익힐 틈이 있었을 텐가. 잘난 여자들은 자기 성취를 위해 바빴던 터라 대개 친구가 드물고 외롭다. 순진하고 순진할지니 얼마나 사귀기가 쉬운가. 둘째, 잘난 여자들은 상대의 세속적인 조건에 별로 구애되지 않는다. 남자의 직업이 어떤지, 수입은 어느 정도인지, 집안은 어느 수준인지 별로 따지려 들지 않는다. 이유는 간단하다. 자기에게 자신감이 있으니까. 상대의 조건에 따라 그다지 좌우될 게 없으니까 현실적인 득실보다는 오직 하나, 매력만 크게 보는 것이다. 외모든 조건이든 거의 최악에 가까웠던 나로서는 거기 구애받지 않을 상대라고는 잘난 여자를 만나는 수밖에. 사람의 매력이란 얼마나 주관적인 것인가. 잘난 여자의 세 번째 특징은 보안유지가 철저하다는 점이다. 통념상 드러낼 수 없는 아슬아슬한 만남들. 세상에는 그런 걸 함부로 드러내 낭패를 보게 만드는 사람도 흔히 있다. 그러나 잘난 여자란 자기가 더 가진 게 많기 때문에 쉬쉬 드러내지 않으려 애쓴다. 내밀한 관계 유지를 위해 별달리 애쓸 필요가 없으니 얼마나 좋은 일인가.

자, 이런 복잡한 머리 계산을 깔고 나는 데이트를 했다. 그런 만남에 진실한 사랑은 없다고 꾸짖으시려는가. 어디선가 너 같은 자는 사랑의 진실을 말할 자격이 없어! 하고 질타하는 소리가 들리는 듯하다. 분명히 말할 수 있는 것은 우리나라에 훌륭한 말씀을 늘어놓는 사람들이 너무나 많다는 점이다. 사랑 혹은 섹스에 대한 온갖 가르침들을 접하노라면 내가 품고 있는 진실이란 혹시 외계인의 것은 아닌지, 또한 사랑의 감정에 대해 적나라하고 섹스에 대해 개방적인 서방 사람들은 모두 무지몽매한 오랑캐라고 보는 것은 아닌지 의문스럽다.

사랑의 소유욕에 대해 혹은 진실한 사랑에 대해 전전반측하다 보니 길은 오리무중이다. 그게 다 내 존재가 참을 수 없이 가볍기 때문인지 모르겠다. 그 부황한 쌍팔년 올림픽의 해 끝머리에 처음 나온 쿤데라의 책을 접하고 뒤통수를 얻어맞고 앞머리가 땡기는 체험을 했었다. 모름지기 인간이란 이렇게 해야만 하고 저렇게 살아야만 한다는 뼈에 사무친 가르침들에 대해 쿤데라는 숨겨놓았던 생의 이면을 불쑥 들춰내주는 거였다. 냉소와 역설 또는 철학적 담론으로. 그의 또 다른 역작 《불멸》이 그러했고 《생은 다른 곳에》가 그러했고 《농담》이나 《웃음과 망각의 책》이 한결같이 그랬다. 나는 쿤데라식 초절 기교의 농담 앞에서 웃음이 나오기보다는 숨이 막혀왔다. 왜 쿤데라가 말하는 생의 진실은 엄숙하기보다는 우스꽝스럽게 그려지는 것일까. 그러고 보니 그의 농담에는 모두 전체주의 사회라는 배경이 깔려 있다. 전체주의 사회 속에서 진실의 표정은 참 엽기적으로 웃긴다. 한국사회에서 사랑의 윤리 도덕 그리고 성관념은 참으로 웃긴다. 참, 어떤 사회가 웃긴다고 했더라?

나도 톨스토이와 동격이다

　언제나 욕정에 시달린다. 그 나이에 웬 주책? 하실지 모르지만 사실이 그렇다. 거리에서 꼭 끼는 바지를 입은 여인의 터질 듯한 엉덩이를 훔쳐보다가도 불끈, 초긴장 상태인 생방송 중에도 방향을 퐁퐁 풍기는 여성 출연자 앞에서 슬그머니 불끈할 때가 있다. 다행히 동방위선지국에 사는 덕택에 패가망신이 두려워 이 악물고 참고 산다 뿐이지 맘놓고 놀아라 한다면 탄트라건 카마수트라건 마다 않고 '날마다 천국'을 구가했을지 모른다.

　　　　　　　　　　～

　톨스토이 영감님도 사정은 비슷했던 모양이다. 무려 61세에 썼다는 소설 《악마》가 번역돼 나와 한달음에 읽으니, 총각시절에 사귀던 어떤 유부녀와 다시 하고 싶어 죽겠는데 차마 남의 눈이 두려워 참고 참다가 권총자살하고 마는 멍청한 귀족의 이야기였다. 《악마》를 쓰기 이전인 55세에 세계 3대 참회록이라나 하는 그 유명한 고백록(《젊은 날의 고백》)을 통해 착한 사람 되기로 맹세를 했으니 어쩔 수도 없고, 그 참 안됐다.

　　　　　　　　　　～

　권말에 상세하게 담긴 작가연구를 보니 작품 내용이 상당히 자전적인 모양이다. 영락한 가문을 되살리기 위해 온 힘을 쏟는 26세의 주인공 예브게니가 정숙한 아내 놔두고 거시기를 쿵쿵거리는 대상은 비천한 마부의 아내로서 품행방정과는 영 거리가 먼 그 시절의 날라리였다. 그녀와 했다 안 했다 하는 사실관계는 중요치 않다. 사념 없이 살고자 이를 악무는 사내의 가슴을 끊임없이 후비고 들어오는 악마적 호기심, 타나토스적인 열정, 그 심리세계의 구불텅구불텅 펼쳐진 미로가 작품의 핵심인 것이다.

여러 가지 정황으로 보아 위대한 사상가이자 민중의 교사이자 괴테 이래의 대작가로 일컬어지는 톨스토이는 꽤나 다중적인 페르소나의 소유자였음에 틀림없다. 평범한 사람이 그런 성향을 지니면 우리는 그를 '위선적'이라고 매도한다. 어쩔거나, 톨스토이도 그런데 뭘, 하면서 동지애적 위로를 받을 건가, 아니면 '바르게 살자!'를 거듭 이마에 새겨 넣을 건가.

톨스토이가 '악마'로 표현한 욕정의 문제는 특별히 훌륭하신 분들을 제외하고는 평생의 숙제다. (욕정을) 푸느냐 참느냐, 혹은 곰곰 생각해 보느냐 이 셋 중의 하나로다! 그런데 어떤 고매한 분이 이런 해답을 내려준다. 공인받은 애인이나 부부지간에만 하면 될 것 아니냐고. 일컬어 건강한 정신, 건강한 섹스! 예끼 이 사람아, 그걸 누가 모르나. 생물학적으로나 심리학적으로나 욕정이란 놈이 본시 도둑질을 좋아한다는 게 문제지. 이 몸도 종내 톨스토이 못지않게 괴로우니 《악마》를 읽은 오늘, 나는 톨스토이와 동격이다.

다들 망거질 때
망거지지 않은 몇몇 놈

가장 충직하고 사랑스러운 동물로 개를 꼽으면서 사람들은 개새끼란 말을 욕으로 받아들인다. 자신을 이 세상에 있게 한 성행위의 숭고함을 알면서도 이 세상 모든 욕설의 90퍼센트는 성기와 성행위를 뜻하는 표현으로 이루어져 있다. 인식의 숙명적인 양면성. 그러니까 개새끼(혹은 son of bitch)와 씨팔(혹은 fuck you)의 보편성에서 유추해보건대, 성의 금기와 독점적 성격은 근원적이다. 하지만 성의 역사학, 성의 사회학으로 접근하면 섬세하게 고려되어야 할 차이가 보인다.

먼저 아주 쉬운 역사학. 인류 역사는 소수가 독점적으로 누리던 권력과 재화를 다수의 것으로 확장해온 과정이었다. 민주주의와 사적 소유권의 확대가 바로 그 증거이다. 성의 역사 또한 예외일 수 없다. 뒤집어 말하면 소수 또는 강자의 지배 대상이었던 여성과 청소년이 충분한 성적 자유를 향유하지 못한다면 그 사회는 충분히 진보되지 못한 역사 시기에 있다고 볼 수 있다. 지나친 단순화가 아니냐고? 그렇다면 더 쉬운 사회학이 있다. 반역의 몸부림이 왕성한 사회일수록 발전되고 건강한 사회가 된다. 반역으로 사회주의 체제를 건설했을 때 후진국 러시아는 선진 소비에트로 성장했고, 더 이상 반역이 존재하지 않은 관료주의 소련은 해체의 길을 걸었다. 20세기가 미국의 세기였던 것은 전후 비트 제너레이션 beat generation으로 출발해 1960년대 히피 hippie와 플라워 무브먼

트flower movement, 1980년대 말 얼터너티브alternative 대폭발로 이어지는 청년의 반란이 배경에 있었다. 물론 사회의 성장과 성도 당연히 함께 가는 것이다. 기성의 성 규범과 성적 억압에 대한 반란의 몸짓이 왕성한 사회가 문화적으로도 풍요롭고 창의력이 충만한 사회로 앞질러 나갔다. 서유럽, 북유럽, 미국, 일본 그 어떤 나라에 동방예의지국형 근엄무쌍한 성 도덕의 말씀들이 지배하는가(제발 그들과 우리는 다르지 않느냐는 말은 하지 말자. 자유와 인권은 지역성을 떠난 보편적 가치다).

그러니까 복잡한 논란을 떠나서 어떤 40세의 여자가 자신의 성 경험담을 책으로 고백했을 때 온통 죽 끓는 듯한 찬반의 반응이 일어난다면 단언컨대, 그 사회는 아직 개인성이 확보되지 못한 후지고 나쁜 사회다. 더 나아가 순결은 아름답고 지고한 가치이고 여성은 정숙해야 하며 청소년기에는 성과 절연해서 수도승처럼 살아야 한다는 말씀은 쉽게 말해서 억압과 지배의 담론, 더 정확히 말해서 말짱 사기다.

서갑숙의 《나도 때론 포르노그래피의 주인공이고 싶다》가 나왔을 때의 반응을 기억해보자. 비슷한 시기에 나온 김지룡의 《나는 솔직하게 살고 싶다》까지 엮여 참 요란했었다. 검찰과 간행물윤리위원회의 발 빠른 우국충정(?), 그에 따른 신문의 속보 경쟁과 각종 칼럼들, 잡지들의 선정적인 리드 기사, 각 방송사의 토론회, 게시판의 한 말씀들……. 얼른 그 두 권을 찾아 읽고 나니 허탈했다. 겨우 이 정도를 갖고 이 난리란 말인가 하는 탄식. 특히 서갑숙에게는 민망할 정도의 소박함과 보수성이 느껴졌다.

~

자, 서갑숙은 무슨 말을 한 것인가. 사실 서갑숙의 요점은 한때의 인기 성 전도사 구성애가 이미 충분히 외쳤던 말을 반복한 것이다. 여러 명의 남자를 체험하는 동안 정신적인 사랑과 육체적인 사랑이 결합되어야 완전한 사랑이 된다는 걸 깨닫게 되었다는 것. 구태여 구성애와 비교하자면 강조하는 방향에 차이가 있는데, 구성애는 쾌락에서 정신적인 측면을 소중히 하자는 것이고, 서갑숙의 경우는 정신적인 사랑만 지고한 줄 알고 살았다가 이제 육체의 중요성도 알게 되었다는 이야기다. 그러나 어쨌든 정신-육체 합일론에서는 일치한다.

두 사람이 같은 주장을 펼쳤는데 어째서 한 사람은 범국민적 인기인이 되고 다른 사람은 도피 행각을 벌이는 신세까지 되었는가. 우선 방식의 차이를 들어볼 수 있다. 한 사람은 선생님의 가르침 같은 형식을 택했고 다른 사람은 자기 고백의 형태를 취했다. 지시물은 같은데 하나는 충직한 개로 느껴졌고 다른 하나는 개새끼라는 욕설로 받아들여진 것이다. '가르침'에서는 메시지만 귀에 남았고 '고백'에서는 짜릿한 사례와 에피소드만 전달된 것이다. 우리 사회 독서 능력의 현주소다.

~

무엇이 그리도 짜릿한 체험이었을까. 동성애 얘기가 나온다. 여학생 때 학급친구와 함께 공부하며 자다가 서로 몸을 만지며 야릇한 기분을 맛봤다. 그리고 이혼 후 복잡한 심경으로 유럽여행을 갔다가 교포 여성과 하룻밤 감각적 체험을 했다. 이게 전부다. 이런 일이 한 사람의 성장 과정에 그리도 희귀한 일일까. 설사 그런 경험이 없었더라도 그게 그렇게 있을 수 없는 일로 여겨지는 것일까. 진짜 게이나 레즈비언들이라면 코웃음을 칠 일이다. 그동안 도합 11명과 관계를 가졌다고 했다. 혹시 한 5백 명쯤이라면 좀 특이해 보일지 모르겠다(에이즈 농구스타 매직 존슨은 2만 명과 관계를 가졌다고 밝혔다). 20여 년간에 걸쳐 11명이다. 그 정도가 분방한 축에 들기나 하겠는가. 실험 삼아 친구 셋이서 그룹섹스를 한번 해봤단다. 1970년대 미국에서 바이섹슈얼이 유행한 이래 그쪽으로 좀 왕성한 사람들에게 그룹이라는 성적 환상은 흔한 일이 됐다. 그래서 미국이 몰락하거나 어려워졌다는 말은 들어본 적이 없다. 세상이 망조가 들었다고 개탄하는 사람은 그런 일을 하지 않으면 된다. 그런 행위는 그런 취향을 가진 사람들 간의 은밀한 사적 영역일 뿐 타인이나 국가가 간섭할 성질이 못 되는 일이다. 가슴이 봉긋해지던 소녀기에 아버지가 자신을 은밀한 사내의 시선으로 보았을지도 모른다는 연상을 하는 대목도 나온다. 부녀지간이기에 앞서 아버지도 힘겹게 살아가는 이 땅의 한 사내였음을 깨닫는 인식의 성장을 두고 청소년 보호위원장이라는 현직 검사의 '패륜' 운운하는 질타는 아무래도 난독증 증세다.

정작 한발 더 나아간 사람은 김지룡이다. 《나는 솔직하게 살고 싶다》에서 핵심적으로 읽히는 주장은 쾌락권이다. 성이 자손 번식의 수단으로만 여겨지던 시대는 이미 지났으므로 성적 억압의 다른 표현인 정신적인 사랑, 지고한 사랑 운운하지 말고 좀 솔직하게 쾌락만을 위한 성이 존재하고 누구나 그것을 삶의 즐거움으로 누릴 수 있는 권리를 인정해달라는 것이다. 책 전반부를 뒤덮은 일본 풍속산업 체험기는 쾌락을 추구하고 살아도 별로 망가지지 않는다는 증거로 자기 자신을 내세운 것이다.

대체 왜 성은 억제되어야 한다고 믿는 것일까. 성을 억제하는 것이 다수에게 어떤 이득을 주는 것일까. 성을 개방하면 우리 사회의 근간이 허물어진다고 쉽사리들 말한다. 근간이란 게 대체 누구를 위해 세워진 것이고 어느 시대의 근간을 말하는 것일까. 정말 원점에서 생각해보자. 성을 개방한다고 해서 어떤 곤란한 문제가 발생하는 것일까. 개방적인 서구사회와 극도로 통제된 이슬람 국가 중에서 어떤 모델이 바람직한 걸까. 대체 왜 청소년기에는 성을 차단해야 한다고 믿게 된 것이며 인류 역사상 청소년기에 성을 차단한 기간이 얼마나 되는가. 개방적인 서구 청소년들과 극기로 무장된 우리나라 청소년들을 비교해볼 때 창의력과 자율성을 포함한 인성의 성숙도에서 어느 쪽이 우월한 것일까. 한 가지 덧붙인다면 이런 물음들에 나오는 '성'이라는 낱말 대신에 '사상과 이념의 자유' 혹은 '인권'이라는 말을 집어넣고 토론해도 좋을 것이다.

섹스를 공부하자!

평생 단 한 번도 '종족을 보존하자'는 숭고한 결의를 다지며 섹스를 해본 일이 없다. 가장 사사로운 쾌락이자, 조금 의미 부여를 하자면 상대와 깊은 커뮤니케이션을 나누는 행위가 섹스다. 당근, 섹스는 게임이고 놀이고 대화다. 강간 같은 어거지 말고 가능한 상대끼리 서로 마음이 맞아 나누는 섹스라면 될수록 재미있고 유쾌한 놀이가 되어야 하지 않겠는가.

듣자 하니 가수 박진영도 이런 요지의 생각을 말했다가 찬반논쟁에 휩싸인 모양이다. 도대체 찬성하고 반대하고 자시고 할 일이 뭐 있는가 싶은데도 논란이 많은 걸 보면 섹스 갖고 비장, 숭고해지는 부류들이 많기는 많은 모양이다. 아무래도 내가 너무 단순하게 생각하고 있는 게 아닌가 싶어 불안해진다. 불안을 메우는 게 공부다. 그래, 섹스를 공부하자! 성행위 비법 따위가 아니라 이른바 성 담론이라는 것. 유식해지면 타인의 동의를 얻는 일이 훨씬 쉬워진다.

성 담론 공부로 마땅해 보이는 책을 찾아보니 두 권으로 이루어진 《성과 문학》(김종회. 최혜실 엮음)이 발견된다. 문학이야말로 살아 있는 성의 현장일 테니까. 한 권은 이론편으로 《문학으로 보는 성》이라는 제목을 달고 있고, 또 한 권은 《프로이트식 치료를 받는 여교사》로서 이론편에 담긴 내용을 증빙할 실제 작품을 모았다. 엮은이들은 이 땅의 성 논의가 '억압된 성'과 '외설'이라는 두 코드로만 읽혀와 성의 본질에 대한 심층 논의가 빈약했다는 점을 출간 의의로 든다.

이론편은 어렵고 작품편은 재미있다. 성의 본질, 성과 평등, 성과 가족, 성과 근대성, 성과 도덕, 미래의 성으로 구성된 이론편은 꽤나 박식한 내용으로 가득하다. 김영하, 마광수, 오정희, 박완서, 장정일, 윤대녕, 배수아 등의 시, 소설이 모여 있는 작품편은 각 항마다 '생각해볼 문제'를 말미에 담아 약간 학습 참고서 냄새가 난다. 알고 보니 대학 강의록을 토대로 엮은 것이란다.

특정한 주장을 기대했다가는 실망한다. 그야말로 광범위한 학술적 논의의 장이다. 욕망과 사랑의 관계, 동성애와 도착증의 규명, 근친상간, 모성애, 성 도덕의 이론들, 매매춘, 포르노그래피 등등. 의무감과 사명감에 불타서 이론편을 펼치다가도 자꾸만 작품편으로 도망을 치게 된다. 그런데도 아예 이 책으로부터 놓여나지는 못하고 여러 날째 가방에 넣고 다닌다.

성이라면 직접적인 성행위만 연상되는 나 같은 수준의 사람은 이런 논의의 심층을 접해보는 일이 필요하겠다 싶다. 그러니까 섹스는 놀이다 아니다, 같은 말다툼보다는 훨씬 높은 차원의 생각이 있다는 것.

사랑은 진할수록 아름답다

설마 아직도 그런 학과가 존재할까. 언젠가 지방 모 대학에서 '순결학과'라는 걸 만들었더니 지원자가 넘쳐났다(참으로 엽기적인 학문의 다양성!). 어떤 여고에서는 순결 교육의 일환으로 은장도를 나눠줬단다(여차하면 자결하라고?). 이렇게 지금도 중세를 사는 동네가 있는가 하면, 채팅으로 즉석 불고기를 즐기는 청춘들이며 야설, 야동, 야겜 따위가 지천으로 널려 있다. 성, 성 문화, 성 담론, 성 정치, 바야흐로 우리 사회는 성의 계절을 만났다. 비정상적으로 닫혀 있던 과거사를 감안할 때 이런 과잉 현상은 어쩌면 당연한 게 아닐까.

하지만 성에 대해 중세와 초현대가 공존하는 현실이 많은 문제를 낳는다. 성 심리학 분야에서 세계적인 인정을 받고 있는 호주 웨스턴 시드니 대학교 홍성묵 교수가 그 점을 고민했다. 그의 책 《사랑은 진할수록 아름답다》는 이중적 가치관을 특징으로 하는 한국의 성 문화에 대해 '약간 앞서가는' 견해를 담은 성 지침서이다.

심리학자답게 내담자와의 상담사례를 위주로 펼쳐나간 그의 글은 가령, 카섹스를 아름답게 보며 꼭 휴지를 준비하라는 당부의 말을 잊지 않는다. 폰섹스 역시 통계상 95퍼센트의 사람들이 지닌다는 성적 환상의 한 표현에 지나지 않는다고 수용한다. 혼전에는 될수록 여러 명과 더블데이트 할 것을 권유하고, 젊은 남녀 사이에 유행하는 동거에 대해서도 주위에 당당히 밝힐 것을 요구한다.

하지만 홍성묵의 메시지는 이렇게 단편적인 사항에 있는 것이 아니다. 그의 표현을 빌리면 '일어나는 섹스'와 '하는 섹스'로 구별되는 주체성의 문제가 핵심이다. 일어나는 섹스, 즉 욕정에 휘둘려 저지르는 일과, 사랑이 담긴 교감의 한 방편으로 서로 원해서 '하는 섹스'는 근본적인 차이가 있다는 말이다. 그런 점에서 여성의 순결 운운하며 따지려 드는 마초형 남성이나, 순결을 '잃었다고' 징징 짜는 여성이나 성의식의 문맹자들이기는 마찬가지다. 스스로 원해서 상대와 '하는 섹스'는 당당하고 인격적이며 그럴 때 비로소 섹스는 당당한 즐거움이 된다.

당연한 말 같은데 우리 현실은 꽤 동떨어져 있다. 섹스는 분명 남녀가 함께 하는 일인데 그것의 향유는 남성의 전유물로 여기는 돌쇠들이 의외로 많으며, 육체를 흡사 자신의 무기이자 최후의 보루인 양 여기는 '창녀 의식'을 소유한 여성도 의외로 많다.

《카사노바 나의 편력》 1 · 2 · 3, 자코모 카사노바, 한길사
《참을 수 없는 존재의 가벼움》, 밀란 쿤데라, 민음사
《악마》, 톨스토이, 작가정신
《나도 때론 포르노그래피의 주인공이고 싶다》, 서갑숙, 랜덤하우스코리아
《나는 솔직하게 살고 싶다》, 김지룡, 명진출판
《문학으로 보는 성》《프로이트식 치료를 받는 여교사》, 김종회 · 최혜실, 김영사
《사랑은 진할수록 아름답다》, 홍성묵, 명진출판

chapter 2
재미나는 인생

RAISON D'ETRE

태초에 먼지가 있었다

1990년대 초반, 프랑크푸르트 도서전에 갔을 때였다. 독일 서점가를 돌아다녀보니 '엉덩이 때리기의 역사'쯤으로 해석되는 인문서가 인기였다. 어디서 긁어모았는지 정말 희한한 그림과 사진으로 도배를 했는데 기분이 알쏭달쏭했다. 밥 먹고 할 짓 없는 친구들이라고 해야 할지, 역시 유럽 독서계는 뭐가 달라도 달라, 하고 감탄을 해주어야 할지 마음 결정을 못했던 것이다.

독일만 그런 게 아니다. 언제부터인가 도무지 정체를 알 수 없는, 그러나 함부로 무시할 수 없는 책들이 우리 서점가에도 나타난다. 좀 오래 전에 《중국의 식인문화》라는 번역서를 읽은 적이 있다. 식인의 역사라니 하도 기가 막혀 손에 잡은 건데, 들어가본즉 제법 내용 있는 비교문화서였다. 가장 괴이한 것으로는 《전투 폭격기 조종법》이라는 책. 아, 이건 정말 항복이고 깨갱이다. 용감한 발행인에게 축복있을진저.

그렇다면 가령 엉덩이 때리기나 사람 잡아먹기 대신 먼지의 역사를 쓴다면 어떤 내용이 될까. 아니 먼지를 소재로 작문을 한다면 몇 줄이나 쓸 수 있을까. 고상한 사람이라면 황인숙 시인의 시 〈먼지의 요정〉 같은 문학적 연상을 할 테고, 올디즈 팝송 팬이라면 캔자스의 노래 '더스트 인 더 윈드 Dust in the wind'를 떠올리겠지. 하지만 놀라워라. 조지프 어메이토라는 미국의 문화사가는 장장 340쪽에 이르는 인문학적 먼지 역사책을 써냈다. 제목도 담백하게 《먼지》. '작은 것 그리고 보이지 않는 것의 역사'라는 부제가 내용을 짐작케 해준다.

태초에 먼지가 있었다. 1입방 센티미터의 공기 안에 대략 4백 개가 넘게 존재하는 작은 알갱이. 인류는 먼지와 한덩어리로 뒹굴며 오랜 세월을 더럽게 살아왔다. 19세기 산업혁명기에 돌입하자 먼지, 오물 따위는 반드시 굴복시켜야 할 대상으로 여기는 이른바 '대청소의 시대'를 연다. 위생과 청결 그리고 세균의 발견으로 인한 장수시대의 개막. 하지만 인류는 그을음, 매연 같은 새로운 환경 파괴성 먼지를 만들어낸다. 20세기 현대과학은 미생물, 원자, 더 나아가 유전자 조작에 이르는, 재래의 먼지와는 다른 작은 것의 정복을 찾아 나선다.

그래서 그것이 어쨌다는 것이냐, 하는 반발성 의문이 드는 사람에게 일독을 권한다. 아날학파, 미시사, 뭐 그런 거창한 것 떠올리지 않아도 총체적인 '관점의 재배치'가 오늘날의 시대정신이니까.

흡연을 고민하는 햄릿

먼저 호랑이 담배 먹던 시절의 이야기 하나. 때는 1974년 봄, 청와대 근처 K고등학교 문예반 신입생 환영식이 학교 인근의 중국식당 용강반점 2층 내실에서 열리고 있었다. 저 윗자리엔 하늘같이 지엄하고 무시무시한 선배들이 삼엄한 표정으로 앉아 있었고, 신입반원 8명은 감히 고개도 쳐들지 못한 채 조아리고 있었다. 음식이 오기 전, 3학년생의 지시로 2학년생들이 신입생 탁자 위에 무언가를 늘어놓았다. 일인당 배갈 '한 도쿠리'와 명승 담배 한 개비씩. 선택의 여지는 전혀 없었다. 솜털이 보송보송한 15세 고교 1년생들은 그때 태어나 처음으로 술을 마시고 담배를 피워야 했다.

다시 말하지만 무슨 조폭들 모임이 아니다. 그 고등학교는 당시까지 전국 서열 2, 3위를 다투던 이른바 명문이었고 '마시고 피우는' 입반식은 오랜 전통이었다. 그저 '문학을 하려면 그래야 하나 보다'라고 짐작했다. 캑캑거리는 기침과 더불어 좁은 실내가 연기로 가득 들어찼다. 그때는 그 연기로 30년 세월이 흘러갈지 미처 몰랐다. 나는 지금도 하루 두 갑 정도를 피우는 헤비 스모커인데, 당시 저 윗줄 3학년 선배 가운데 지금은 세상이 다 아는 유명 목사가 대장 노릇을 하고 있었다는 사실을 말해야 하나 마나······.

돌이켜보니 그때의 담배는 파괴이자 치장이었다. 교칙 따위는 잊어라, 청소년에게 가하는 금제와 억압을 거부하라, 그리고 멋스러워라! 그랬다. 숨어서 피우는 담배는 멋스럽고 세련된 어른의 세계로 진입한 듯한 착각을 안겨주었다. 무수한 아이들이 학교에서 정학을 맞으면서도 끊임없이 담배를 피워댔다. 교내 양아치와 자칭 문사들이 소통하는 지점, 그것이 담배였다.

 1492년 10월 15일, 콜럼버스의 선원들이 쿠바 원주민에게 선물 받았던 마른 잎은 니코티아나 타바쿰이라는 식물의 잎사귀였다. 선원들이 발음을 잘못 알아들어 '타바코'라고 불리게 된 그 마른 잎이 매독과 더불어 유럽을 휩쓸게 되는 데는 채 2세기가 걸리지 않았다. 치료제이자 자극제로서 기능한 담배는 상류문화의 일부가 되었고 곧 전 사회계층 속으로 파고들었다. 연기는 유럽 바깥으로 오토만 영토를 지나 아시아와 아프리카에 이르기까지 급속하게 퍼져나갔다. 항상 최신 유행의 모습을 띠고서였다. 중앙아시아와 인도는 예술의 형태로 흡연을 받아들였고, 1600년 4월 최초로 일본에 상륙한 파이프 흡연은 남녀는 물론 어린 아이들에게까지 깊숙이 번져나갔다. 일본을 거쳐 중국에 상륙한 담배 흡연은 곧장 기존의 차 문화에 없어서는 안 될 일부가 되었고, 17세기 중반 무렵 아편 흡연이 만연하는 길을 닦아놓았다.

 한반도에는 조선시대 중엽에 수입되어 수십 년이 지나지 않아 남녀노소 가리지 않고 모두가 담배를 피우게 되었다. 18세기 후반 조선시대의 문객 이옥은 '담배의 경전'이라는 의미의 《연경烟經》을 집필했는데, 그 안에는 17단계에 이르는 담배의 재배와 성질, 도구, 담배와 관련된 문학적 내용이 총망라되어 있다. 이옥이 기록한 담배 애호가의 사연 하나를 인용하면 이렇다.

담배가 처음 들어왔을 때 한담이 매우 좋아하였다. 누군가 그에게 질문하였다. "술과 밥, 담배 가운데 부득이 꼭 버려야 할 것이 있다면 셋 중에서 무엇을 먼저 버리겠소?" "밥을 버려야지요." 또 물었다. "부득이 이 둘 중에서 버려야 할 것이 있다면 무엇을 먼저 버리겠소?" "술을 버려야지요. 술과 밥은 없어도 되지만 담배는 하루라도 없을 수 없소."

콜럼버스의 선원들이 받은 선물에서부터 조선시대 이옥의 《연경》에 담긴 예화까지 이 모든 지식은 의학자 샌더 L. 길먼과 문화인류학자 저우 쉰이 편집한 《흡연의 문화사》에서 간추려본 것이다(국내편 한 꼭지는 출판사 측에서 추가한 내용이다). 총 33인의 전문 필자가 동원된 이 책의 제목이 담배의 문화사가 아니라 흡연사로 넓혀진 것은 아편, 코카인, 마리화나 등 '빨 수 있는' 모든 향정신성 물질에 걸쳐져 있기 때문이다. 그런데 그 분량이 무려 600쪽! 흡연 행위에 남다른 학구적 열정을 품고 있거나 그냥 궁금증을 참을 수 없어 근질거리는 사람이 아니라면 여간해서는 완독하기 힘든 분량이다. 그러니까 먼저 왜, 누가 이 책을 읽어야 하는지 그 답을 찾는 것이 순서일 것 같다.

내가 생각하기에 그 답의 단서는 '재미'에서 출발하는 것 같다. 가령 19세기에는 교황도 코카인을 즐겨 마셨다는 사실, 담배로 친분을 도모하는 호치민과 마오쩌둥의 유쾌한 만남, 여송연 박스로 악기를 만들어 연주했던 초창기 흑인 재즈 뮤지션들의 사연, 50세가 넘도록 담배 피우는 포즈로 유럽과 할리우드를 사로잡은 마를레네 디트리히의 섹스 어필…… 하지만 담배 혹은 마약이 즐거울 수만은 없는 게 우리 당대의 사회적 환경이다. 19세기 말, 월터 해밀턴이라는 영국인이 엮은 〈흡연자를 위한 책 묶음―담배를 찬양하는 시와 패러디 묶음〉에는 오늘날의 고민이 이미 나온다. 그중 '흡연을 고민하는 햄릿'이라는 패러디는 이렇다.

피울 것이냐 말 것이냐, 그것이 문제인가?
도덕적으로 볼 때,
담배를 맛 좋은 친구로 간직해야 하는지,
아니면 사람들이 음흉하고 비굴하게 만드는 습관이라고 표현하듯,
위험한 친구로 여기고 피해야 하는지,
어느 쪽이 더 값진 일일까……

시의 지은이는 스목스피어 smokespeare, 그러니까 스모크와 셰익스피어의 합성어이니 순 우리말로 하자면 '담배피어'쯤 될까. 이 친구 '담배피어'가 증언하고 있듯이 흡연 행위는 19세기에 이미 '음흉하고 비굴하게 만드는 습관'으로 지탄의 대상이 되어 있었고, 더 거슬러가자면 문명세계에 본격적으로 전파된 4백 년 전 이래 담배는 줄곧 찬미와 지탄의 양극단을 오갔던 사실을 알 수 있다. 담배를 금했던 주된 이유는 그것이 신앙심과 예의범절을 해칠 수도 있다는 종교 근본주의자들의 우려가 가장 크게 작용했다. 이슬람권에서는 흡연을 하면 사형에 처하거나 코와 입술을 베어버리기도 했다. 오늘날의 흡연 반대론자들이 크게 내세우는 건강권의 문제도 전파 초기부터 대두된 관심사였다. 담배가 건강에 이로운지 해로운지 확인할 길 없었던 시절에는 편의상 귀중한 약재의 취급을 받기도 하지만(유럽에서는 매독 등의 전염병을 퇴치해준다는 믿음이 있었다), 뇌의 기능을 약화시킨다든가 핏줄 안에 검댕을 끼게 만든다는 주장

이 성행하기도 했다. 이처럼 흡연 행위는 가히 장미의 전쟁에 비유될 만큼 사랑과 미움이 교차된 역사를 지녀왔다.

∽

총 4부로 구성된 책의 내용은 다음과 같다. 제1부 흡연의 역사와 문화, 제2부 예술과 문학 속의 흡연, 제3부 성(性) 그리고 민족성의 차이, 제4부 불붙은 흡연 논쟁. 각자의 기호에 따라 관심사가 다를 테지만 내게 흥미로운 대목은 역시, 제2부 예술과 문학 속의 흡연이었다. 황금기를 맞이한 17세기 네덜란드 화단의 화가들은 술집이나 매음굴 또는 가난한 이들의 삶의 풍경을 묘사하면서 담배 파이프를 빈번이 등장시켰다. 흡연은 사회적 일탈의 의미를 띠는 최하층 계급의 오락이었다. 18세기에 접어들면서 흡연 풍경은 유럽의 회화에서 거의 사라지다가 18세기 말, 19세기 초반에 들어 루소식 자연주의가 성행하는 것과 더불어 재등장한다. 시골에서 자연과 더불어 사는 '고상한 미개인'을 찬미하는 표현으로 고요하게 파이프 물고 있는 인물상을 설정한 것이다. 그밖에도 동양의 규방에서 성행한 권련 피우기, 관능적 쾌락, 특히 여성의 섹슈얼리티와 연관된 오페라 속의 흡연 장면, 니코틴을 찬양한 서적들, 그리고 바이마르에서 할리우드로 이어지는 영화에 활용된 흡연 신들이 세밀하게 그려진다.

∽

부와 건강과 장수가 추구하는 가치의 모든 것처럼 보이는 이 21세기 초엽의 흡연문화는 앙상하기 그지없다. 흡연은 의지력이 부족한 자, 사회적 하층계급, 타인의 건강에 해를 끼치는 잠재적 범법자의 행위로 가차 없는 공박을 당한다. 금연의 목소리는 마치 '환경을 보호하자'는 주장과 맞먹는 사회적 공리로 인정되고 있다. 이런 틈바구니에서 가령 '무작정 오래만 살아서 무얼 하려구?' 같은 흡연자의 항변은 끼어들 곳이 전혀 없다. 21세기에 흡연자는 노예, 흑인, 동성애자 등과 다를 바 없는 취급을 받는다.

《흡연의 문화사》는 흡연에 대한 찬성, 반대론은 거의 다루고 있지 않지만, 흡연 습관의 역사성을 규명하는 과정을 통해 오늘날의 논란 역시도 오랜 전통의 맥락에 놓여 있음을 알게 해주었다. 지난날의 흡연 금지령이 대부분 종교적 도그마에 의한 것이었듯이 오늘날의 금연운동 역시 종교성을 띠고 있는 것이다. 그것은 다름 아닌 부와 건강과 장수라는 세속신앙을 말한다. 이 지배적인 종교를 신봉할 의향이 없는 사람들은 지하로, 아니 건물 바깥으로 쫓겨나야 한다. 역사는 반복된다는데 모두가 1백 세 수명이 달성되는 다음 시대에는 또 어떤 흡연문화가 도래할 것인가.

수의사 헤리엇의
아름다운 이야기

오래전에 읽은 박완서 선생의 신문 칼럼이 생각난다. 성석제의 짧은 이야기집 《재미나는 인생》을 우연히 지하철에서 읽게 되었단다. 그 책

읽은 사람들은 다 알겠지만 정말 가가대소를 참을 수 없는 책. 지하철 옆자리 사람들이 미친 할머니로 생각할 정도로 체면도 잃고 마구마구 소리 내어 킬킬거리며 웃고 또 웃었다고 한다. 아마 누구나 그 비슷한 체험이 한두 번쯤 있었을 것이다.

 그런 일이 며칠 전 내게도 일어났다. 웃음을 자아내는 책이라고는 전혀 생각도 못 하다가 그야말로 습격을 당한 듯이 버스 안에서 몸을 비틀면서 큰 소리로 웃고 또 웃었다. 영국의 시골 요크셔 지방의 수의사로 평생 일했던 제임스 헤리엇의 자전적 에피소드집《아름다운 이야기》가 그것. 동물과 이웃 사람들에 대한 전원일기풍의 따사로운 인정담쯤으로 생각했는데 그 정도가 아니었다. 하긴 전 세계에서 수천만 권 이상 팔려 나간 초베스트셀러란다. 훈훈한 인정담만으로 그러한 각광을 받기는 어렵다. 설명을 보니 책 내용이 영국 BBC 방송의 TV 시리즈로 제작되어 커다란 반향을 일으킨 바도 있다.

 1916년에 태어나 1995년, 79세를 일기로 세상을 떠난 제임스 헤리엇은 책을 내기 전까지는 전혀 알려진 인물이 아니었다. 시골마을에서 소, 돼지, 양 등 동물의 질병과 출산을 돌보는 그냥 무명의 시골 수의사에 불과했던 것. 그런 그가 50세가 넘어 자신의 체험을 글로 풀어내기 시작했는데 이처럼 세계적인 반향을 불러일으키게 된 것이다. 각광의 이유를 굳이 따져본다면, 아마도 사람들 가슴속에 가공되고 연출되지 않은 진정한 웃음, 때 묻지 않은 진정한 감동을 안겨주기 때문이 아닐까 싶다. 원제는 'All things wise and wonderful'. 직역을 하자면 '이 세상의 모든 똘똘하고 신기한 것들'이 된다.

《아름다운 이야기》에 특별한 줄거리는 없다. 모두 30개의 챕터로 자신의 공군 입대 체험기와 수의사 생활 이야기가 교대로 나오는 구성인데, 처음 한두 꼭지는 좀 밋밋해서 특별한 인상을 주지 않는다. 마음 느긋이 먹고 계속 읽어나가는 가운데 앞서 말한 킬킬, 깔깔의 정신없는 재미에 빠져 들어가게 되어 있다. 그런데 거참, 이 책의 특징이 평범한 이야기 속의 웃음과 감동인 탓에 뭐라고 꼭 집어 소개를 하기가 좀 어렵다. 가장 크게 웃었던 것 한두 가지만 떠올려볼까.

제10장의 내용. 공군 졸병 시절의 얘기인데 우리나라와 마찬가지로 영국군도 신체단련체조(일명 PT 체조)가 꽤나 고강도 훈련이었던 모양이다. "살을 에는 듯한 바닷바람을 맞으며 소름이 돋은 팔다리로 오랫동안 PT 체조를 하곤 했는데" 부대를 방문할 공군 중장에게 시범을 보이기로 결정되었다. 체조 시범의 효과를 돋보이게 하기 위해 동작이 끝나고는 속으로 다섯까지 센 다음, 전원 공중으로 펄쩍 뛰어오르면서 목청껏 소리를 지르고 전속력으로 훈련 광장에서 달려나가는 것이었다. 사열대에서 장군이 내려다보면 그 고함소리가 장관을 이룰 게 틀림없었다.

한데 부대 안에 좀처럼 적응을 못 하는 친구가 하나 있었다. '크로마티'라는 이름을 가진 붉은 머리의 소심하고 연약한 청년. 훈련 책임자인 중사가 그를 길들이는 과정이 한참 나온다. 마침내 크로마티도 단련에 단련을 거듭해 체조 말미에 커다랗게 비명을 지르는 데 성공하기에 이른다. 드디어 만반의 준비가 끝나고 장군 앞에서의 시범 날. 최고위급

장교들이 즐비하게 늘어선 가운데 중사의 "삐익" 하는 호루라기에 맞춰 기계처럼 절도 있는 체조 시범이 시작된다. 다른 날보다 유독 잘되어 나갔다. 수백 개의 팔다리가 마치 하나인 양 절도 있게 착착 움직여나갔다. 완벽한 성공이었다. 이제 마지막 하이라이트. 체조가 끝나자 사방이 쥐 죽은 듯 고요했다.

～

바로 그 순간. "꼼짝도 하지 않는 대열 속에서 예기치 않게 폭탄이 터졌다. 내 앞줄에 서 있던 크로마티가 팔다리와 붉은 머리를 도리깨질하듯 흔들면서 위로 뛰어오르는 동시에 입에 거품을 물고 늑대처럼 길게 고함을 지른 것이다." 크로마티가 마침내 해낸 것이다. "사납고 호전적인 고함소리, 높은 점프! 중사도 그 이상은 바랄 수 없을 것이다. 그런데, 그런데 유일한 문제는 크로마티가 너무 빨랐다는 점이다." 어떤 상황이 벌어졌는지 짐작해보시라.

크로마티 같은 고문관이 어디에나 꼭 한둘씩 있다. 뭘 좀 해보려는 노력은 가상하지만 항상 때와 장소를 잘못 맞추는 것이다. 내가 왜 이 대목에서 그처럼 미친 듯이 웃을 수밖에 없었는가 하면…… 이 글을 쓰는 내가 바로 살아오면서 크로마티 같은 행동을 많이 저질렀기 때문이다.

～

중간 어디쯤에선가 견학생 앞에서 낭패를 본 이야기도 유쾌하게 기억된다. 수의사 직업에 큰 자부심을 가진 헤리엇으로서는 장래 수의사가 되고자 견학하러 찾아온 학생들이 너무도 대견하기만 했다. 그들에게 가능하면 동물을 다루는 일의 험난한 모험이며 고난도의 진료 솜씨를 보여주면서 뽐내고 싶은 마음이 그득했던 것. 그런데 하필 견학생이 온 날 시종일관 상상임신으로 비실대는 암캐, 암소 따위만 계속 등장하여 낭패감으로 쩔쩔매는 헤리엇의 모습은 또 얼마나 웃기던지.

《아름다운 이야기》를 읽다 보니 글쓰기의 위력을 새삼 느끼게 된다. 재미나는 일화가 어찌 수의사에게만 일어나겠는가. 어떤 직업이든 그 안에 울고 웃을 다채로운 일들이 언제나 벌어지고 있을 것이다. 모두가 그것을 일상의 늪으로 흘려보내고 있을 때 꼼꼼한 헤리엇 할아버지는 하나하나 마음에 담아두었다가 이처럼 전 세계인들에게 행복한 웃음을 선사한 것이다. 삶이 지루한 사람이라면 헤리엇 박사를 떠올려보자. 분명 자기 주변에서도 '아름다운 이야기'가 수시로 일어나고 있을 테니까.

어느 무명 철학자의 유쾌한 행복론

화장실을 자주 들락거리는 것과 여러 권의 책을 동시에 읽는 것이 내 습관인데, 오늘도 그러다가 좀 웃기는 경험을 했다. 빨간 바이러스 진중권이 펴낸 《시칠리아의 암소》를 킬킬거리며 읽고 있다가 화장실 다녀오면서 또 붙잡은 책이 '세상에 딱 한 권의 책만 남긴 사람, 전시륜'의 《어느 무명 철학자의 유쾌한 행복론》이었다. 책을 읽는 동안엔 그 저자를 떠올리게 마련. 글쎄 나는 《시칠리아의 암소》를 읽으며 전시륜을 떠올렸고 《어느 무명 철학자의 유쾌한 행복론》을 뒤적거리면서는 자꾸 진중권으로 혼동을 하곤 했다.

두 사람 사이에 어떤 공통점이 있는가. 천만에 만만에. 한 사람은 독일 유학을 다녀온 사십대의 현역 좌파 독설가이고, 또 한 사람은 미국에서 물리학과 철학을 공부한 66세의 재미교포 할아버지로 여자와 스피노자를 '느슨하게' 좋아하는 인생파다. 전혀 색깔이 다른 두 저자가 혼동되는 까닭을 곰곰 헤아려보니 일단 무지하게 재미있다는 단순한 이유와 더불어 '주관' '박학다식' '인식력' '유머감각', 이런 낱말들이 떠올랐다. 종횡무진 거침없이 생각의 나래를 펼쳐나가며 읽는 이를 사로잡는 능력은 얼마나 멋진 재능인가.

전시륜의 '행복론'에 시선을 모아본다. 그는 전혀 무명의 인물이다. 서울대 공과대학을 다니던 1959년 이십대 후반의 나이로 미국에 억지 유학을 떠나 여러 직업을 전전하다 2년 전 암으로 세상을 떠난, 한 재미교포일 뿐이다. 책 한 권 내보겠다는 평생 소원이 사후에야 이루어진 것인데, 이게 잔잔한 화제다. 일단 읽어본다면 "거, 전시륜이 책 한번 읽어보시죠" 하고 입소문을 내게 되어 있다. 재미있으니까.

기인이며 괴짜가 유명 예술가 속에만 있는 게 아니다. 무명의 인생역정 대목대목이 흡사 '한 세월 놀이터'에서 보낸 유람기와 같아서 킬킬거리며 따라 웃되 결코 만만한 짬뽕은 아니다. 1957년 지방신문에 대문짝만 하게 낸 구혼광고 "25세의 총각 군인이 아내를 구함"에서부터 그의 별스런 행각은 출발하는데, 하여간 근질거려 잠시도 참지 못하는 성격 탓인지 생물학, 신학, 인류학, 여성론, 문학, 철학 사이를 각종 체험의 롤러코스터를 타고 넘나든다. 특히 방대한 분량의 여자 예찬론, 여자 사귀는 법은 30년이 흘렀건만 오히려 모던한 것 같다.

책은 건강에 첫 위기가 닥친 1982년에 작성한 그의 코믹한 유서에서 출발한다. 남겨질 아내에게 재혼을 권유하며 "살은 섞되 은행 장부는 섞지 말 것"을 부탁하면서, 자신이 남긴 재산으로 햄버거를 몇 개나 사 먹을 수 있는지를 꼼꼼히 계산해놓은 게 전시륜식 유언장이다. 그의 추억담이란 도대체 기발한 것투성이인데 글을 그렇게 써서 그럴까, 아니면 별일이 그를 따라다닌 걸까. 그러고 보니 움베르토 에코의 《세상의 바보들에게 웃으면서 화내는 방법》과 생각이 꽤 이웃해 있다는 느낌도 든다. 하여간 《어느 무명 철학자의 유쾌한 행복론》은 꽤나 유쾌한 책이다. 삶을 지겨워하는 지겨운 사람들에게 이 책을 선물하고 싶다.

추리문학의 교과서들

'국내 최초'라는 타이틀을 내걸고 나오는 책이 여전히 많다. 최초 완역본, 전집, 원전 번역 등. 《걸리버 여행기》 같은 유명작조차 완역이 된지 오래되지 않았고 《서유기》는 아직도 축약본밖에 없다. 출판물 총량이 세계 7위쯤 한다는데 이 어인 일일까. 종이 낭비에 가까운 불량 출판물의 양산을 탓하기 전에 균형 잡힌 독서 수요가 결여된 우리 독자층에도 책임이 있다.

괴도 루팡이라는 이름으로 더 익숙한 모리스 르블랑의 《아르센 뤼팽 전집》이 역시 '국내 최초'로 까치에서 나왔다. 잘 알려져 있다시피 영국의 코난 도일이 창조한 천재 탐정 셜록 홈즈와 더불어 쌍벽을 이루는 존재가 프랑스의 대도 아르센 뤼팽이다. 영국의 비틀스가 하도 세상을 휩쓰니까 기분이 나빠진 미국에서 대항마로 공모를 통해 멍키스라는 그룹을 만든 적이 있는데, 프랑스의 뤼팽 역시도 그런 내력을 지니고 창조된 존재다. 그러니까 뤼팽은 영국에 대한 프랑스인의 국민 감정이 담겨 있는 인물이다.

먼저 뤼팽의 문학적 족보인 추리소설을 살펴보자. 추리소설은 1841년에 나온 미국의 에드거 앨런 포의 《모르그 가의 살인사건》을 원조로 치지만 그후 영국과 프랑스에서 먼저 꽃을 피웠다. 물론 코난 도일과 모리스 르블랑이 그 정점에 있다. 이 두 사람을 대조해보는 일은 무척 재미있다.

추리소설은 여가시간을 위한 독서물이다. 여가는 경제성장에서 나온다. 19세기 후반 서구사회의 놀라운 진보와 경제성장은 과학문명의 급

속한 발전에서 나왔다. 당시 사람들의 일상적 관심사가 바로 새로 발견되고 창안된 각종 과학 지식이었다. 일반 대중이 폭발적으로 많은 양의 지식을 소유하게 된 것이다. 추리소설은 바로 이 점을 겨냥했다. 당신은 이미 이러저러한 과학적 상식을 알고 있다. 자, 그걸 갖고 한번 게임을 해보자! 중세의 연금술은 신비의 영역이었지만 19세기 후반의 제철기술은 손에 잡히는 과학이었다. 중세의 질병과 살인은 마녀들에게 의존했지만 추리소설에 빈번이 등장하는 독약은 의학의 발전을 의미했다.

셜록 홈즈를 창조한 코난 도일은 의사 출신이었다. 과학자인 것이다. 그는 '범죄에 관한 난해한 비밀이, 논리적으로 서서히 풀려나가는 경로의 흥미를 주안으로 삼는 문학'이라는 추리소설의 규범에 완벽하게 부응하는 작품을 썼다. 반면 뤼팽의 모리스 르블랑은 오매불망 위대한 작가를 꿈꿨던 '본격문학' 지망생이었다. 플로베르, 모파상, 에밀 졸라 같은 대작가 뒤를 쫓아다녔다. 순문학의 길이 뜻대로 풀리지 않자 건드려본 게 추리였고 그걸로 대성공을 거뒀다. 그러나 만족할 수 없었다. 뤼팽 시리즈가 후반부로 갈수록 공간적 배경이 프랑스를 벗어나 세계로 넓어지고 내용도 모험, 스릴러, 로맨틱 미스터리로 장르 확장을 한 까닭이 그것이다. 셜록 홈즈가 추리 플러스 풍속소설로 한정된다면 뤼팽의 문학적 영역은 좀 정처가 없다.

부담 없이 재미로만 읽기에는 셜록 홈즈 쪽이 더 낫다. 읽는 속도도

훨씬 앞선다. 반면에 뤼팽은 선명하지 못한 대목이 꽤 많다. 전혀 지루하지는 않지만 두뇌의 수고를 더할 각오를 해야 한다. 아울러 작가 모리스 르블랑은 참 지독히도 프랑스적인 사람이다. 당장 첫 권부터 남의 나라 인기인 셜록 홈즈를 멋대로 등장시켜(코난 도일의 항의를 받고 '헐록 숌즈'로 이름을 바꾸기도 한다) 멋없고 별로 재주 없는 인물로 둔갑시킨다. 홈즈의 동료 왓슨은 아예 바보 천치로 묘사된다. 우리로선 킥킥대며 재미있어할 수밖에.

총 20권의 《아르센 뤼팽 전집》에서 《괴도신사 아르센 뤼팽》《뤼팽 대 홈스의 대결》《기암성》 등등이 속속 출간되었다. 황금가지에서 나온 《셜록 홈즈 전집》과 맞붙어 어느 쪽이 판매에서 승리할지 그것도 흥밋거리다. 추리소설은 선진국에서만 각광받는 장르다. 과학문명이라는 지적 인프라가 대중에 깔려 있어야 읽힐 수 있기 때문이다. 추리문학사의 교과서가 최초로 번역된 이 땅에도 추리 붐이 일어나려나.

《먼지》, 조지프 어메이토, 이소출판
《흡연의 문화사》, 샌더 L. 길먼 · 저우 쉰, 이마고
《아름다운 이야기》, 제임스 헤리엇, 웅진지식하우스
《어느 무명 철학자의 유쾌한 행복론》, 전시륜, 명상
《아르센 뤼팽 전집》, 전20권, 모리스 르블랑, 까치
《셜록 홈즈 전집》 전9권, 아서 코난 도일, 황금가지

chapter 3
내 안의 시

RAISON D'ETRE

사랑을 잃고 나는 쓰네

사람들은 모두 시인이다,라고 말할 때의 '시'란 문예지에 발표되는 시 작품이 아니라 사람들 가슴에 상상력의 불꽃을 지피는 시적인 어떤 것을 의미한다. 죽고 싶은 괴로움, 견딜 수 없는 소외감, 혹은 황사가 불어닥치는 봄날의 어떤 허허로움 속에서 정처 모르는 가슴을 부여잡고 사람들은 시인이 된다.

시인 자체가 시적인 연상의 소재가 되는 존재들이 있다. 파울 첼란, 딜런 토머스, 엘뤼아르, 랭보…… 이들은 그 이름이, 생애가 바로 가슴 두근거리게 만드는 한 편의 시와 같다. 그런 이름이 존재하는 사회는 실제로 많이 읽혀지는지 여부를 떠나서 갑갑한 일상에서 초월을 꿈꾸는 시적 지향이 살아 숨쉰다. 그들이 있으니까!

우리에게도 그런 이름들이 있다. 기억이 나는 시점까지 거슬러 가보자면, 1970년대는 단연 김지하를 떠올려야 한다. 그는 미성숙한 한국사회에서 진보를 향한 거대한 상징이었다. 1980년대는 '민중과 해체'라는 상반된 양극단을 함께 기억해야 한다. 고속성장의 열매를 분배해달라는 욕망에서 비롯된 '민중'의 목소리는 신경림, 고은 혹은 김남주로 대변될 수 있었고, 봉건적 집단성을 넘어 자아의 영토를 희구한 '해체'의 몸부림으로 이성복, 황지우를 들 수 있다. 이 1980년대는 한국시사 전체를 들어 가장 시가 왕성했던 시절이었다.

그리고 1990년대. 화산이 폭발하듯 솟구쳤던 시의 위세가 수그러들고 사람들의 관심이 다른 장르로 이동하던 시점이었다. 이제는 더 이상 시를 안 읽는 듯하다. 대중 시, 낙서 시로 불리는 시 이전의 미숙한 글줄들만 청소년들에게 애호되고 본격 시는 더 이상 읽히지 않는 듯이 보였다. 하지만 바로 그 시점에 어떤 새로운 시인이 은밀한 암호처럼, 혹은 남모를 은어처럼 영혼이 외로운 사람들 사이에 읽혀나가기 시작했다. 그 새로운 시인의 이름이 기형도다.

KBS 프로그램 〈TV, 책을 말하다〉에서 기형도 13주기 기일을 맞아 특집을 마련했다. '사랑을 잃고 나는 쓰네'라는 제목. 많은 오해와 억측을 자아낸 그 돌연한 죽음 때문에 제작팀에서는 애초에 다큐멘터리 형식으로 만들고자 했다. 하지만 제작상 여러 난점에 부딪쳐 스튜디오 대담과 병행하기로 했는데 거기에 연세대 정과리 교수와 내가 패널로 불려 나가게 되었다. 심야극장에서의 사망과 그 죽음이 낳은 문학적 파장을 다큐멘터리로 추적하면서 군데군데 패널의 대화가 이어지는 형식이었다.

∽

기형도는 1960년생, 연세대 정외과 79학번으로 1989년 3월 7일 사망 당시까지 중앙일보에 근무하던 기자였다. 1985년 동아일보 신춘문예에 시 〈안개〉가 당선되어 등단했고 이후 각종 사화집과 계간 《문학과 사회》에 작품을 발표했다. 다작은 아니지만 고도로 집중된 고딕 건축적 언어 구조로 인해 발표되는 작품 하나하나가 크게 주목을 받았다. 무엇보다 그의 사람됨이 주위 사람들의 사랑을 낳았다. 분명 가슴속에는 헤아릴 수 없는 낭떠러지를 지니고 있는 듯이 보이는데 평소 태도는 약간 건들건들하면서 유쾌한 친구였다. 노래를 잘했던 그의 주변에는 늘 흥겨운 웃음이 떠올랐다.

∽

그러던 젊은 그가 어느 봄날의 새벽녘 파고다 극장에서 뇌출혈로 갑작스레 죽었다. 그가 남긴 가방에는 잘 정리된 시집 초고가 있었다. 그후 간암으로 죽음의 날을 기다리던 문학평론가 김현의 〈영원히 닫힌 빈 방의 체험〉이라는 해설과 함께 문학과지성사에서는 기형도의 첫 시집이자 마지막 시집이 된 유고작 《입속의 검은 입》을 황급히 출간했다. 그리고 현재까지 63쇄, 기형도가 한 시대의 시적, 문화적 기호로 변모하는

10여 년의 세월이 흐른 것이다.

~

죽음의 장소 때문에 기형도가 게이였느니 무슨 불치병이 있었느니, 혹은 자살한 것이니 하는 억측이 사정 모르는 사람들 사이에 떠돌았다. 어린 시절부터 그와 붙어 지내던 친구들이 다 생존해 있는 판인데 황당하고 기가 막힐 일이다. 특히 가족들이 많이 상처받았다. 시의 각광도 죽음의 센세이셔널리즘 때문이라는 말도 많았다. 독자의 환상도 존중받아야겠지만 없는 사실의 창작은 좀 곤란한 일이다.

~

〈TV, 책을 말하다〉에서 집중한 사항은 그의 생애 추적과 더불어 그의 작품이 왜 커다란 반향을 일으키는가 하는 데 있었다. 나 역시 그 점을 설명해야 하는 역할을 부여받았다. 기형도가 죽은 비슷한 시기에 《매음녀가 있는 밤의 시장》의 이연주 시인이 목을 매달아 죽었고, 풍요의 시대에 결핵과 영양실조라는 어이없는 병으로 《거꾸로 선 꿈을 위하여》의 진이정도 죽었다. 하지만 왜 기형도의 시가 특별히 지속적으로 애호받고 있는가.

~

그 까닭을 몇 마디 말로 정리하기란 쉬운 일이 아니다. '대단히 훌륭한 시'이기 때문이라는 좀 바보 같은 진단이 사실은 가장 정확하건만 그렇게 말할 수는 없는 노릇 아닌가. 일단 기형도 시의 특징을 들자면 고전적인 이미지 통일성이 남다르게 뛰어난 점, 작품 안에 서사가 존재하고 있으며, 영상으로 치환될 수 있는 시각적 이미지 구현이 1990년대의 문화 풍토와 잘 부합된다는 점을 들 수 있다. 아울러 사후에 깨닫게 된 사실이지만, 작품 전편에 무겁게 흐르고 있는 타나토스적 충동(죽음 애호. 죽음 지향)의 치열성과 아울러 존재의 생기를 완전히 무화시키는 어둡고 막막한 이미지들이 독자 가슴에 내밀하게 와 닿은 점을 지적할 수 있을 것이다.

그의 시는 더 읽히고 유례없이 많은 평론이 씌어졌듯이 앞으로도 계속해서 더 많은 연구가 이루어질 것이다. 더불어 한 죽음이 문화적 자산으로 성장해서 연극, 영화, 소설의 소재로까지 뻗어나가고 있는 형국이다. 생전의 그와 약간의 교류가 있었다. 광화문에 있던 내 자취방에 집이 먼 그가 몇 차례 자고 간 인연, 새벽에 그가 남기고 간 메모를 지금도 소중하게 간직하고 있다. 그는 치열한 영혼이었다. 삶과 죽음 사이에 가로놓인 레테의 강가에서 머리칼을 부여잡고 새벽을 마주하는 고통스러운 젊은 영혼이 있다면 기형도를 읽으시라. 그의 시가 더 아프게 만들 것이다. 그 모든 아픔이 다할 때까지.

맛없는 인생의 식탁에
아무도 초대하지 않았다

    세상 떠난 기형도와의 엷은 교유. 인사동에서 북적대던 통상적인 시인 모임에서 좌중의 일원으로 안면을 익혔고, 광화문 내 자취방에 집이 멀면 그가 찾아와 하룻밤 기식한 일도 몇 차례 있었다. 대체로 유쾌한 모습이었고 예스런 멋을 구가하는 친구였다. 그는 언제나 삶의 편으로 보였다. 그러다 그 느닷없고 충격적인 죽음이 닥쳐왔다. 그때서야 비로소 그가 남긴 글에서 흥건한 죽음의 흔적이 읽혀졌다. 늘 두통을 호소하던 모습, 가방 속에서 종류가 다른 한 움큼의 두통약을 보여주던 것이 상기되었다. 정말 그에게는 닥쳐올 죽음의 인식이 있었던 것일까. 사인은 돌연사에 가까운 뇌출혈이었다. 시의 마성이 시인을 죽음에 이르게 했다고 해석하는 건 일종의 감상주의일지 모른다. 하지만 어쨌든 시인의 죽음이 있었고 남겨진 시에는 황량한 죽음의 염찰이 즐비하다. 대체 이 관계를 어떻게 이해해야 한단 말인가.

    "나에게 남겨진 시간은 얼마나 남아 있는가? 미래를 알 수 없기는 모두가 마찬가지인데 나는 왜 남은 시간을 헤아리는 불가능한 짓을 하려고 하는가? 유고 시집이 아닌 시집을 한 권 내고자 한 나의 소망이 이루어진 것인가?"

    이런 서문으로 시작되는 시집이 있다. 《생일》이라는 표제의 이 시집 주인공 이윤림을 기억하는 사람은 많지 않을 것이다. 2000년 봄호 계간지로 데뷔한 그야말로 새내기 시인에 불과하니까. 한데 첫 문장부터 '남겨진 시간' '유고 시집' 운운은 또 무얼까.

　이쯤해서 사사로운 이야기를 꺼내는 게 좋겠다. 나는 시인 이윤림에 대해 객관적인 평문을 쓸 자격이 없는 사람 같다. 1974년 서우회라는 고교생 연합 문학서클의 일원으로 만난 이래 변치 않는 평생지기이기 때문이다. 평론가 김명인, 시인 황인숙, 연극인 김상수 등이 동기였고 그 속에서 이윤림은 유별나게 똑똑하고 시 잘 쓰는, 이를테면 모임의 별 같은 존재였다. 예의의 헌사가 결코 아니다. 일찍 니체에 침잠한 그녀의 조숙과 총명은 어수룩한 까까머리들에게는 작은 신화와도 같았다. 나는 지금도 "프리드리히, 그는 내 친구"라며 갱지에 내려 쓴 그녀의 숱한 아포리즘을 간직하고 있다.

　세월은 공평하게 흐른다. 어떤 이들은 시인, 소설가가 됐고 또 어떤 이들은 직장인, 교사, 기자가 됐다. 이런 건 누구는 산으로 놀러 갔고 또 누구는 바다로 놀러 갔다,처럼 통상적인 일이다. 하지만 그녀에 대해서만은 달랐다. 주위 사람 모두가 시인이지 않은(정확히는 데뷔하지 않은) 그녀를 의아해했고 반면에 결혼하지 않은 그녀는 당연시했다. 마땅히 가야 할 길을 가지 않는 사람에 대한 주위의 애정 어린 이지메. 그녀의 평생에는 이런 것이 지배했다.

　여기까지의 이야기는 낡은 동창회지에서나 읽혀질 사연일지 모른다. 그녀의 시는 삶의 몫으로 철저히 비켜나 있었다. 하지만 결국은 '온다던 사람'처럼 세상에 등재되게 된 그녀의 시편들. 그것은 그녀만이 겪어내야 하는 난감한 "생일"에, "배에 용서가 가득 차" 오른 것 같은 복수腹水 찬 배로, 독한 약 기운에 뽑혀져 나간 "없는 머리"로 찾아들었다. 무얼

에둘러 말할 것인가. 말기암의 시인은 삭풍에 마주 선 가랑잎처럼 위태롭다.

여러 이름들이 뇌리를 스쳐 지나간다. 이연주가 있었고 진이정이 있었다. 기박한 박정만, 이경록 그리고 기형도가 있었다. 생물학적인 죽음의 황폐와 대면한 자의식의 텍스트로서, 생존이라는 덧없고 기이한 시뮬라크르의 구명으로서 이들의 시는 문학연구의 한 분류 항에 큼직히 자리 매김 되어야 할 것이다. 불행하게도 그 언저리에 다가서게 된 이윤림의 시는 목숨의 이편과 저편을 동시에 바라보아야 하는 상황인식의 한 극단을 그리고 있다. 기형도의 시에 보이는 죽음의 인상이 까마득한 추억의 거리를 유지하고 있다면, 이윤림에게 그것은 욕망에 휘둘리는 일상의 낱낱에 스며들어 작용하고 운동하는 감각적인 것이다. 소멸을 향해가는 방식의 차이에서 비롯된 것이리라. 결국 우리 모두는 속도만 다를 뿐인 또 하나의 기형도이거나 이윤림이다. 자신의 부재를 전망한 여러 편의 구절 속에서 독자들은 그녀의 부재를 증언하는 주변 인물로 동원되지만 그것은 곧장 개별 독자 스스로의 부재로 환원되는 강력한 환기력을 이 시집은 발휘한다. 예감이나 암시 혹은 상상 속의 이미지가 아닌, 예정된 수순으로서의 죽음의 육체성을 읽어야 하는 심정은 얼마나 참담한 것인가.

투병 중인 인물에게 죽음이나 죽은 자의 사례를 빗대는 건 할 짓이 아닌 것 같다. 하지만 시집의 저자로 그녀를 읽을 때 나는 그 어떤 고통을 토로한 기존 시집들보다 윗길로 오히려 담담하게 쓰여진 그녀의 소멸 인식을 체감한다. 그리고 곧장 기형도를 떠올린다. 그들의 시적 진술은 닮아 있지 않지만 그들의 죽음은 너무도 섞여 있다! 한 발 한 발 느리게 찾아드는 숙명과 느닷없는 사건 간의 비차별성. 그 접점에 독자인 내가 망연하게 있다. 그들의 시는 살아 있음에 대해 너무나 많은 말을 시킨다. 이윤림은 표제 시〈생일〉의 첫 구절을 이렇게 시작했다. "맛없는 인생을 차려놓은 식탁에 / 아무도 초대하지 않았다." 이 밋밋한 진술에 감춰진 깊은 속내를 눈치 챘다 한들 더불어 쓸쓸해할 자격이 내게 있을까. 혹은 지금 삶이 바쁜 당신은 어떤가.

슬픔이 너를 깨문다

언젠가 시인 황인숙이 문학상을 수상한다는 소식을 접했을 때 왠지 좀 어색한 느낌을 받았던 기억이 난다. 실제로 꼭 그런 것만은 아니지만, 상장을 받고 꽃다발에 카메라 플래시가 터지는 장면은 어쩐지 세상의 오버그라운드, 밝은 양지 쪽의 일로만 여겨지는데 그녀는 아무래도 소속이 다른 존재로 느껴지기 때문이었다.

상을 받을 때 그녀의 표정은 어땠을까. 혹시 근엄한 심사위원들 앞에서 킥킥거리는 불경을 저지르지는 않았을까. 만일 실제로 킥킥거렸다면 그것은 불손이 아니라 어색함을 견디지 못해서였으리라. 남들은 참아낼 수 있는 쑥스러움을 그녀는 견디지 못한다. 그러고 보니 그날의 '주인공' 옷차림도 궁금하다. 행사에 걸맞은 단정한 원피스쯤을 걸쳤을까. 추측해보건대 원피스는커녕 평소 입던 청바지에 헐렁한 티셔츠쯤으로 무대에 섰을 것만 같다. 그것이 내가 아는 시인 황인숙이다.

~

　표정이든 옷차림이든 이 모든 연상의 근거는 사실 1980년대의 황인숙, 그러니까 그녀의 삼십대 시절의 모습에서 비롯된 것이다. 좁다란 시장통에서 시 하나 붙들고 홀로 사는 가난하고 고독하고 무엇보다 예민한 시인. '고독하고 예민한 시인'이라는 이미지가 19세기적이라면 그녀의 삼십대는 분명 19세기였다. 나는 그것을 증언할 자격이 있을 만큼 1980년대 후반의 많은 나날을 그녀가 빚어내는 문학적 환경 속에서 어울려 지냈다. 고립감과 막막함과 대책 없는 나날들······. 포즈와 겉멋으로 괴로운 사람은 없다. 하지만 문학의 언저리에서 겉멋 같은 괴로움을 토로하는 글은 흔히 볼 수 있다. 심중의 괴로움은 남아 있되 괴로움을 안겨주는 상황을 헌옷 벗어던지듯 훌훌 털고 나와서 씌어진 글들이 그런 것이다. 누군들 괴로움 속에서 살고 싶겠는가. 그런데, 그렇지만, 그렇다 하더라도, 폐쇄된 자의식의 고단한 괴로움 속에서 한발짝도 나가려 하지 않는 그런 삶이 있는 것이다. 그렇게 씌어진 글의 감흥을 말하기 좋게 사람들은 '진정성'이라고 부른다.

~

　아, 진정성. 그것은 지긋지긋한 것이다. "나는 벽에다 눈 지리고 지린 오줌"이라고 최승자가 썼을 때 온몸에 지긋지긋한 소름이 돋는 것은 그걸 쓴 사람이 실제로 그러해 보이는 실감이 있기 때문이다. "아무것도 미화시키지 않기 위해서는 비하시키지도 않는 법을 배워야 했다"라는 이성복의 구절에서 섬광처럼 다가온 것은 역설의 아포리즘이 아니라 직설로 까발리는 생의 진실이었다. 그렇다면 황인숙, "내 청춘, 늘 움츠려 아무것도 피우지 못했다, 아무것도"라는 그녀의 토로에서는 쓰디쓴 자기 동일시로 허덕이게 되는 걸 또한 어쩌랴.

시인 황인숙은 문학과지성 시인선에서만 모두 네 권의 시집을 냈다. 1988년에 첫 시집《새는 하늘을 자유롭게 풀어놓고》를 냈고, 1990년에《슬픔이 나를 깨운다》를 냈다. 이어서 1994년에《우리는 철새처럼 만났다》, 1998년에《나의 침울한, 소중한 이여》가 각각 출간됐다. 시집에도 대표선수가 존재한다면 아마도 황인숙의 대표시집은 처음 출간돼 평단의 주목을 크게 받은《새는 하늘을 자유롭게 풀어놓고》이거나 어느덧 중견으로서 문학상까지 수상한 최근 작《나의 침울한, 소중한 이여》일지 모른다. 그러나 무어랄까, 개인적인 애착과 공감의 밀도로 볼 때는 이상하게 반응이 조용했던 시집《슬픔이 나를 깨운다》가 가장 강렬하게 다가온다.

> 슬픔은 분명 과로하고 있다.
> 소리 없이 나를 흔들고, 깨어나는 나를 지켜보는 슬픔은
> 공손히 읍하고 온종일 나를 떠나지 않는다.
> 슬픔은 잠시 나를 그대로 누워 있게 하고
> 어제와 그제, 그끄제, 그 전날의 일들을 노래해준다.
> …

슬픔은 책을 펼쳐주고, 전화를 받아주고, 세숫물을 데워준다.

그리고 조심스레

식사를 하시지 않겠냐고 권한다.

나는 슬픔이 해주는 밥을 먹고 싶지 않다.

내가 외출을 할 때도 따라나서는 슬픔이

어느 결엔가 눈에 띄지 않기도 하지만

내 방을 향하여 한 발 한 발 돌아갈 때

나는 그곳에서 슬픔이

방 안 가득히 웅크리고 곱다랗게 기다리고 있음을 안다.

—〈슬픔이 나를 깨운다〉 중에서

    혼자 살아본 사람이라야 체감할 수 있는 일상이리라. 꽁꽁 손발이 어는 아침 추위 속에 연탄불이나 옹색한 곤로 위에 세숫물을 끓이는 수고로움을 중앙난방 가스보일러는 모르리라. 그런데 그녀의 아침잠을 깨워주고 일과를 함께하고 방 안에서 곱다랗게 기다려주는 슬픔의 내력은 무얼까. 흔적들은 시집 도처에 널려 있다. "나, 지금 덤으로 살고 있는 것 같아"에서 보이는 소외감, "왜 사는가?… 외상값"에서 읽히는 생활고, "이 사진을 보세요. 젊고 이리도 예쁘잖아요? 난 이제 이렇게 못 웃어요"에서 드러나는 늙음의 인식, "마음이 없는 몸은 무거워라. 손바닥으로 입을 두드리며 야유를 퍼붓는 나무 사이로 몸을 버리러 걸어가야지"에서의 뼈저린 오기 같은 것들. 하지만 그런 괴로움은 황인숙만의 고유한 몫은 아니다. 그보다는 어떤 비밀스러운 사랑의 흔적, 하지만 드러내 주고받은 사랑이 아니라 어떤 불가해한 인연의 고리 속에서 홀로 애달파해야 했던 고통의 흔적들이 두드러진다. 사랑의 상대가 겪는 아픔 앞에서 시인의 심경은 "그 속에 나는 없구나"라고 표현되거나 "덤으로, 춤을 추다"로 씌어진다. 절절함의 크기는 헤아릴 수 없다.

> 내 얼굴은 으깨어진 토마토
> 어두워지기 전에는 한 발짝도
> 예서 나를 끌어낼 수 없을 거예요
> …
> 맨 처음 만날 때의 그를 생각해보았어요
> 그때의 그가 나를
> 이렇게 울게 할 수 있었을까요?
> 두 번째는? 세 번째는요?
>
> —〈가을 햇살〉 중에서

흩어진 실마리들을 추슬러보자면, 시인은 자신이 주인공일 수 없는 어떤 사랑의 사연에 휘말려 함께 절절하고 애통해했건만 마치 덤으로 따라 춤을 춘 듯한 민망함과 자괴감에 더욱 괴롭다. 그래서 그녀의 슬픔은 이중으로 과로하고 있는 것이다. 시간이 경과함에 따라 다음 시집 《우리는 철새처럼 만났다》에서 "플라타너스야, 너도 때로 구역질을 하니? 가령 너는 무슨 추억을 갖고 있니? 나는 내가 추억을 구걸했던 추억밖에 갖고 있지 않다"라는 경멸과 냉소로 심경이 정리되기까지 그녀의 슬픔은 측량할 길 없이 거세고 쓰라리다.

시인을 스쳐 간 사연은 마치 퍼즐 맞추기를 하듯 단서를 꿰어야 윤곽이 뚜렷해지지만 시집 전편에 흐르는 페이소스는 그 자체로 충일하고 직감적이다. 슬픔은 시인의 잠을 깨우는 동시에 읽는 이의 가슴을 아프게 깨문다. 진정성이라는 척도로 작품을 비춰보고자 한다면 황인숙의 시편들은 황량한 벌판에 홀로 우뚝 선 나무처럼 뚜렷하고 선명하다. 하지만 대체 왜 그처럼 아파야 한단 말이냐!

1990년대에 접어들고부터 나는 황인숙의 삶을 모른다. 전해 듣기로 그녀의 삶은 기적처럼 하나도 변하지 않았다고 한다. 이후에 나온 시집을 읽어보아도 그런 것 같다. 하지만 어떻게 하나도 변하지 않을 수 있겠는가. 그녀의 얼굴을 "으깨어진 토마토"로 만들어버린 어떤 인연을 지나쳐 이제는 "나의 침울한, 소중한 이여"를 부르고 있지 않은가. 그것이 설사 또 다른 슬픔에 이르게 하는 사연을 이룰지라도.

불은 언제나 되살아난다

1974년, 고등학생이 되어 문예반에 들어가니 시 강독 시간에 갓 나온 민음사의 '오늘의 시인총서'라는 것들을 사 읽는다. 거기서 정현종의 《고통의 축제》니 강은교의 《풀잎》이니 황동규의 《삼남에 내리는 눈》 등의 시집을 알았다. 값은 500원이었는데 깎아서 450원씩에 샀다. 시가 좋아서 미칠 지경이었다. 이듬해 '창비시선'으로 《농무》라는 게 나왔는데 600원이었다. 그 동네는 뭐 멋스럽고 난해한 시어도 없고 종이도 누런 갱지인 게 영 촌스럽게 여겨졌다. 그래도 구자운, 박봉우, 최하림 등을 구해 읽고는 했다. 1978년 대학생이 되니 황동규의 《나는 바퀴를 보면 굴리고 싶어진다》를 시발로 '문학과지성 시인선'이 등장한다. 거기 김명인, 장영수, 신대철 등이 있었다. 황홀했지만 시를 통해 삶의 고통이 무언지를 비로소 알아가던 시절이었다.

알고 보니 이들 시리즈가 한국시의 메인 스트림이었다. 정확히 말하자면 이익 집단화한 한국문인협회의 권위로부터 이탈해 나와 새로운 줄기를 형성하는 치열한 문학운동체들이었다. 개인적으로는 일생의 축복이자 자랑이 아닐 수 없다. 대부분 초판본으로 구해 읽은 그 시집들로 인해 저도 모르게 한국문학사의 본령에 동참한 셈이니 말이다. 그 한 권 한 권마다의 설레임과 흥분을 어찌 잊을 것인가.

이제 그 이름들은 두터운 역사가 됐다. 문학과지성 시인선이 일찌감치 2백 권을 넘었고, 좀 나중에 시작한 실천문학사나 세계사의 시인선도 1백 권이 훌쩍 넘었다. 다소 주춤거린 민음사의 경우도 1백 권 돌파를 눈앞에 두고 있다. 이런 가운데 창비시선 2백 권 기념 앤솔로지가 나왔다. 반갑다. 그런데 그냥 그 정도 반응인가. 창비시선이란 말이다. 어린 시절 촌스럽다고 여겼다가 나중에는 민중의식이다 뭐다 스트레스 팍팍 받게 만든 창비 동네. 심상하게 지나갈 수 있겠는가.

창비시선의 역사 속에 기록된 각종 사항들 가운데 두 가지를 주목하면 그 의미가 선연해진다. 하나가 김지하 또 하나는 최영미. 김지하의

《타는 목마름으로》를 필두로 모두 6권의 판금 시집이 나온다. 말이 쉬워 판금이지 이건 연행, 고문, 투옥, 세무사찰, 해직 따위를 깔고 있는 말이다. 더럽고 추악한 전쟁의 시절. 창비시선은 그때의 강철 꽃잎이었다. 세월이 훌쩍 지나 같은 시리즈 내에서 그 유명한 잔치가 벌어진다. 최영미의 《서른, 잔치는 끝났다》. 창비가 세칭 대형 상업주의 출판사라고 불리게 된 사건이다.

앤솔로지 《불은 언제나 되살아난다》는 창비의 대표선수라 할 만한 신경림이 엮었다. 특별히 양장본에다 정성스럽고 아름다운 디자인이 돋보여 눈길이 끌리더니 수록 시인 88명의 명단에서 잠깐 놀랐다. 당연히 창비만의 시인 잔치일 줄 알았더니 웬걸 황지우, 최승자, 이성복, 김혜순 등등 그동안은 저 강 건너편 진영으로 여겨졌던 이름들도 오순도순 함께 모여 있다. 그러니까 뭐랄까, 이건 창비의 자신감의 반영이자 또 한편으로는 시단 전체가 위축되어 응집력이 생긴 결과이기도 할 것이다.

무슨 홍보원 같은 말로 들릴지는 모르겠지만 이런 책은 무조건 소장하고 보는 것이다. 뭘 망설이겠는가. 창비의 역사가 집약돼 있고 대표 시인이 망라돼 있고(하지만 빠진 시인도 시인이다!), 게다가 신경림의 안목이다. 국제 무대에서 문화를 말하려면 어딘지 움츠러들다가도 시에서만은 고개 빳빳해지는 우리네다. 그런 시마저 잠시 시들해지고 있는 형국인가. 그래, 불은 언제나 되살아난다.

《입속의 검은 입》, 기형도, 문학과지성사
《생일》, 이윤림, 문학동네
《슬픔이 나를 깨운다》, 황인숙, 문학과지성사
《불은 언제나 되살아난다》, 신경림, 창비

chapter 4
멜로디를 넘어서

RAISON D'ETRE

한 놈만 죽인다!

가끔 영화에서 건진 한마디가 두고두고 기억나는 일이 있다. 〈주유소 습격사건〉이라는 영화에 '무대포'라는 이름의 껄렁패가 한다는 말이 "나는 한 놈만 죽인다, 한 놈만……" 하며 이를 득득 가는 대목이 있다. 여러 놈하고 맞장 붙을 때 한 놈만 골라 죽도록 패면 떼거리가 다 달아난다는 지론이었다. 맞는 말이다. 요즘 추세가 멀티형 인간을 요구한다고들 하지만 그렇게 이것저것 집적거려봐야 죄다 얼치기 아마추어로 서성대다 말 뿐이다. 내 인생, 온갖 것이 후회투성이지만 그래도 잘했다 싶은 단 한 가지는 이제껏 한 놈만 죽이는 방식으로 살아온 일이다.

우선 먹고사는 방법도 첫 직장의 한 부서에서만 14년을 초지일관했다. 그 직장의 일을 사랑해서였기도 하겠지만 그보다는 좀더 나은 다른 조건을 찾아본들 무어가 크게 달라지랴 하는 생각이 앞서서였다. 그후 프리랜서를 결심하고 나와서 한동안은 정말 금단 증상에 시달려야 할 정도였다. 여하튼 그러한 직장 체험은 생각할수록 행운이었다. 그곳에서 나는 전문인으로 성장할 수 있었고 회사 내부에서는 일종의 기득권까지 향유할 수 있었다. 아울러 조직이 무언지, 확대해서 사회가 무언지를 제법 아는 성인이 된 셈이다.

사랑도 한 년만 죽이는 방식으로 했다. 연애의 총 횟수는 따져보면 전후로 여러 차례 되겠지만 소위 진짜 사랑이란 건 한 사람과 13년 여를 중단 없이 지속했다. 그러다 그게 깨지면서 심히 멍들기는 했어도 어쨌든 그것도 행운처럼 여겨진다. 덕분에 환희와 환멸, 애정과 증오, 충만감과 고독, 그 모든 인생극장을 총천연색 입체 버라이어티쇼로 겪어본 셈이니. 에이, 그 얘긴 그만.

───

한 놈만 죽이는 삶의 결정본은 역시 나의 취미생활이다. 중학교 때 이래 30년 이상 음악만 듣고 있다. 나는 남자들의 문화를 거의 모른다. 흔히들 가는 당구장 한번 가보지 않았고, 운동 경기장 한번 찾은 일이 없다. 88 서울올림픽이 한창일 때 자취방에 텔레비전이 얹기도 했지만 단 한 게임도 본 게 없어 대화에 끼지 못했던 기억이 난다. 남들하고 어울려 노는 일을 해보지 못한 대신 언제 어느 때나 음반을 사고 오디오를 바꾸느라 혼자서 늘 바빴다. 음악을 듣는 데는 시간과 돈이 든다. 다른 일에 관심을 둘 시간이 없었고 오직 음반과 오디오만을 목적으로 돈을 벌다 보니 재테크나 환락 같은 걸로 인생을 낭비할 여지가 없었다. 그러다 보니 늙는 것도 의식하지 못한 채 40세가 훌쩍 넘어가는 거였다. 현재 보유한 3만 장의 음반만 속속들이 듣는다 해도 앞으로 몇십 년은 쉽사리 흘러갈 것이다. 음악 감상에는 정년이 없으니 죽을 때까지 할 일이 있는 셈 아닌가.

한 놈만 죽이는 삶을 말하면 자칫 심지가 굳고 흔들림 없는 인간형으로 오해받을 수 있겠다. 하지만 실제의 나는 변덕이 심하고 싫증을 잘 내는 타입이다. 나이가 들어 많이 다듬어지기 전까지는 꽤 경박스러운 타입이기도 했다. 그런 내가 어떻게 한 놈만 죽이는 취미를 가질 수 있었을까. 한 놈만 죽인다는 건 깊이 들어간다는 의미다. 어떤 분야에 깊이 들어가본다는 건 혼미와 경이를 체험한다는 말과 같은 뜻이다. 사이비는 아는 게 많고 전문가는 모르는 게 더 많은 것이 이치다. 한 놈만 들입다 죽이다 보면 가도 가도 알 수 없는 심연에 빠져들게 되고 그래서 더 몰두하게 되는 것이다. 뉴턴의 법칙 세계에서 양자역학의 불확정성으로 나아가는 것과 같다. 더욱이 그 음악이라는 놈은 장르와 범위가 그야말로 무한대라는 게 특징이다. 대체 누가 음악의 끝을 보았는가.

그러니까 평생 음악만 들었다 해도 거대한 숲에서 나무 몇 그루 건드려본 것에 지나지 않는다. 그나마 약간의 이해와 견식이 생긴 것은 역시 전문서적을 읽어본 덕이 컸다. 음악을 사랑하는 것은 대체로 기질적인 요인이 작용하는 터라 지식의 양에 크게 좌우되지는 않지만, 아무래도 클래식 분야만은 그 컨텍스트가 수백 년 전의 것이라 뭘 알아야 파악이 되고 감흥도 배가된다. 유용한 음악 전문서에는 어떤 것이 있을까.

직장을 그만두고 세상의 모든 음악책을 사겠다고 다녀본 적이 있다. 오, 놀라워라! 그렇게 책이 없다니. 국산 책, 원서, 신간, 구간, 대중음악, 클래식 분야 가리지 않고 휩쓸어 와도 벽 하나를 채우지 못했다. 음악 지식에 대한 수요가 그만큼 적다는 의미다. 혹은 음악이란 역시 책으로 읽어서 아는 장르가 아니라는 사실을 말하는지도 모른다. 그렇더라도 책이 아주 소용없기야 하겠는가. 내게는 오래전 구입해 지금까지 반복해 즐겨 읽는 보물 같은 클래식 입문서가 하나 있다. 조셉 매클리스라는 미국의 음악사가가 쓴 세 권짜리 책 《음악의 즐거움》이 그것이다. 뜻밖에 이화여대 출판부에서 펴냈다. 뉴욕에 있는 퀸즈 칼리지 음악 강좌의 교재였다는 책이기에 주요곡 동기 부분에는 악보가 나오는 등 비전공자를 질리게 만드는 면이 있지만 대충 건너뛰면 읽는 데 큰 어려움은 없다.

이 책의 미덕은 음악만을 덩그러니 떨어뜨려 놓은 게 아니라 당대의 문학, 건축, 조각, 회화 등의 인접 장르와 사회적 배경을 결합시켜 놓았다는 데 있다. 설사 해당 음악을 듣지 않아도 독자적인 독서물로서도 훌륭하고 군데군데 삽지에 담긴 회화를 통해 문화사적인 체험까지도 하게 된다. 각 챕터는 중요 인물이 남긴 말의 인용으로 시작하는데, 그 한마디들은 꽤나 울림이 있는 상징성을 지닌다.

"나의 인생…… 그것은 시작은 없이 슬픈 끝만 있는 하나의 삽화이다"

— 쇼팽

"나의 음악의 주요한 특성들은 정열적인 표현, 강렬한 열의, 생동적인 리듬, 그리고 기대하지 않은 전환 등이다. 나의 작품을 적절히 표현하려면 극도의 정확성과 억누를 수 없는 담력, 조절된 열정, 꿈과 같은 부드러움, 그리고 병적인 침울이 요구된다." ― 베를리오즈

"하나의 교향곡을 쓴다는 일은 내게, 한 세계를 구축하는 것이다." ― 말러

"내가 사랑을 노래하려 할 때 그것은 슬픔으로 변했다. 그리고 내가 슬픔을 노래하기를 원했을 때 그것은 내게 사랑으로 변모되었다." ― 슈베르트

조셉 매클리스의 《음악의 즐거움》은 음악의 요소, 사조, 그리고 음악가의 일대기들을 종횡으로 엮어놓아 감상을 풍요롭게 하는, 책 제목처럼 즐거움을 안겨주는 책이다. 가끔 음악 칼럼을 쓸 때 이 책의 내용을 무단 인용하는 적이 많다는 비밀을 고백해야겠다.

여기서 한발 나아가 음악 자체의 전문적인 식견이 더 필요하다면 D. J. 그라우트의 《서양음악사》를 읽는 게 좋다. 재미있게 읽힐 수 있는 책은 아니지만 제목 그대로 통사류로서 정통적인 권위를 보여주며 인덱스를 통해 사전적인 기능도 충실히 한다. 구입한 지 7년이 넘었지만 필요할 때만 부분부분 찾아 읽은 터라 아직도 완독을 못 한 책이다.

그러나 가장 많은 정보가 담긴 것은 역시 음반의 해설지이다. 해설은 사전을 뒤져서라도 될수록 원문을 읽되, 뮤지션 명단은 물론 레코딩 엔지니어라든가 녹음 일자라든가 하는 자잘한 사항까지 샅샅이 읽어두는 게 좋다. 의외로 각기 다른 음반들의 정보가 서로 연결되어 있어 큰 틀의 맥락을 이해하는 데 도움이 되기 때문이다.

언젠가 서점에 들렀다가 《음악의 즐거움》이 어여쁘고 세련된 장정의 두 권짜리 책으로 환골탈태해 재발행된 것을 보았다. 내가 갖고 있는 1985년 판본은 그야말로 석기시대의 야성미를 간직한 좀 무식한 활판

인쇄본인데 기분이 묘했다. 남몰래 혼자 감춰놓고 먹던 사탕을 백화점 진열창에서 발견한 기분이라고나 할까.

내 영혼의 음악

비전공자의 클래식 음악 감상은 문자의 언저리를 맴돈다. 듣고 느끼는 행위 못지않게 읽고 이해하는 몫은 크다. 절반의 기쁨이 읽고 아는 데서 오니까. 고전음악 혹은 예술 일반의 인문성. 고전음악 편력은 해설서의 체험과 궤를 같이한다.

괴력의 종합 저술가, 시인 김정환의 음악 해설서가 있다. 세 번째, 아니 네 번째던가.《내 영혼의 음악》은 저자가 '슬픔과 기쁨이, 충격과 감동이 한데 어우러져 서로 구분이 되지 않는, 그런 성격의 위안으로 듣던 음반들' 150매에 대한 해설서 형식으로 씌어졌다.

문장은 시에 가깝다. 시집의 독법은 띄엄띄엄 군데군데, 그러니까 이른바 '랜덤 초이스'로 에둘러 가는 것이다. 그러다 어느 순간 심금의 현이 탱! 하고 감응하는 구절을 만날 때 그걸 단서로 한달음에 전체가 보이는 것. 음악의 안쪽에 심연이 있고 그 기미를 엿보는 게 시적인 섬광이듯이 그의 글은 시를 닮고 음악처럼 약동한다.

가령 존 다울런드의 명곡 〈라크리메 혹은 일곱 개의 눈물〉을 묘사한 대목은 이렇다.

"눈물은 파란만장을 거치며 순결성을 더욱 육체화하고, 음악은 감상주의를 스스로 극복, 모성으로 되어 그 육체로 굽이치고, 그렇게 태어나는 기악이 기악'으로서' 말한다. 아, 슬픔은 늙지 않는 섹슈얼리티……."

비장 처연하게 흐르는 라크리메를 들으면 제아무리 철벽 무쇠 가슴을 지닌 사람이라도 아련한 슬픔의 정조에 빠져들지 않을 수 없다. 그런데 한발 더 나아가 그 슬픔의 의미가 '늙지 않는 섹슈얼리티'라니…… 대체 무슨 요령부득의 말일까. 시인의 뺑이고 말재주에 불과한 게 아닐까. 그러나 조금만 참고 보자. 이어지는 글은 작곡가의 내면에 깊게 박힌 염세주의와 그 당시(1604년) 개막되는 '기악의 탄생'을 결합시켜 나간다. 직관적인 인상에 기초한 화사한 말잔치가 아니라는 얘기다. 그의 문맥 속에는 감흥의 객관화 못지않게 방대한 해외 자료 섭렵을 통한 음악 지식이 영양분처럼 녹아 있다.

꽤 오랜 세월 동안 안동림의 《이 한 장의 명반》이 명반 소개의 교과서로 군림해왔다. 이 책은 초보자들에게 아기자기한 배경지식의 즐거움을 안겨준 공헌이 매우 크다. 그러나 이제는 과도한 앤틱 취향을 벗어날 때도 된 것 같다. 언제까지나 푸르트뱅글러와 모노 음반의 영광일 수만은 없지 않은가. 《내 영혼의 음악》이 그런 아쉬움을 보완하거나 대체해줄 것으로 기대한다. 하지만 한 가지, 연주자 선정의 편향성이 다소 느껴진다. 아무리 개인 취향의 반영이라지만 무려 일곱 매의 앤드루 패럿 지휘본이 나오면서 단 한 장의 호그우드가 없다는 것은 조금 지나친 것이 아닐까. 슈바르츠코프를 배제시킨 이유는 또 무엇일까.

왜 클래식인가?

유일한 취미로서 장르를 가리지 않고 평생 음악을 들어온 내가 확신을 가지고 할 수 있는 말이 하나 있다. 음악, 그중에서 특히 클래식 음악은 뭔가 많이 알아야 한다는 점이다. 지식을 배제하고 듣게 되면 자꾸 선율에만 의존하게 되는데 선율은 음악의 요소 가운데 일부분에 불과할뿐더러 무지막지한 각종 자극에 둘러싸여 사는 우리에게 몇백 년 된 소리의 질서란 따분한 것이기 십상인 탓이다.

그럼 뭘 알아야 할까. 역시 경험을 들어 말하자면 전공자도 아닌 형편에 마치 수학공식처럼 괴롭고 복잡한 음악학적 지식은 무리다. 그보다는 슈베르트는 키가 152센티미터의 뚱보 땅딸보의 추남에다 초등학교 교원시험에도 번번이 떨어져 그토록 가난했고 놀기 좋아하는 성품 탓에 매독에 걸려 일찍 죽었다는 뒷얘기 같은 게 좋다. 환상이 깨지면 어떻게 하냐고? 원 천만에. 그의 키나 여자관계에 대해 알고 나서 〈겨울나그네〉를 들으려니 정말 눈물이 다 나왔다.

～

피아니스트 김주영이 케이블 TV에서 방송한 내용을 책으로 묶어냈다. 공저자로 그 방송사의 피디들이 참여한 걸 보니 아마 오순도순 의논

해가며 썼나 보다. 한마디로 말해 바보들을 위한 음악 가이드인 것 같다. 완전순진짜참 초보자를 위해 하염없이 재미있고 하염없이 쉽게 온갖 인접 장르를 넘나들며 종횡무진 풀어나갔다. 이름하여 《영 클래식》, 부제가 'N세대들이 반드시 알아야 할 음악 감상 비법 50'이듯이 50개의 소항목 속에 테마별로 작곡가별로 또는 음악 상식을 기초로 엮은 것이다.

별로 없을 것 같아도 꽤 심심찮게 출간되는 게 음악 안내서인데 이 책에 흥미를 느낀 사항은 일단 저자가 자기 목소리로 이야기를 들려주듯 서술한 데 있다. 검증된 객관적 지식을 나열하기에 앞서 "네 개의 브람스 교향곡 가운데 저는 1번의 3악장과 4번의 1악장이 좋던데요" 하는 식으로 주관적이다. 무엇보다 그 질리도록 풍성한 지식에 놀란다. 대체 이 많은 정보를 다 어디서 캐냈을까. 그리고 어떻게 그 많은 곡들을 다 들을 수 있었을까(듣지도 않고 푸는 구라는 내가 당장 알아챌 수 있다).

∽

한데 근본적인 질문. 왜 클래식인가. 나는 콘이나 레이지 어게인스트 더 머신 등의 하드코어 음악도 꽤 즐기는 편이다. 하지만 하드코어'만' 듣지는 않는다. 베스트셀러만 읽지 않고 가끔 거룩한 고전물도 읽는 것과 같은 이치다. 그리고 진짜 이유 한 가지 더. 하드코어나 펑크, 트립합만 강렬한 게 아니기 때문이다. 실은 림프 비즈킷의 절규보다 로스트로포비치의 첼로 독주가 훨씬 처절할 수 있는 것이다.

멜로디를 넘어 의미의 세계로

간혹 특정 책의 홍보원 노릇을 하겠다고 각오를 다지게 되는 책이 있다. 내용에 심각하게 뻑 갔거나(가령 이사벨 아옌데의 장편소설《운명의 딸》), 주체할 수 없이 눈물 콧물을 흘렸거나(가령 부모를 토막 살해한 대학생의 심리세계를 그린《미안하다고 말하기가 그렇게 어려웠나요》), 꼭 필요한 책이건만 그놈의 상업성 때문에 출간되지 못하는 종류의 책이 나왔을 때 같은 경우들이다.

친구미디어에서 나온《비틀스 콜렉션》은 내 기준으로 볼 때 첫째와 셋째 조건에 해당되며, 이 글은 말하자면 그 책의 장사, 홍보, 영업, 판촉, 세일 또 뭐가 있나, 하여간 책 좀 사달라고 호소하기 위한 목적으로 쓴다. 총 810쪽의 대형 국배판 양장본으로 가격은 48,000원, 시디 3장 값에 해당된다. 비틀스가 발표한 280곡 전곡의 가사 해설과 상세한 배경 이야기를 담고 있다. 저자 한경식은 숨어 있던 비틀스 마니아로 40세의 평범한 회사원이라고 한다. 여기까지가 내가 알고 있는 정보의 전부다.

먼저, 비틀스를 알고 싶다면 이 책을 읽어야 한다. 라디오에서 감미롭게 들려오는〈예스터데이〉나〈렛 잇 비〉의 주인공 정도로만 알고 있다면 당신은 비틀스에 대해 아무것도 모르는 사람이다. 대중음악 1백년사는 1960년대를 기점으로 크게 비틀스 이전과 이후로 구획될 수 있으며 그들의 앨범 12장은 팝음악의 발전사를 고스란히 담고 있다.

다음, 비틀스에 대해 별로 궁금하지 않은 사람도 이 책을 읽어야 한다. 이박사 메들리 유의 인기를 한국사회의 익살과 여유로 처리하기 위해서라도 그렇다. 그게 아니라면 다시 말해, 묻지마 관광버스의 반주음악이나 십대들의 가요가 우리 대중음악의 전모라면 너무나 처참한 일이다. '네 손을 잡고 싶어' 하는 사랑 타령의 아이돌 음악으로 출발해서 사회 현실과 종교적 명상의 세계, 심원한 인간의 내적 자아의 영역으로 확장되어 간 비틀스 음악의 세계는 더 이상 영미의 문화현상에 머무는 것이 아니다.

《비틀스 콜렉션》의 해설은 정확하고 의미심장하다. 저자의 식견은 이미 변방 문화애호가의 과잉 열광을 넘어서 있다. 20년을 듣고 5년 동안 집필했다니 그럴 만도 하지! 여기에 사족 하나. 이 묵직한 책은 열심히 독파하는 책이 아니다. 음반들 귀퉁이에 비스듬히 세워두고 다만 틈틈이 쳐다보기만 할 것. 그러다 어느 날 문득 〈인 마이 라이프〉가 사무치게 듣고 싶을 때 책장을 펼쳐 내력을 확인하시라. 그럴 때 비틀스 음악은 멜로디를 넘어 의미가 된다.

록, 그 폭발하는 젊음의 미학

대학시절 내내 노동야학의 교사로 활동했다. 그때 쓰던 말로 투철한 의식화 분자는 못 되었지만 일종의 종교집단 같은 열정이 지배하는 그

산동네 교실에서 저녁시간 대부분을 보냈다. 당시가 1970년대 말기, 내게는 드러내기 난감한 곤란이 하나 있었다. 어린 시절부터 인이 배겨 도저히 떼어놓을 수 없도록 음악을 사랑한다는 사실이었다. 청바지와 운동화 대신 가죽 부츠를 신고 온 여교사가 지탄의 대상이 되는 분위기 속에서 매판, 제국주의 같은 용어와 동일시되던 '서양'의 음악을 애호한다는 사실은 잘못을 저지른 어린아이의 심정에 빠지기에 족했다. 그래도 어쩔 수 없었다. 자의식의 분열을 맛보면서 혼자 듣는 음악은 나의 이중생활이었다.

1990년대에 접어든 내 모습은 아주 조용하게 구겨진 삼십대 회사원이었다. 여전히 음악의 바다에서 허우적거리는 독신의 저녁시간을 보내고 있었지만 듣는 방식에 변화가 찾아왔다. 자꾸만 볼륨을 높이고 또 높여 청력이 염려스러운 지경에 이르게 된 거였다. 창문이 덜컹거리고 스피커 가까이에 있는 종이가 펄럭거릴 정도였다. 학원에 나가 드럼을 배울까도 생각해봤고 방 안에서 혼자 미친 듯이 헤드뱅잉을 하는 수도 있었다. 가슴이 터질 듯이 답답한 세월이었다. 지축을 흔들며 '때려 부수는' 음악, 클래식에서 시작하여 긴 시간 재즈에 머물렀지만 그 시절 록으로의 장르 이동은 자연스러웠다.

유치한 일면을 고백하자면 나는 기를 쓰고 지적이고 싶어 하는 타입이었다. 야학시절의 스터디에서 익힌 사회과학 용어를 남발하는 걸 자랑으로 알기도 했다. 그러기에 록을 듣는 데에도 새로운 곤란이 따랐으니 이게 영 '쌍놈의 아이들' 놀이 같다는 점이었다. 온몸에 문신 새기고 마약에 절어 고래고래 소리를 질러대는 펑크 키드들의 블루칼라 음악이 갑갑한 내 심사에는 꼭 끼는 장갑처럼 찰싹 들러붙었지만 차마 남에게 내 취향을 드러내기는 부끄러웠던 것이다.

그즈음 임진모라는 록 비평가의 책《록, 그 폭발하는 젊음의 미학》을 우연히 접하게 되었다. 음악을 포함해서 문화예술은 '공부'하는 게 아니고 작품과 직접 맞대면해서 스스로 파악하는 거라는 오랜 고집이 내게 있었다. 역시 유치한 발상이지만 사회학을 전공한 일간지 기자 출신이라는 이력이 신뢰감을 주었던 것일까, 그가 일러준 록 음악의 세계는 '저항'이라는 사회적 매개를 통한 이념형의 운동체였다. 감각적으로 록을 즐기는 내게 지적 정당성을 부여해준 게 바로 그 책이었다. 나중에 그의 발상은 상당한 비판에 직면하게 되고 지금 생각하면 저자가 좀 '흥분한' 책임에는 틀림없지만 한국의 본격 대중사회 진입기에 그 책이 큰 자양분 노릇을 했다고 나는 믿는다.

그 남자의 재즈일기

만일 '멋으로 본 한국 유행음악사'쯤이 씌어진다면 지난 1990년대는

'차인표 재즈에서 부에나비스타 소셜 클럽까지'라는 제목이 적합할 것 같다. 갑작스레 색소폰과 오토바이가 팔려나가고 또 난데없이 하바나와 체 게바라가 동경의 대상으로 등장하는 현상에 대해 실체는 없고 이미지의 거품뿐이라는 진단을 내리기는 쉽다. 하지만 단지 거품뿐이겠는가. 파도가 쓸고 간 뒷자리에는 모래톱의 자취, 조가비의 이동이 생겨난다. 파도는 계속되지만 구비마다 고집스럽고 진지한 잔류자들을 남긴다. 그들로 인해 부박한 유행의 물살 너머 단단한 문화의 지층이 형성된다.

차인표 재즈가 휩쓸고 가버린 자리에 잔류한 재즈 팬은 소수지만 진지하고 탐구적이다. 어차피 외생 문화라서 앎과 즐김이 동등한 무게를 지닐 수밖에 없는 환경이다. 그 바람에 꽤나 많은 재즈 책이 나왔다. 담기는 내용은 어차피 비슷비슷하다. 재즈의 역사, 음악이론, 인물론, 명반 디스코그래피 등등. 그런데 어느 책을 두고두고 레퍼런스로 삼아야 할까.

황덕호가 낸 두 권짜리 재즈 책이 있다. 황씨가 누구냐고? 그 이름을 모르면 재즈 동네와 별로 가깝지 않다고 봐도 좋다. 그만큼 왕성하게 재즈 칼럼을 쓰고 재즈 전문 FM 프로그램 진행자로 장수하고 있는 인물이다. 쌍벽을 이룰 만한 재즈 이론가 김현준이 시카고씩이나 가서 이론 공부를 한 서유견문파라면 황덕호는 순수 된장 토종으로 '궁핍한 시대의 재즈 듣기'의 눈물겨운 내력을 누구보다 잘 안다. 집필에 꼬박 3년을 바쳤단다. 한 몇 달 자판을 두드려 뱉어낸 상품이 아니라는 건 각 항 사이로 치밀하게 교직된 구성의 얼개로 금세 증명이 된다.

3월 11일에 시작해 11월 17일에 끝나는 일기의 형식을 취했다. 그래서 《그 남자의 재즈일기》다. 재즈라면 생무식인 '나'가 우연히 사촌형이 운영하던 레코드점을 인수해 한 발 한 발 재즈의 세계로 빠져드는 과정을 그렸다. 마치 그 옛날 안현필의 《영어실력기초》가 학습 내용보다 군데군데 실린 저자의 '구라'에 빨려들게 만들 듯이 이 책 역시 초반부는 재즈 공부보다 여러 인물이 등장하는 '소설'이 훨씬 재미있다.

'나'는 재즈를 모른다. 궁금한 게 많을 수밖에. 우선 10장의 명반을 선정해 하나하나 섭렵해나가기 시작한다. 스윙을 알아야 진짜라는데 왜 내게는 군악대 행진곡처럼 들리기만 할까? 황홀하기만한 팻 매스니의 연주를 왜 빠꼼이들은 한 수 아래로 치부할까? 대체 수준이란 뭘까? 오넷 콜먼의 난감한 프리 재즈는 왜 생겨났고 무슨 맛에 듣는 걸까? 재즈에 입문하면 누구나 부닥칠 수밖에 없는 각종 의문이 꼬리를 물고 이어지고, 그 해답을 찾아가는 원고지 2,500매의 오디세이가 2백 매의 명반과 함께 전편에 이어진다.

서문에 초보자를 위한 '재즈음반 안내서'라는 겸손한 규정이 있음에도 불구하고 저자는 딕시랜드에서 퓨전 전야까지 '재즈의 모든 것'을 담고자 하는 야심에 차 보인다. 이 책의 장점이자 또한 단점이다. 일기체 소설의 당의정에도 불구하고 웬만큼 불타는 향학열 없이는 이 방대한 내용을 소화하기가 쉽지 않기 때문이다. 그런데 하긴 "〈네 박자 쿵짝〉이 죽여주는 부루쓴디"(221p) 하는 사람이 이 책의 독자일리 없지. "네 박자 열두 마디가 한 코러스를 이루며 AABA형으로 전개되는 블루스 형식"(50~55p)쯤은 깨우쳐야 차인표 재즈의 겉멋을 뛰어넘었다 할 테니.

날아라 밴드 뛰어라 인디

홍대 앞에 놀러가본 지 참 오래되었다. 듣자 하니 중딩들은 힙합으로, 고딩들은 주로 테크노로, 대딩 이상은 펑크나 모던 록으로 집결해 따로 논다고들 하는데 예전 같지 않다는 소식이다. 몇 년 전, 놀러 온 순진박이 일본 친구들 몇몇을 클럽 '드럭'으로 끌고 갔더니 일을 쩍 벌리며 놀라워하던 기억이 새롭다. 홍대 앞 인디 밴드들의 난장판 공연 모습은 천하의 도쿄 친구들에게도 놀랍고 새로웠던 모양이다.

거품이었던가. 적어도 매스컴상에 인디 열풍은 팍 죽었다. 불과 몇 년 전까지만 해도 '식상한 주류 댄스음악계'에 일격을 가할 게릴라 문화현상으로 주목을 받으며 온갖 특집물, 기획기사의 초점으로 인디들은 떠받쳐졌다. 1980년대에 노찾사의 〈그날이 오면〉이 있었다면, 1990년대엔 크라잉넛의 〈말 달리자〉가 있노라고 기세를 올리기도 했다. 그 열풍의 일환으로 대학가에서 열리던 '자유'니 '소란'이니 하는 대형 연합공연에 나 같은 아저씨도 찾아가 붕붕 뜨곤 했었는데 아, 요즘 같아서는 잔치 뒤끝의 허허로움마저 느껴진다.

새 음반을 낸 성기완을 만나봤다. 성기완이 누구냐고? 어디부터 말해야 할까. 인디계의 원로(?), 인디의 이론가, 영원한 인디맨. 인디 레이블 '강아지 문화예술집단'의 핵심. 삐삐롱 스타킹에서 보컬을 맡았던 고구마 권병준의 서울대 불문과 선배이고, 문학과지성사에서 시집《쇼핑 갔다 오십니까》를 낸 본격 시인이기도 하고,《재즈를 찾아서》라는 이론서를 낸 먹물이기도 하고, 지금은 허클베리 핀의 보컬 출신이자 영화〈질주〉의 주역이었던 남상아와 더불어 그룹 3호선 버터플라이를 결성해 기타를 치는 밴드 리더이기도 하고.

성기완의 말인즉, 지금이 정상적인 거라고. 한때는 "메이저 판의 음악이 새로운 장르와 스타일들을 수혈받지 못하고 댄스 일색으로 자기 유지를 하다가 팬들의 외면을 당하게 되어 급기야 팬들이 인디 쪽의 신선한 음악에 관심을 갖게 된다" 하는 희망 섞인 해피엔딩 스토리를 상상하기도 했지만 이제는 '그게 아니다'가 확실하다고. 인디는 역시 인디펜던트였다는 자각을 말하며, 관심을 받거나 뜨는 게 중요한 게 아니라 '지속성'이 관건이라는 입장을 밝힌다.

1996년을 원년으로 잡는 홍대 앞 인디 음악이란 게 대체 무엇인가. 그 동안 무슨 일이 벌어졌던가. 앞으로의 전망은 어떤가. 이 모든 것을 짚어본 공저서가《날아라 밴드 뛰어라 인디》다. 필자 김종휘, 문석, 신현준, 안이영노, 성기완 등은 모두 그쪽에서 한가락했던 기획자, 저널리스트, 평론가, 연주자들이다. 인디 거품을 일으킨 원흉이라는 지탄도 받지만 현장을 증언하기에 적임자들임에는 틀림없다. 바람이 한차례 휩쓸고 간 뒤에 자리 매김을 도모한 게 출간 의의일 것이다.

읽는 내내 오디오 앞을 왔다 갔다 해야 했다. 지금은 사라진 팝 잡지 《SUB》에서 매달 부록으로 주던 시디에 웬만한 그룹들은 다 나온다. 허벅지 밴드의 사운드가 어땠더라, 노브레인, 이발쑈포르노씨, 불타는 화양리 쇼바를 올려라(이것도 그룹 이름이다), 어어부 프로젝트, 황신혜 밴드……. 이들의 음악에 '그렇게 깊은 뜻이?' 아, 그런데 왜 그룹 청바지의 곡 〈사람들〉은 다루지 않는 걸까. 내가 발견한 불후의 명곡인데…….

요상한 아이들이 모여 희한한 짓을 하는 곳이 홍대 앞 인디씬이라는 인식이 일반인에게는 아직 지배적이다. 학생운동이 비로소 논리와 조직을 갖추어가던 1970년대 말의 분위기를 연상시키는 것도 어느 정도 사실이다. 이후 이른바 SM(학생운동권)은 대안 권력으로서 우리 사회를 벌집 쑤시듯 뒤흔들어 놓았지만 과연 문화의 영역에서 인디씬이 그런 역할을 감당할 수 있을까. 필자들의 전망은 다소 비관적이다. 아예 그런 야심이 없어 보이기도 한다. 그렇다면 인디의 존재 의의는 과연 무엇인가.

나는 감히 장담할 수 있다. 1960년대 영미 로큰롤 동네에 만일 비틀스에서 롤링스톤즈, 아니 끝장까지 가봐야 더 후 정도만 존재했다면 지금 같은 전 지구적인 파퓰러 컬처는 가능하지 않았을 거라고. 제도권 안에서 놀았던 비틀스의 음악성과 롤링스톤즈의 끼와 더 후의 반항기 저 건너편에 전혀 엉뚱한, 대중성이라곤 눈곱만큼도 없었던 벨벳 언더그라운드 같은 아방가르드가 존재했기에 팝 문화는 끊임없는 자기 극복의 추진력을 가질 수 있었던 것이다. 벨벳 언더그라운드의 음반 제작에 관여했던 팝 아티스트 앤디 워홀의 자각이나, 그룹의 리더 루 리드의 선구적 작업이 당시에 광범위한 대중성을 누렸던 것도 아니며 나중의 결과를 예상했던 것도 아니다. 모든 단서는 한때 외롭고 초라한 시절이 있는 법이다.

그러니까 나는 희망적으로 보고 싶다는 말이다. 인디 현상을 '거품'이자 반짝경기식으로 보는 최근 언론의 보도 태도는 정말 불만이 아닐 수 없다. 인디 현상을 앞장서 소개한 저널리스트에 대해 남의 입을 빌어 "인디 음악에 대해 거창하게 떠들며 수렴청정垂簾聽政을 하다가 원고료를 챙겨 바람처럼 사라진 '간첩'"이라고 막말하는 문화일보 우승현 기자 식의 보도를 보면서 묻고 싶어진다. 벨벳 언더그라운드에 주목하여 성큼 큰 지면을 할애해줬던 1960년대 당시 《뉴스위크》나 《뉴욕타임스》 문화면 기자들에게도 같은 말을 할 것인가?

갈수록 오버그라운드, 특히 텔레비전에서 볼 게 없어진다. 식상, 식상뿐이다. 부디 잘난 체하는 투의 말로 들리지 않았으면 좋겠다. 지금 오버그라운드 쪽은 거대 자본에 의한 '조작된 가짜 욕망'의 재생산 현상이 최전성기를 누리고 있는 중이다. 이것은 정말 타개되고 극복되어야만 할 상황이다. 저녁마다 텔레비전에 코를 박고 있을 양이면 차라리 홍대 앞에 가서 악을 쓰고 헤드뱅잉을 하라. 아니면 인디 음반을 한 장 사 듣던지.

후레자식 음악의 지형도

문학과지성사에서 출간한 록 음악 서적을 놓고 창비의 지면에다 평문을 쓴다. 이 말에 담긴 함축에서 어떤 떨떠름함을 느낀다면 당신의 교양은 이제 낡았다! 감옥에서 나온 박노해의 첫 책이 해냄에서 나왔고 주사파 지도자의 반성문이 조선일보에 실리지 않았는가. 이제 하늘 아래 더 이상 놀랄 일은 없다(근데 출판사 이름은 왜 들먹여요? 거기 무슨 일 있나요? 하고 오히려 궁금해할 현생 인류가 대부분일 판국에 나 혼자 크로마뇽인의 호들갑인 건 아닌가 몰라).

어떤 글에선가 1970년대는 문학의 시대였고 1980년대는 사회과학의 시대였고 1990년대는 대중문화의 시대라고 요약한 꽤 그럴싸한 대목이 기억난다. 1970년대는 지사의 시대였고 1980년대는 투사의 시대였고 1990년대는 재사의 시대인 것 같다고 한마디 보태도 될까. 뭐 말장난 같다면 할 말이 없지만 우리가 경험한 1990년대에 재사적인 분방함과 민첩함, 상식과 고정관념의 틀을 깨는 열린 사유와 그것의 즉각적인 실천이 크게 요구되었던 것은 사실이다.

문화가 존재의 키워드가 될 수 있으려면 일단 먹고 살 만해져야 하는 것. 우리가 경험한 1990년대의 출발은 본격 소비사회로의 진입을 의미했다. 사람들의 먹거리와 차림새가 달라졌고 서유견문이 일상화되기 시작했다. 향상된 생활문화에 걸맞은 실존적 욕구가 뒤따랐다. 그래서 (젊은) 대중들은 너나없이 영화 전문가가 되기 시작했고 일상적으로 음악을 즐기게 되었고 밀리언셀러 대중소설을 출현시켰다.

이쯤해서 되묻는다. 그래서 우리 모두 참으로 행복해졌는가? 모든 것이 제대로 자알 흘러가고 있는가? 문지 스펙트럼 시리즈의 하나로 나온 《오프 더 레코드, 인디 록 파일》을 찾아 읽는 개인적인 동기는 이런 반문에서 출발한다. 감정이 전혀 개입되지 않은, 이지적이고 분석적인 저자들(장호연, 이용우, 최지선 공저)의 이론서를 이런 끈적끈적한 동기로 읽는다는 게 왠지 민망한 심정이 들지만 어쩌겠는가. 이런 독자도 있는 것이다.

이 책은 1990년대 한국 대중음악계의 후레자식들을 음악적으로 유형화하고 앞뒤 맥락을 짚어내고 그것의 의미 분석을 시도한 것이다. 후레자식이라 함은 젖과 꿀이 흐르는 상업주의 주류 음악(댄스와 발라드!)에서 스스로 이탈해 고생고생하며 자기네들만의 동네를 만들어나가는 젊은 별종들을 일컫기 때문이다. 그런 부류들에 대한 익숙한 표현으로 언더그라운드가 있다. 그러나 책의 설명대로 하자면, 언더그라운드는 1980년대식 용어이다. 음악적으로는 포크 또는 헤비메탈을 지향했고 TV, 라디오 같은 황금시장을 고고하게 외면한 채 음반 발매에도 별 관심 없이 소극장이나 카페 같은 데서 라이브에 주력한 '진지한' 시대의 뮤지션들을 뜻하는 말이라는 것이다.

이들과 구별하여 1990년대의 언더그라운드를 일컫는 말은 '인디'다. 독립영화의 인디와 같은 뜻으로 '자신이 좋아하는 음악을 하기 위해 제도권으로부터 독립된 장을 스스로 개척하는 적극적인' 뮤지션들을 뜻한다. 주류에서 벗어난 그들의 독자적인 네트워크는 인터넷, 홍대 부근을 중심으로 한 라이브 클럽 무대, 인디 레이블 등으로 펼쳐진다.

1990년대 한국의 인디 음악에서 저자들이 주목한 것은 펑크 현상이다. 펑크(혹은 빵꾸)는 음악 장르로서뿐 아니라 삶의 태도와 가치관을 포함한 폭넓은 문화적 의미를 담는다. 제멋대로 하기, 대열에서 이탈하기, 무엇보다도 음악을 '잘'하는 것조차 거부하기. 노래라기보다는 악을 쓰는 것에 가깝고, 연주라기보다는 두서너 개의 코드로 누구나 할 수 있을 것 같은 서툰 사운드를 의도적으로 추구한다. 한때 유행을 타기도 했던 삐삐밴드, 별쭝난 음악 스타일로 관심을 모은 황신혜 밴드나 어어부 프로젝트에 대해 선도자적인 의미부여를 한다. 이어 '불타는 클럽의 연대기'라는 화려한 제목을 단 두 번째 장에서는 홍대 앞 인디씬과 더불어 인디 레이블의 독자적인 음반 제작과 유통 현황을 실감나게 그리고 있다. 마지막 세 번째 장에서는 영미 '본토' 록을 애호하는 사람들의 주된 관심사인 모던 록의 수용 현황을 여러 그룹들을 통해 설명하고 있다. 그러니까 판 가게를 얼쩡거리다가 제목이 희한해서 구입한 〈도시락 특공대〉니 〈언니네 이발관〉이니 〈아싸 오방〉이니 하는 음반들에 '그렇게 깊은 뜻'이 담겨 있음을 알려주는 책이다.

글은 재미있고 유려하게, 그러나 꽤 점잖은 문체로 씌어 있다. 한데 대체 이런 책은 누가 읽을까. 홍대 앞 클럽에서 야채 빛깔 물들인 머리를 휘날리며 헤드뱅잉을 일삼는 오리지널 펑크 키드들을 위한 독본인가. 글쎄다. 혹은 글쎄올시다. 앞서 말한 나 자신의 '끈적끈적한' 독서 욕구를 들추어내지 않을 수 없다. 소비의 쾌락을 최초로 알려준 1990년대에 우리는 행복해졌는지 되물었다. 그것의 음악적 표현인 주류 대중음악의 화사한 북적거림 속에 적응하고 안도할 수 있는지 역시 되묻는다. 어리둥절 속의 두려움. 1990년대식 가파른 삶의 속도를 지배한 정조가 이것이었다. 그렇다면 과연 텔레비전 바깥 세상에서는 어떤 일들이 벌어져왔는가. 이 책 《오프 더 레코드, 인디 록 파일》은 인디 록 음악을 매개로 우리에게 바로 그것을 알려주고 싶어 하는 것 같다. 선택의 여지없이 소속되는 제도문화의 울타리 안에서 어쩐지 이것은 아닌 듯하고 어쩐지 저것도 삶의 속살을 파고드는 것이 아닌 듯한데, 뭐가 뭔지 '어리둥절의 두려움'에서 벗어날 수 없는 사람들에게 인디 록은 일러준다. 이것도 저것도 아닌 다른 어떤 것이 있다고.

펑크의 속성은 '진정성'조차 야유의 대상으로 삼는다고 한다. 하지만 야유든 비아냥이든 할 테면 하라지. 나는 소위 부정의 부정 논법을 통해 음악 혹은 문화의 진정성을 인디에서 찾아보겠다. 거기엔 '다른 어떤 것'이 있다고 하니까. 세 명의 이십대 필자들은 의도였건 실수였건 그들 세대만의 비보도(오프 더 레코드) 사항을 꽤 소상하게 공개해준다.

미쳐 있는 행복은
미친 사람만이 안다

사전을 뒤지다 우연히 알았다. '마니아'라는 말이 조울증의 '조증躁症'에서 온 말이라는 것이다. 백과사전에서 조증을 찾아보니 이렇다. "자아감정이 고조되면서…… 사고의 주체를 정확하게 포착하기가 곤란해지고 관념의 난조를 보일 때가 많으며…… 수면시간이 짧은데도 피로감을 크게 느끼지 않으며……." 거 참, 이토록 정확한 진단이라니. 《소리의 황홀》을 펴낸 오디오 마니아 윤광준과 '세운대학'(과거 한국 오디오의 메카였던 세운상가의 애칭)에서 동문 수학한 내가 알고 있는 그의 증세가 바로 그렇다.

'고조된 자아감정'과 '관념의 난조' 상태를 두고 윤광준은 이렇게 고상한 표현을 쓴다. "이 세상에 유보시킬 행복은 없다." 풀이하자면 좋아하는 일은 딸라 빚을 내든 신체포기 각서를 쓰든 '지금 당장' 해야 한다는 것이다. 다시 저자의 글을 옮기자면 "절실하게 필요할 땐 가질 수 없고, 가질 수 있을 땐 그 필요가 절실해지지 않는 쌍곡선의 비애"가 오디오를 통해 깨달은 인생론이란다.

　이 책은 국내에 대략 3만 명, 잠재적 선망층까지 합하면 3백만 명까지도 추산되는 오디오 애호가를 위한 에세이집이다. 아는 사람에게는 너무 쉽게 느껴지고 모르는 사람에게는 너무 어렵게만 여겨지는 게 전문서 집필의 난점인데 저자는 '모르는 사람'을 독자로 선택했다. 최초의 오디오 에세이집이라는 평가가 그 때문이다. 기존에 드물게 나온 오디오 책이 전문적인 기기 메커니즘 설명서이거나 명품 안내서들인 데 반해, 이 책은 동료 전문가들에게 '비웃음 살 각오를 하고' 쉽게 풀어 쓴 글이다.

　《소리의 황홀》에도 저자가 선정한 10대 명기 이야기가 있고(3부, 하이엔드 오디오의 세계), 앰프, 스피커, 플레이어 등 각 파트별로 구체적인 이해를 도모하는 항목(2부, 오디오 더 깊이 사랑하기)이 담겨 있지만, 압권은 전반부를 구성하는 '추억과 열정의 오디오 편력기' 편이다.

　거기에 20여 년간에 걸친 오디오 광풍이 안겨준 생의 깨달음이 있고, 추억을 공유한 오디오 명인들의 배꼽 잡는 일화들이 그득하다. 내 얘기를 책으로 쓰면 10권짜리 장편이야, 하고 넋두리함 직한 전설의 주인공들이 실명으로 나와 왜 소리라는 요물이 인생을 접수해버리는지 속사정을 밝힌다. 저자가 노대가의 글을 인용해 정리한 오디오 파일의 공통 증상은 이렇다.

"희귀병으로 전염성이 있으며, 드물게 2세에 유전도 는 수도 있으므로 죽어도 낫지 않을 병이다. 자각 증상은 발병 후 장시간 경과해야 나타나는데 마이다스마저도 치료비를 감당키 어려운 난치의 고급병이다."

가만 있자. 겁먹는 분들이 있겠다. 염려 마시라. 오디오에 목숨 바쳐도 멀쩡히 잘들만 산다. 왜? 다른 컴컴한 짓을 할 새가 없으니까!

《음악의 즐거움》 1·2·3, 조셉 매클리스, 이화여대 출판부

《서양음악사》, D. J. 그라우트, 심설당

《내 영혼의 음악》, 김정환, 청년사

《이 한 장의 명반》, 안동림, 현암사

《영 클래식》, 김주영·박준용·조유미, 폴리포니

《비틀스 콜렉션》, 한경식, 친구미디어

《록, 그 폭발하는 젊음의 미학》, 임진모, 창공사

《그 남자의 재즈일기》 1·2, 황덕호, 돋을새김

《재즈를 찾아서》, 성기완, 문학과지성사

《날아라 밴드 뛰어라 인디》, 김종휘·문석 외, 네오북

《오프 더 레코드, 인디 록 파일》, 장호연·이용우·최지선, 문학과지성사

《소리의 황홀》, 윤광준, 효형출판

chapter 5
소설, 하나

RAISON D'ETRE

윤대녕의 두 여자

오랜만의 해외여행 중에 윤대녕의 장편《미란》을 읽었다. 소설 속 주요 배경으로 말레이시아나 인도네시아 빈탄 지역이 한참 나오는데 나도 거기서 멀지 않은 지역을 돌아다니고 있었다. 사소한 우연이지만, 한밤에 호텔 창밖으로 산재한 남국의 야자수를 쳐다보며 그의 소설을 읽는 느낌은 기이했다. 완독까지 '싱하'라는 타이 맥주를 꽤 여러 병 비웠다.

윤대녕은 내 친구와 작업실을 함께 쓴다는 인연으로 몇 차례 술자리를 한 적이 있다. 글의 분위기와 사람이 일치되는 경우가 의외로 많지 않은데 그는 그 드문 경우에 속한다. 내밀, 음습, 우울, 냉소…… 그의 소설에서 연상되는 모든 느낌이 실물에 고스란히 배어 있다. 하지만 단 하나, 그는 그리 과묵한 타입은 아니다. 표정이나 동작이 크지 않아서 눈에 잘 뜨이지 않는다 뿐이지 가만 보면 그도 꽤 조곤조곤 이야기하기를 즐긴다. 농담과 진담이 늘 뒤섞여 있어 상대방은 어느 쪽에 보조를 맞추어야 할지 헷갈리곤 한다. 윤대녕이라는 인물을 동물에 비유한다면 '해파리'쯤이 아닐까 싶은데, 실례일까?

∽

《미란》을 읽은 감회를 우선 밝히면 그의 기량이 잘 사는 방향으로 '제대로 흘러갔다'이다. 《은어낚시통신》《옛날 영화를 보러갔다》 등을 통해 펼쳐졌던 아스라하고 모호한 노을의 광채, 그 빛나는 문채文彩의 힘이 미란 속에 충만해 있었다. 이 말을 뒤집으면 그의 근작들이 다소 위험했다는 말도 된다. 제법 많이 팔린 《사슴벌레 여자》를 읽었을 때 꽤나 가슴이 답답했었다. 어, 이건 아닌데 하는 심정. '작위'의 혐의를 면하기엔 《사슴벌레 여자》가 너무 허약했던 것이다.

∽

미란은 소설의 주인공 연우가 사랑한 두 여자의 이름이다. 첫사랑 오미란과 아내가 된 김미란. 이름이 같다는 사실은 물론 상징이고 암시이며 이 작품의 어떤 모티브이기도 하다. 데자뷰 현상? 그러나 두 여자는 매우, 전혀 대조적인 인간형이다. 범죄와 질병으로 어둡게 살다 죽는 오미란이 생의 그늘을 표상한다면, 김미란은 양지 쪽에서 성취와 쟁취 그리고 집요한 독점욕으로 주인공 연우를 지배하려는 인물상으로 나타난다. 그 한가운데 서 있는 연우는 마냥 흐느적거리지만 결국은 김미란의 사람으로 남는다.

～

　줄거리를 간략히 개관해보면, 군에서 제대한 연우는 무력감 속에 무작정 제주도 여행을 갔다가 호텔 바에서 일하는 여급 오미란을 만나 사랑에 빠진다. 불안과 좌절 속에서 방황하는 그녀는 연우에게 닿을 수 없는 거리를 남긴다. 서울로 돌아온 연우는 단지 권태를 벗고자 하는 방편으로 사법고시를 치러 변호사가 된다. 그때 적극적으로 그에게 다가온 또 하나의 미란, 김미란은 당당한 커리어 우먼으로서 그녀의 적극성에 힘입어 두 사람은 결혼에 이른다. 함께 간 신혼여행지의 클럽 메드에서 뜻밖에 오미란과 재회하게 되고 그녀의 비밀을 알게 된다. 오미란은 14세 때 계모를 살해하고 아버지와 더불어 정상적인 삶을 살 수 없는 처지였다.

～

　이후 과거의 여자 오미란과 결혼한 연우 사이에 벌어지는 숨바꼭질. 가파른 가슴앓이와 연민의 감정을 넘나들며 자잘한 일들이 벌어진다. 그 와중에 오미란의 아버지, 김미란의 어머니, 연우의 삼촌과 친구 박윤재 등이 각자 일정한 배역을 해낸다. 소설은 과정을 경험하는 것이지 결말은 그리 중요한 것이 아니다. 그렇지만 연우의 삶이 어떻게 귀결되는지는 알아둘 필요가 있다. 다음은 소설의 끝 대목.

～

　"내게 주어진 삶은 그렇게 하루하루 변함없이 흘러갔다. 행복의 몇몇 객관적인 조건과 얄팍한 기득권을 야릇하게 즐기며 텔레비전이나 신문에서 보여주는 세상의 불행을 왠지 모를 무사와 안도감 속에서 지켜보며 생일상을 받을 때마다 의식적으로 한 번씩 진저리를 쳐가며 서툴게 나이를 먹어갔다. 속내야 어떻든 눈앞에 보이는 것들과 은밀하고 끈끈한 타협의 관계를 유지하지 않는 한 삶은 결코 호락호락 허락되지 않았다."

상식인의 삶으로, 타협으로, 김미란의 충직한 남편으로 연우의 삶은 지리하게 흘러가버린다. 대체로 그런 게 인생의 진실이니까. 두 사람의 미란이 의미하는 바는 작가 후기에 쓰여 있다. "우리가 흔히 만날 수 있는 불특정 다수가 결국에 동일인일 수도 있다"는 생각. 극명하게 대조시킨 오미란과 김미란이 결국은 다른 존재가 아니라는 말이다. 그것은 더 나아가 작가 내면에 혼재된 양면성의 표출이기도 할 것이다.

다시 한 번 느끼지만 윤대녕 소설의 아우라는 줄거리 속에 들어 있지 않다. 끝없이 자성하는 심리의 굴곡이랄까, 이도저도 아닌, 그러나 그래서 특별해지는 고립된 자아의 '추억의 아주 먼 곳'에서 그의 문학은 빛을 발한다. 아스라한 문장의 소설, 그러니까 읽기도 역시 아스라하게 읽어야 하는 것이다.

신문 검색을 해보니 언론의 평은 전반적으로 그리 우호적이지 않았다. 내놓고 맨 그 타령이 아니냐고 한 기사도 있었고, 우회적으로 점잖게 비판한 글(특히 조선일보 김광일 기자)도 꽤 많았다. 짐작건대 작가에 대한 특별한 기대감의 반작용이 아닐까 싶다. 하지만 나는《미란》을 타락한 삶의 질곡 속에서 순결한 사랑을 갈망하는 현대인의 모순된 내적 정황을 아주 잘 그려낸 수작으로 평가하고 싶다. 그것이 설사 통속과 멜로의 혐의를 지닐지라도 작품은 진부한 도식을 저만치 벗어나 있다. 세속의 논리에 마냥 흘러가는 대로 몸을 맡기는 듯하면서도 또한 끝없이 토로되는 연우의 내적 번민 속에서 깊은 공감을 할 수 있었다. 오히려 연우가 사랑으로 어떤 뜻밖의 결단을 내린다면 그것이야말로 너무 '소설적'이지 않았을까.

결혼은 미친 짓이다

주말마다 맞선 보러 다니던 미모의 대학강사를 알고 지낸 적이 있다. 그녀에게 독특한 습관이 하나 있으니 선보러 가기 전에 남자친구들 가운데 하나를 불러내 먼저 섹스를 하고 가는 것이다. 우연히 그 짓을 하고 나간 적이 있는데 선본 상대 하는 말이 "깐깐한 외모 속에 흐트러진 분위기가 느껴지는 게 매혹적"이라고 했다나. 그후 아마도 자기관리 삼아 그런 습관이 생겼던 모양이다.

제24회 '오늘의 작가상' 수상작인 이만교의 장편소설 《결혼은 미친 짓이다》를 읽으며 지금은 소식을 모르는 그 영문학 강사를 내내 생각했다. 소설 속의 화끈한 남녀 주인공이나 그 강사나 특이한 경우에 해당될까? 솔직히 말하자. 우리 사는 세상에 그렇게 구멍 난 남녀는 얼마든지 많다. 그러니 작가가 제목으로 내세운 바대로 결혼은 미친 짓일까? 원천만에. 결혼한 내가 감연히 말하건대 속으로 무슨 짓을 하건 결혼이란 너무나 정상적인 생활방편일 뿐이다.

~

먼저 소설을 보자. 친구의 소개팅으로 만난 두 남녀. 우아하고 상투적인 맞선의 풀코스가 이어지고, 그날 밤 그들은 여관으로 곧장 직행한다. 가난뱅이 대학강사인 남자의 처지를 놓고 잽싸게 대차대조표를 낸 여자가 상대와 결혼 대신 한탕 놀기로 작심했기 때문이다. 그 다음 줄거리는 칙칙폭폭 욕망의 기차를 타고 거리낌 없이 줄달음친다. 결혼은 조건 좋고 못생긴 의사와 하고 사랑과 섹스는 댄디한 애인과 나누기로 결정한 여자. 그 덕에 남의 마누라와 정기적인 섹스를 즐기면서도 기존의 다른 애인들과도 '의리 있게' 관계를 지속시키는 남자. 한데 한 편의 주간지로 돌리기에는 작가가 받은 상이 좀 묵직하다. 뭐가 들어 있어서일까.

~

짐작건대 이 소설에서 어떤 돌파구가 보였던 것은 아닐까. '고립된 자아의 지리멸렬한 중얼거림'으로 정리되는 지난 10년간 한국소설의 새로운 활로로 '재미의 복원'과 '실험적 예술성의 추구' 두 가지가 제시되는 가운데 이만교 소설이 격을 갖춘 재미의 가능성을 보여준 것으로 말이다. '소설적 시나리오'라고 이름 붙인 작가의 전략은 상당히 먹혀드는 듯하다. 단문의 경쾌한 속도감, 영상적 처리, 탈계몽주의적 역설의 적절한 구사 등등. 성석제에게서 기대치가 고조되었다가 어쩐지 주춤해진 듯한 '가벼움'의 추구가 이만교 소설에서 만개되지 말라는 법은 없다.

～

하지만 《결혼은 미친 짓이다》 같은 세태소설류가 통속물로 빠지지 않기 위해서는 작가적 시각의 참신성이 필수적이다. 작가가 드러내고자 했던 세태가 가공의 것이거나 혹은 구두 겉등을 긁는 듯이 날카로움이 결여돼 있다면 차라리 '무겁고 심각한' 소설의 위세를 이겨낼 수 없다. 작가에게 묻는다. 혼인의 순결을 무시하는 주인공들을 들어 결혼은 미친 짓이라고 말하는 까닭은 무엇인가? 아마도 진정한 사랑의 결합이어야 미친 짓이 아니라는 의미로 풀이되는데 과연 결혼제도가 생활공동체를 넘어 사랑 자체에 토대를 두었던 역사가 있었던가? 그런 생각 자체가 바로 작가가 비웃어주고 싶었다던 '결혼의 환상'은 아닌가? 그 어떤 환상적인 포장을 씌우든 간에 일부일처제 결혼제도란 근대라는 낡은 시스템이 구축한 편리한 사회 안전망에 불과하다는 사실을 직시해야 한다. 지금 사람들의 관심은 가속되고 있는 일부일처제 결혼제도의 필연적인 붕괴 양상에 있다.

첫사랑

이번만은 속아 넘어가지 않으련다 했지만 또 속고 말았다. 번번이 당하면서도 또 당한다. 도대체 내 궁금증이자 결심이란 게 얼마나 유치한 것인지! '수색' 시리즈에서 내내 그랬고 《은비령》에서 그랬고, 《말을 찾아서》《19세》에서도 또 그랬다. 일단 강원도가 배경이고 유년시절이 나오고 '나'라는 화자가 등장하면 이순원 소설이 지어낸 이야기라고 생각하기가 정말 어렵다. 소설을 두고 얼마만큼이 실제 체험인지를 따지는 게 가장 우둔한 독법이라는 걸 모르는 바 아니건만 그의 소설은 참 이상하다. 언제나 자전소설류의 실물감을 벗어나기가 힘드니 말이다.

이순원의 짧은 장편 《첫사랑》. 강원도 두메산골 가랑잎 국민학교 동창생들이 30여 년 만에 재회하면서 펼쳐지는 작은 이야기다. 화자인 '나'는 역시 실제 작가의 상황과 똑같이 일산에 사는 전업작가이며 텔레비전과 신문에 얼굴이 비쳐 옛 친구들이 알아보게 된 존재이며 또 뭐라나, 하여간 내가 아는 이순원과 《첫사랑》의 정수는 똑같다. 줄거리는 비교적 단순하다. 동창 가운데 카센터를 하는 은봉이와 그가 사모하는 첫사랑 공주 자현이를 맺어주고자 동분서주하는 이야기.

그 깡촌에서 은봉이는 중학교도 진학하지 못하고 곧장 트럭 조수가 됐다. 또 한편으로 권투선수를 지망하여 도내 체전에 출전하기도 하며 못 배운 한을 통신 강좌로 메워온 억척 인생이다. 그에게는 마음속 연인이 있었다. 자현이. 하지만 은봉으로서는 감히 넘볼 수도 없는 별 같은 동창생일 뿐이었다. 그의 얘기를 옛 친구 '나'가 들어주며 감동한다. 은봉이는 나름대로 성공하여 카센터 사장님이 되었건만 6년 전 아내와 사별한 처지였다.

가랑잎 국민학교의 별이었던 자현이는 어떤가. 뜻밖에 그녀는 두 번의 결혼에 실패하고 강릉에서 딸을 키우며 잡화점 아줌마가 되어 있었다. 동창회에도 나오지 않을 만큼 그녀는 영락한 신세였다. 그 역시 자현을 사모했던 '나'는 두말 않고 강릉행을 택해 그녀에게도 역시 은봉에 대한 오래된 호감이 있었음을 전해 듣는다. 이 애처로운 첫사랑은 중년이 되어 다시 맺어질 수 있을까? 결말은 모른다. 자현은 이미 한 남자에게 인생을 의탁해야 살 수 있는 여자가 아니었다. '나'는 그런 그녀를 영화 〈타이타닉〉의 여주인공처럼 "씩씩하다"고 묘사한다.

"이 소설의 어디에도 인간 내면에 도사리고 있는 악의나 이기주의, 산업화 시대의 물신숭배가 키웠음 직한 영악한 잇속 챙기기와 같은 공리주의적 태도 따위는 나타나지 않는다"고 한 장석주의 작품평은 옳다. 그런 순수 또한 우리 모두의 '첫사랑'일 테니까.

작가를 만난 길에 멍청하게 줄거리의 사실 여부를 물었더니 실실 웃으며 특유의 강원도 억양으로 말한다. "내 동창들도 그런 애들이 언제 있었냐고 묻더라구요." 하, 그래도 이 '첫사랑'의 이야기는 실화라고 나 스스로 결정했다. 암 그렇고 말고. 그런 유년의 까마득한 순수가 우리들 가슴 어딘가엔들 숨어 있지 않을라구.

떨림

이젠 성교를 다루는 작가나 영화감독들도 '억압된 성문화의 해방' 운운하는 너스레를 그만 떨었으면 좋겠다. 장정일이 유죄판결을 받았다거나, 결코 '거시기'만은 화면에 보여줄 수 없다는 등 법적 승강이와 표현의 부자유가 일부 남아 있기는 하지만 사회통념상 성의식은 갈 만큼 갔다. 일차원적인 금기는 넘어섰다는 말이다. 그러니 마치 밥 먹고 살 만해지면 비로소 인간적 품위와 삶의 질을 떠올리게 되듯이 성에 대한 관심도 문화와 미학을 추구할 만한 시점이 되었다고 여겨진다.

심상대에서 선데이 마르시아스로, 다시 이번엔 마르시아스 심으로 개명을 한 작가의 연작 장편 《떨림》도 바로 그 점을 의식한 것은 아닐는지. 전형적인 성애소설로 읽기에 이 작품의 에로티시즘은 전혀 흥분유발형이 아니다. 문체와 기법도 정통적인 소설 문법의 완성도를 추구하고 있다. 하지만 《떨림》은 모처럼 나온 본격 성애소설로 보는 게 옳다. 무엇보다 작가가 먼저 탐미적이고 추악한, 아름답고도 서글픈 섹스의 비경을 탐색하는 데 작품 전체를 바치고 있기 때문이다.

소설 주인공은 작가의 실제 이력과 흡사한 술집 웨이터 혹은 이혼한 삼십대 후반의 소설가 사이를 오간다. 사실 어떤 여자랑 어떻게 하는지가 두드러진 흥밋거리다. 첫 작품 〈딸기〉는 '로리타'라고 명명한 초등학생 나이의 양장점 소녀와 그의 언니 그리고 일하는 술집의 마담을 차례로 범하는 이야기. 다음 작 〈샌드위치〉는 매독으로 아래가 썩어가는 늙은 창녀 이야기와 수음을 즐기는 주인공을 훔쳐보다가 유혹에 성공하는 하숙집 아줌마 이야기. 미친 거지 여자, 64세의 할머니, 주례를 서주기로 한 신부, 옛 남자를 그리워하며 하염없이 하고만 싶어 하는 어떤 처녀 등등과 쉴 새 없이 하고 또 하는 이야기……

칙칙한가? 그래, 요약해놓고 보니 저으기 칙칙하고 심지어 범죄적이다. 그래서 문학이 있고 나아가 예술이 있는 모양이다. 어린이, 할머니, 새 신부 등과 사정없이 섹스를 벌이는 이야기라고 요약하면 황색 주간지가 되는데 정작 소설을 읽으면 생판 다른 느낌이 드니 말이다. 뭐랄까, 동물적 욕망 앞에 거리낌 없어 하는 자의식의 다른 한편으로 절망적인 생의 공허감 같은 것. 떳떳한 관계를 포함해 사실 모든 섹스에는 이런 양면성이 깃들어 있는 게 아닐까.

사드나 조르주 바타유 유의 기괴하고 변태적인 작품도 번역되어 서점에서 활개치고 있는 판국이다. 얼마나 진한 표현이 들어 있고 얼마나 기성 윤리에 위배되는지가 논란을 빚을 시점은 이미 지났다. 인간이라는 포유동물의 존재 이유, '레종 데트르'에 대한 성찰 대상으로 일탈적인 성의식이 대두되고 《떨림》 같은 소설이 씌어지는 것이다. 작가 스스로는 극단적 미의식의 추구로 성을 다뤘다고 말한다.

물론 이런 색정이 역겨운 사람도 있겠지. 그렇다면 그는 성경, 불경 혹은 순정소설을 읽으면 되는 게 아닐까. 남의 관심사가 마음에 들지 않는다고, 문학작품 때문에 '세상이 타락한다고' 개탄하고 심지어 억압하려 드는 것은 분명 주제넘은 일이다. 언제나 현실이 앞서 가는 법이지, 문학작품의 내용에 물들어 따라하는 '고매한 사람'은 그리 많아 보이지 않는다.

풍경의 내부

삶의 시궁창 속에 환상이 있고 신비가 있고 피안의 옷자락이 흘낏 비친다. 그 삶에 던져진 존재의 내부와 외부는 뫼비우스의 띠처럼 잇닿아 있다. 달아날 수도 모면할 수도 없는 비극적인 존재 구속성. 이제하의 소설은 그 시궁창 속을 정처 없이 헤맨다. 작가정신에서 펴내는 소설향 시리즈 가운데 이제하의 《풍경의 내부》가 있다.

결혼 첫날 신부의 과거 고백을 듣고 그 달음으로 도망쳐 나온 사내와 정신병원에서 뛰쳐나온 여자와의 동거생활을 그린 이야기다. 세세한 줄거리는 그리 중요해 보이지 않는다. 환상적 리얼리즘이라는 이제하의 작품세계가 그렇듯이 《풍경의 내부》도 몽롱하고 비극적이면서 결코 삶의 진창을 벗어나지는 않는다. 이 작품은 미당 서정주의 질마재 신화에 나오는 시 〈신부〉에서 모티브를 얻었다고 작가는 밝히고 있다.

신부는 초록 저고리 다홍치마로 겨우 귀밑머리만 풀리운 채 신랑하고 첫날밤을 아직 앉아 있었는데, 신랑이 그만 오줌이 급해져서 냉큼 일어나 달려가는 바람에 옷자락이 문 돌쩌귀에 걸렸습니다. 그것을 신랑은 생각이 또 급해서 제 신부가 음탕해서 그 새를 못 참아서 뒤에서 손으로 잡아다리는 거라고, 그렇게만 알곤 뒤도 안 돌아보고 나가버렸습니다. 문 돌쩌귀에 걸린 옷자락이 찢어진 채로 오줌 누곤 못쓰겠다며 달아나버렸습니다.

그러고 나서 40년인가 50년이 지나간 뒤에 뜻밖에 딴 볼일이 생겨 이 신부네 집 옆을 지나가다가 그래도 잠시 궁금해서 신부 방문을 열고 들여다보니 신부는 귀밑머리만 풀린 첫날밤 모양 그대로 초록 저고리 다홍치마로 아직도 고스란히 앉아 있었습니다. 안쓰러운 생각이 들어 그 어깨를 가서 어루만지니 그때서야 매운 재가 되어 폭삭 내려앉아 버렸습니다. 초록 재와 다홍 재로 내려앉아 버렸습니다.

— 서정주의 〈신부〉 중에서

신화에서 현실의 알레고리를 읽어나가야 할까. 남성 지배 이데올로기니 순결 지상주의니 하는 성마른 해석에 먼저 매달리지는 말자. 이제하의 이 이상스러운 소설은 쉬운 것을 어렵게 보자고 달려든 작품이다. 무엇이 그러한가.

결혼 첫날밤 도망쳐 나와 5년째 도망 중인 사내는 사법고시 일차를 패스한 판사의 아들이다. 세속적인 배경이다. 그가 야바위 노름판에서 우연히 만나 얼결에 50만 원을 주고 사들인 여자 서례는 이른바 관계망상이라는 정신병 환자이다. 그녀는 세상의 모든 잘못과 악덕이 자신의 탓이라고 믿고 있다. 스스로 30명의 놈씨들과 섹스를 했다며 창녀를 자처하는 서례가 실은 처녀의 몸이었고, 사내는 신부에게서 도망친 이래 성 불능 상태였다. 이야기의 절정은 마침내 둘이 야외에서 섹스에 성공하는 대목과 사내의 친구에게 능욕당한 서례가 영영 실종돼버리는 결말 부분이다.

여자의 순결에 대한 사내의 집착은 누구도 강요하지 않은 듯이 보이는 자기 내부의 지배 이데올로기다. 서례의 관계망상은 또 어떻게 이해해야 할까. 소설의 시대배경이 설명되어야 한다. 이들의 상황은 1987년 군사독재 말기를 상정하고 있다. 지배 권력의 내면화라는 비극이 사내의 의식에서 찾아지는 한편 서례와의 섹슈얼리티 속에서는 관계의 구속과 해방이라는 좀더 근원적인 의미로 확장되어나간다.

쉬운 것을 어렵게 생각하기로 작정한 게 이 소설이라고 말했다. 쉬운 것은 그야말로 쉽게 인스턴트화된 오늘날의 남녀관계이고 어려운 것은 거기서 신화적 보편성과 숭고의 미학을 찾아내는 일이다. 작가가 혹시 시대착오를 일으키고 있는 것은 아닐까.

해답은 서례의 의식과 행동을 어떻게 받아들이느냐에 따라 달라진다. 당신은 그런 여자를 보았는가. 세상의 악덕이 자신 탓이라고 믿고 대속의 삶을 살고자 하는 그녀. 세상은 그걸 정신병으로 진단했다. 능욕당한 육신이 저주스러워 사내로부터 영영 도망치고 마는 그녀의 처신은 또 얼마나 구닥다리 유교 윤리의 발상일까.

낡은 통념과 인습으로부터 해방을 꿈꾸는 작품세계를 평생 보여온 작가가 이제하다. 그런 그가 '낡은 통념과 인습'의 본모습을 골똘히 들여다보는 작품을 세상에 던졌다. 모두가 앞으로 앞으로만 치달을 때 문득 뒤돌아 거꾸로 향해 가는 것도 어떤 새로움은 아닐는지. 하지만 그의 리얼리즘이 항용 그러하듯이 문장은 애매모호한 추상으로 그득하다. 그러니 작의를 간파하느라 골몰하기보다는 동거의 상황 속에 놓인 두 남녀, 그중에서도 서례라는 여인의 짐짓 이해되지 않는 심중 안으로 깊숙이 들어가볼 일이다. 어쩌면 서례의 행위는 뫼비우스의 띠로 연결되어 있는, 하지만 우리가 애써 감추고 지워버리고 싶어 하는 삶의 '풍경의 내부'일는지 모른다.

황석영과 박현욱을 동시에 읽고 보니

가장 무거워 보이는 작품과 가장 가벼워 보이는 작품을 연달아 읽었다. 황석영의 《손님》, 그리고 제6회 문학동네 신인작가상을 수상한 박현욱의 《동정 없는 세상》. 어느 쪽이 무겁고 가벼운지는 새삼 말할 필요가 없을 것.

심심한데 오랜만에 소설책이나 한 권 읽을까 하는 사람에게는 황석영 작품을, 문학 언저리에 훤한 사람에게는 박현욱을 권하겠다. 전자는 성취감을, 후자는 글판의 판도를 일러준다. 여유가 있다면 나처럼 두 권을 연이어 읽는 것도 좋겠다. 워낙 극단적으로 다른 분위기라 일종의 두뇌 체조 혹은 감성 훈련에 보탬이 된다.

《손님》은 6·25전쟁을 겪은 재미 목사가 고향땅인 황해도 신천을 방문하는 이야기다. 당연히 시점은 전쟁 시기와 현재 사이를 오간다. 이런 이야기는 이미 많다. 하지만 다르다. 작가가 쉽지 않은 이야기를 하는 탓이다. 1950년, 유엔군의 인천상륙작전이 있은 이래 45일 동안 신천 군민의 4분의 1에 해당하는 35,000여 명이 희생된 희대의 양민학살사건이 있었다. 북한 측은 이를 미제국주의자의 소행이라고 기록했다. 하지만 치밀한 추적을 통해 작가가 알아낸 사실은 달랐다. 미군은 서둘러 진군해 올라갔을 뿐이고 실제의 살육 행위는 기독교 계통의 우익 청년들이 저지른 일이었다. 재미 목사는 당시 어린 나이의 목격자였고 그의 친형이 바로 광란의 주범이었다.

제목 《손님》은 많은 것의 상징이다. 먼저 주인공 목사가 손님으로서 고향땅을 밟는 게 표면적인 의미를 지닌다. 하지만 전통적으로 그 단어는 천연두를 뜻한다고 했다. 목숨을 잃거나 살아남아도 곰보가 되는 그 끔찍한 역병. 작가는 현대사의 손님(천연두)으로 사회주의와 기독교의 대립을 들었다. 천연두가 중국을 거쳐 들어온 외래의 재앙이었듯이 두 사상의 충돌 역시 왜생의 재앙이었다. 끝없는 내적 독백으로 이어지는 회한과 아픈 기억들. 나직하고 유장한 독백의 톤은 전작 《오래된 정원》의 분위기를 닮았다.

여자친구를 향해서 하는 말 "한번 하자"로 시작해서 "한번 하자"로 끝맺는 박현욱의 처녀작 《동정 없는 세상》은 수능시험을 마친 한 고교생 주인공의 동정 떼기 전말기. 입시 지옥 속에서 '아무 생각 없이' 사는 보통 고교생 준호는 머릿속에 온통 섹스 생각뿐이다. 아빠는 원래 없고 미장원을 하는 엄마는 자유분방하다. 그리고 또 한 식구, 서울대 법대를 나와 10년째 백수건달로 사는 삼촌과 더불어 세 식구가 함께 산다. 준호는 엄마, 삼촌을 부를 때 "숙경 씨" "명호 씨" 하는 이름으로 부르니 대충 집안 분위기가 감이 잡힌다.

준호의 가족은 그렇게 이해심이 많건만 여자친구 서영이는 의외로 녹록지 않다. 약간 덜 생겼지만 지혜롭고 똑똑한 공부벌레 서영이. 이미 한번 해본 친구들의 자랑에 주눅 든 준호는 집요하게 애원한다. "서영아 한번 하자." 후반부에 예상을 깨고 그들은 정말 한번 한다. 누구나 그렇듯이 허망하고 어이없고 실망스러운 첫 경험. 하여튼 소설은 시속 2백 킬로미터로 달려간다. 웬만한 소설도 속도를 내면 두세 시간에 주파할 수 있지만 이 작품은 그 절반 시간에도 완독할 수 있게 '아무 생각 없이' 달려간다.

독후감을 정리해보자. 솔직히 말해 나는 황석영이 재미있었고 박현욱은 그렇지 않았다. 왜 그럴까. 온몸으로 재미있으라고 몸부림친 소설이

《동정 없는 세상》인 반면,《손님》의 작가는 재미 같은 것에 그다지 관심을 기울인 것 같지 않은데……. 이렇게 생각해보면 어떨까. 요즘 소설계의 풍토로 보면 정통소설적인《손님》이 오히려 새롭고《동정 없는 세상》유가 익숙하다. 독자들이 진지하고 무거운 내용을 외면한다고 해서 그동안 너무 많은 작가들이 경쾌하고 발랄한, 이른바 가볍게 하기를 주종으로 쏟아낸 때문은 아닐까.

권위 있는 신인상으로 명예롭게 등단한 신예작가를 함부로 폄하하고 싶지는 않다. 하지만 까놓고 내미는 삶의 하잘것없음이 언제까지 작가의 창작 동기가 되어야 하는 것일까. 그 옛날 명랑소설이라 불리며 고교생 필독서로 읽히던《얄개전》이나《억만이의 미소》같은 대중소설과《동정 없는 세상》이 얼마나 차별화될 수 있을 것인가. 재미있게 읽어놓고는 갑자기 심각하게 '의미' 어쩌구 따지는 건 위선이 아니냐고 할 법도 하지만 폼 잡고자 하는 말이 아니다. 의식의 밑동을 뒤흔들며 생의 의미를 되새겨보게 하는 진지한 작품이 이젠 그립다.

별로 팔릴 기세 같지는 않지만 황석영의 작품이 좀더 폭넓게 읽혔으면 좋겠다. 개인적으로 다른 바람이 있기 때문이다. '그놈의' 노벨 문학상! 하긴 노벨 평화상을 수상해도 시큰둥해하는 사회분위기이긴 하지만 그래도 한국인의 오랜 염원은 노벨상이었다. 평화상은 불행한 우리 현대사의 반영인 측면이 많지만 문학상이나 기타 과학 분야의 수상은 의미를 달리한다. 우리 사회의 지적, 문화적 역량의 잣대일 수 있기 때문이다.

아들을 위하여

 벗들아, 혹은 모르는 사람들아, 황석영의 책 좀 사서 읽자. 노벨 문학상이 별거랴만 그래도 한국작가가 한 번쯤 탈 때도 된 듯한데 둘러보면 가장 근접한 인물이 황석영이다. 수상 자격의 중요한 요소로 인류에 대한 공헌과 자국에서의 폭넓은 사랑을 평가한다는데, 민중운동에서 통일운동, 최근의 평화운동에 이르기까지 세계를 무대로 한 그의 행적과 작품이 보여온 인류사적 기여는 재론의 여지가 없다. 한데 망명과 옥살이하느라 십몇 년 만에 나온《오래된 정원》의 판매고를 보고 실망을 금할 수 없다. 황석영 문학의 한 분수령을 이룰 법한 빼어난 작품이 틀림없는데 이 고적한 반응이 웬 말인가. 이러다 '자국에서의 폭넓은 지지와 사랑' 대목에서 돌부리에 걸리는 건 아닐까.

 노벨상은 그렇다 치고 그가 낸 두 권의 다른 책을 펴본다. 그중《가자 북으로 오라 남으로》는 1994년에 나온 북한 방문기《사람이 살고 있었네》를 새로 다듬은 것이고, 또 한 권《아들을 위하여》는 작가의 육성이 가감 없이 담긴 세상살이 이야기, 즉 칼럼집이다. 작가 자체에 관심이 앞서는 사람에게는 역시《아들의 위하여》에 먼저 손이 간다.

∽

 《아들을 위하여》를 읽다가 퍼뜩 드는 생각인즉, 아 참…… 작가는 지식인이기도 하지, 하는 기괴한 깨달음. 흔히 1990년대 또는 2000년대 작가라고 거론되는 소설가들에게 인텔리겐차로서의 역할기대가 있었는지 한번 떠올려보자. '감성'과 '내면' 탓에 우리는 오랫동안 잊고 있었다. 한 시대와 역사를 '거울'로서 반영하고 '램프'로서 전망하는 선지적 기능을 문학에서 떠나보낸 지 오래다. 그 결과이자 업보인가. 문학 자체가 대중을 떠나는 현상을 지금 우리는 지켜보고 있다.

∽

 《아들을 위하여》는 아들뻘인 젊은 세대에게 주고 싶은 가슴속의 이야기를 담았다. 주로 1970~80년대의 체험들과 통일문제 그리고 문학의 현재와 미래에 대한 생각이 펼쳐진다. 읽기에 수월한 인터뷰 기록이 꽤 여러 편 실려 있어 저자의 생각을 소화하는 데 도움이 된다. 격동기의 고난을 온몸으로 겪어낸 사람에게는 일종의 생존본능인지, 전체의 추세와 윤곽을 선명하게 개관하는 능력이 돋보인다. 또한 큰 원칙 속에서 사고의 유연성이 두드러진다. 사회와 역사와 문화를 바라보는 작가의 시선은 그야말로 '정리된 책'처럼 명쾌하되 시대의 큰 변화를 결코 놓치지 않는다.

∽

 《아들을 위하여》를 읽다 보니 이제 더 이상 술자리에서 비암장수 흉내로 좌중을 뒤집어놓는 광대 황석영을 기대할 수는 없을 것 같다. 그는 동시대에 대한 염려와 책임감으로 가득 차 있다. 그 대신 '새로운 문명적 대안과 문학론을 위하여' 항목에서 그가 할 역할이 찾아진다. 글 속에서 그는 아시아에 문호라고 부를 수 있는 대가가 아직도 나오지 않는 현실을 진단하면서 '동양의 근대를 자기 삶을 통하여 뛰어넘고 자신의 문학 속에서 완성하는 사람'을 문호의 조건으로 꼽았다. 그렇다. 바로 그것이 작가 황석영이 해야 할 역할인 것이다.

마음껏 사랑하고 존경해도 됨직한 인물이 한 사회에 존재하는 것은 대중의 행복이다. 지금 우리는 인물을 키워내지 못하는 우리네 풍토를 개탄하는 말들을 흔히 하는데 막상 그럴 만한 대상이 보일 때 우리가 해야 할 일은 무엇일까.

이호철과 김영하의 사이

날마다 방송을 진행하다 보니 어제가 오늘 같고 오늘이 내일처럼 여겨질 때가 많다. 그래도 가장 신경이 쓰이는 날이 월요일. '작가 탐구'라는 테마로 비중 있는 작가를 초대해 한 시간 내내 작품 이야기를 나누는 시간이다. 정말 기억의 주파수에 혼선이 있는 모양이다. 지난주에 김영하를, 바로 그 전 주에 이호철을 초대했는데 흡사 다 같이 만난 듯한 착각이 든다. 두 사람 사이에 무슨 공통점이라도 있던가.

천만에. 김영하는 한창 기지개를 켜고 있는 삼십대의 인기작가이고, 이호철은 칠순 잔치를 벌인 지 오래인 노대가다. 김영하가 샛노란 염색 머리에 선글라스를 끼고 나타난 반면, 도무지 별다른 특징이 없는 차림의 이호철은 동네 아주머니들과 함께 요가를 할 시간이라며 서둘러 스튜디오를 떠났다. 근 40년의 나이 차이. 그러나 이들은 어엿한 동료작가다. 현역이라는 점뿐만 아니라 도무지 나이를 의식하지 않는 기질에서 특히 그렇다.

이호철의 소설집 《이산타령 친족타령》, 김영하의 장편소설 《아랑은 왜》가 같은 시기에 출간되었다. 전자는 일종의 전쟁 다큐멘터리물이고 후자는 괴기담에 토대를 둔 역사 실험소설. 자, 40년의 밥그릇 수 차이가 어떻게 나타나는지 한번 보자.

아마 그의 대표작 〈닳아지는 살들〉 혹은 〈판문점〉은 읽지 못했어도 TV를 통해 이호철의 얼굴을 익힌 사람은 꽤 많을 것이다. 남북문제를 다루는 프로그램에 빈번이 등장하곤 하니까. 언젠가 북한을 방문해 누이와 해후하는 장면이 크게 보도되기도 했다. 함경남도 원산 출신인 그는 전쟁 때 인민군으로 내려와 포로가 됐던 전력이 있다. 아무리 전향을 했어도 살아남기 쉽지 않은 냉전의 세월을 보내야 했다. 유명한 《한양》지 사건을 포함해 몇 차례 투옥된 경험도 있다. 어쩌겠는가. 전쟁과 남북문제가 '차마 꿈엔들 잊힐리야'.

∽

　《이산타령 친족타령》은 6·25전쟁이라는 재앙 속에서 인간이 어떤 지경에까지 이를 수 있는지를 극사실주의적으로 그린다. 대부분 실화에 토대를 둔 것으로, 격전지에서 억울한 누명으로 처형 직전까지 갔다가 구사일생으로 살아남은 병사(작품 〈비법 불법 합법〉), 흡사 장난을 치듯 민간인을 죽이고 부녀자를 겁탈하는 두 명의 중사(작품 〈사람들 속내 천야만야〉), 조금 거슬러 올라가 8·15광복 시기에 중국에서 귀국하던 중 어이없는 일로 큰아들을 북으로 보내게 되어 40년간 찾아 헤매다 재회하는 노부부(작품 〈이산타령 친족타령〉) 등의 인물이 등장한다. 과연 드라마틱한 인생 3막극. 하지만 기존의 전쟁문학도 그 정도는 다뤄왔다. 무엇이 이호철만의 몫일까.

∽

　이호철의 작품은 오늘의 시점에서 과거를 회상하는 형식을 취한다. 그러니까 주인공들 나이가 칠순의 노익장. 모두가 그 힘한 세월을 이기고 '살아남은 자'들이다. 그야말로 비법으로 불법으로 살 수밖에 없었고 속내는 천야만야로 능구렁이들이다. 살아남았다는 사실로 과거는 모두 용서가 된다. 세월의 힘은 무섭다. 이데올로기도 그로 인한 원한도 한갓 뜬구름 같다는 것. 작가가 평소 주장해온 '한살림 통일론', 이념이고 뭐고 떠나 한솥밥을 먹으면 곧바로 통일이 된다는 것이 바로 이런 소설적 상상력에 근거한 것이다.

∽

　선글라스의 스타일리스트 김영하라면 역사물을 어떻게 다룰까? 그는 무려 450년 전 명종조를 택한다. 밀양 땅에 괴이한 변고가 있으니 신임 부사가 내려가는 족족 다음 날로 죽어 나오더라. 조정에서 방을 붙여 밀양부사 공채를 하니 한 용기 있는 선비가 자원해 내려가 사건을 해결해본즉, 억울한 죽임을 당한 처녀 '아랑'이 신임부사에게 사정을 하소연하는데 목에 칼이 찔린 귀신 형상에 놀라서 부사들이 제 풀에 죽었던 것. 납량특집 〈전설의 고향〉 따위에서 흔히 보아온 아랑 전설 바로 그것을 소재로 했다. 하지만 글쎄, 세련되고 머리 좋기로 소문난 김영하가 괴기담에서 그칠까.

∽

　《아랑은 왜》는 소설 쓰기에 대한 소설이다. 여기에 잘 알려진 아랑 전설이 있다. 내용을 잘 뜯어보니 미심쩍은 데가 많다. 자 독자 여러분, 이 대목을 한번 캐 들어가봅시다. 그런데 저어…… 부사 역을 맡으신 분, 당신 배역에 대해 어떻게 생각하십니까? 그럼, 이야기를 이렇게 끌고 가볼까요? 뭐, 이런 식으로 독자와 함께 이야기를 만들어나가는 것이다. 정확히 말하자면 이야기가 이야기를 낳는다는 것으로. 여기에는 포스트모더니즘의 서사이론이 적실하게 구현되어 있다. 아울러 명종조 아랑의 현대판 인물로 설정된 미장원 아가씨 영주와 3류 소설가 '박' 사이에 벌어지는 나른한 사랑과 죽음의 이야기가 대위법처럼 함께 흘러간다.

노작가는 차마 꿈에도 잊을 수 없는 전쟁 체험과 그 이후를 절절하게 사실적으로 그린다. 평화 시기를 살아온 청년작가는 환상과 미망을 넘나들며 일종의 진실게임 또는 진실의 퍼즐 맞추기를 벌인다. 일주일 사이로 두 작가를 인터뷰하는 동안, 가운데 서 있는 나는 두께라는 단어를 내내 떠올렸다. 전쟁과 평화를 함께 아우를 수 있는 인식의 두께, 상상력의 두께, 궁극적으로 존재의 두께. 가슴 깊숙한 곳에 전쟁세대의 상처와 옹색한 살림살이를 담은 채로, 또 한편으로는 화사한 신촌거리를 활보하며 앙코르와트 유적지 여행도 다녀오는 김영하식 풍요와 활력을 함께 누릴 수 있는 그런 삶의 두께.

　이호철 세대를 부정하면 철모른다 할 것이고 김영하 유를 부정하면 고루하다 할 것이다. 나이를 떠나, 그 가운데 서서 양쪽의 세계를 다 품고 싶다는 건 과욕일까. 한데 요즘은 누구나 무작정 젊고 싶어만 한다. 젊다는 게 대체 뭐람.

너를 만나고 싶다

　파토스 데어 디스탄츠^{pathos der distanz}, '영원한 거리감'이라는 의미로 쓴 전혜린의 한 문장이었을 것이다. 인식욕, 가스등, 고독과 광기, 이런 말들에 가슴이 울렁이던 열몇 살 시절이 있었다. 니체라는 이름이 음악처럼 들리고 도스토예프스키를 통해 컴컴한 지하생활자를 꿈꾸던 세월의 한때. 그러던 젊은 영혼 모두가 거리로 나가 돌멩이를 던져야 했던 1980년대 중반께 굳어버린 가슴을 마구 헝클어놓는 또 한 권의 책이 추가됐다. 《33세의 팡세》. 끝없는 인식욕에 불타는 한 수줍은 영혼이 세속의 미친 바람을 헤쳐나가며 겪는 영혼의 기록이었다. 그때로서는 상당한 베스트셀러이기도 했다. 성장기의 통과제의적 독서물로서 《데미안》과 전혜린, 김승옥을 거친 후였건만 그 '팡세'의 울림은 못지않았다. 이토록 가슴을 쥐어뜯게 만드는 이 여류시인은 대체 어떤 사람인가. 그 이름이 김승희였다.

김승희의 산문집 《너를 만나고 싶다》를 읽었다. 이상하게도 교수 발령을 못 받고 오래오래 강사로만 떠돌더니 미국의 꽤 괜찮은 대학에서 교수 노릇 하고 돌아와 드디어 서강대 국문과에 자리를 잡았다. 그 사이 소설가로도 데뷔하였고, 초기 시와는 전혀 다르게 변모한 시세계도 무르익었다. 외면적으로 이제 그녀는 한국의 성공한 여류의 하나로 보인다. 고해하듯이, 피를 찍어 쓰듯이 문장을 쓰는 그녀인데 대체 어떤 이야기가 산문에 담겨 있을까. 그녀에게 남은 고통은 무엇일까.

글의 내용은 그녀가 만났던 사람들에 대한 이야기였다. 미국에 머물 때 맞닥뜨린 사람들, 그중에서도 여자에 대한 기억이었다. 거기 지평선을 향해 대초원을 걸어가는 그림 속의 여인 자밀라의 이야기가 나온다.

화가의 연인이자 형수이기도 한 카자흐 야생의 딸. 네덜란드와 중국과 인도네시아의 혼혈이고 타이티에서 성장한 자유분방하고 아름다운 여성작가 타리온과의 애증이 엇갈리는 교유도 자세히 나온다. 한 많은 사연을 안고 사는 한국 이민자이며 문신예술가 '무니-문희'의 눈물바람이 등장하고, 어린 시절을 함께하고 미국에서 치과의사로 성공한 이모의 생애도 구구절절하다.

읽다 보니 수상쩍다. 김승희는 과연 자밀라, 타리온, 무니, 이모를 그 자체로 본 것일까. 학생시절, 시는 '세계의 자아화'라고 배웠다. 설사 두 권의 소설집을 냈을지언정 뼛속까지 시인인 그녀의 시선 속에서 그렇다. 아무래도 김승희는 그 인물들의 자아화를 모면하지 못한 것 같다. 때론 선망의, 때론 연민의, 때론 분노와 혐오의 온갖 감정이 뒤엉킨 타래를 풀어내며 그녀가 일관되게 자아내는 그림은 '갑갑한 생'에 대한 몸부림이다. 그래서 '너를 만나고 싶다'인 것이다.

자유. 그녀가 말하고 싶어 하는 것은 자유이다. '사각'으로 둘러싸인 문명의 굴레에 대해서, 여성으로 사는 삶에 대해서, 폐쇄증을 앓는 한국사회에 대해서 그녀는 자신이 만났던 여성들을 들어 자유를 말하고 싶어 한다. 자유란 부자유한 상태를 인식하는 데서 출발하는 관념이다. 나는 이 책을 읽는 내내 그녀가 느끼는 부자유함의 절박성에 더 깊은 관심을 가졌다.

《미란》, 윤대녕, 문학과지성사

《결혼은 미친 짓이다》, 이만교, 민음사

《첫사랑》, 이순원, 세계사

《떨림》, 마르시아스 심, 문학동네

《풍경의 내부》, 이제하, 작가정신

《손님》, 황석영, 창비

《동정 없는 세상》, 박현욱, 문학동네

《아들을 위하여》, 황석영, 이룸

《이산타령 친족타령》, 이호철, 창비

《아랑은 왜》, 김영하, 문학과지성사

《너를 만나고 싶다》, 김승희, 웅진지식하우스

chapter 6
소설, 둘

RAISON D'ETRE

내 안의 깊은 계단

삶은 티끌 같고 티끌은 상징적이다. 티끌을 긁어모아 소설을 짓고 작가는 그렇게 만든 자신의 상징을 살아간다. 그 상징은 작가에게 안락한 집이면서 또한 막막한 감옥이다. 그 누가 집을 바라지 않으며 그 누가 감옥을 기꺼워하겠는가. 삶은 티끌처럼 허망하고 티끌은 상징으로 빛난다. 가령 정지된 세월의 달팽이집 속에 숨어 영영 나오지 않을 것 같은 이인성은 언제나 '낯선 시간 속'에서 '한없이 낮은 숨결'로 '미쳐 버리고 싶어' 하며 살아가고 있고, '숲속의 방'에 유폐되었던 강석경은 '가까운 골짜기'를 지나쳐 세상의 별이 다 뜨는 '라사'로, '인도'로 구천을 헤매듯 정처 없이 떠돈다. 작가는 저주받은 천직, 안락하고 명예로웠던 집이 감옥으로 변하기 전에 다시금 새로운 상징의 처소를 찾아내야만 한다.

강석경과 이인성이 기지개를 켜듯 비슷한 시기에 작품을 냈다. 비슷한 연배, 각각 창비와 문학과지성사에서의 출간, 그러나 두 사람을 묶을 공통 항은 별로 없어 보인다. 한데도 반가움과 기대감은 동질적이다. 왜일까. 아, 이들은 모두 스스로 한발 비켜 선 존재들이었다. 총천연색 3차원 입체음향의 사이키델릭을 구가했던 지난 세월 동안 두 사람은 다만 소리 없는 소문이었다. 문청들이나 열독한다는 공부의 대상으로서 작가 이인성의 처소는 홍대 앞의 술집 '예술가'로 제한되었고, 한때 꽤나 대중적 명망을 얻었던 강석경은 돈도 명예도 사랑도 다 싫은 듯 오지 탐험의 길로 나섰다.

그래서 그것이 어쨌다는 말이냐? 하고 묻는가. 정말 몰라서 그러는가. 그럼 나는 황동규로 답변하겠다.

"다들 망거질 때 망거지지 않은 놈은 망거진 놈뿐야."(〈돌을 주제로 한 다섯 번의 흔들림〉 중에서)

강석경의 《내 안의 깊은 계단》은 1,300매 분량의 장편소설이다. 이젠 1천 매만 넘으면 길다고 감탄해야 하는 세상이다. 고고학자, 연극 연출가, 바이올리니스트, 도서관 사서인 네 명의 주인공. 나르치스와 골드문트를 연상케 하는 두 남자 캐릭터의 대립 구도에 앞서, 가부장제가 안겨준 상처와 사랑의 이율배반이라는 작품적 의미망에 앞서 인물들의 직업세계에 주목한다. 작가는 이들 전문인의 직업세계를 관찰하거나 외부에서 묘사하는 게 아니라 아예 그 전문성을 내면화한다. 성실성과 인식의 깊이가 안겨주는 힘. 일본 사소설의 잘못된 영향 탓인지 작가 자신의 신변을 마냥 맴돌며 상념과 감상의 주억거림으로 일관하는 작품들을 너무 많이 보아왔다. 고분의 부장품을 어떤 방식으로 발굴하는지, 원작의 형상화를 위해 연극 연출가가 어떤 고민을 하는지, 음악가의 일상은 어떻게 영위되는지를 생생하게 접하는 것은 소설적 체험의 범위를 넘어선다. 설령 무문토기의 연대 파악을 위해 소설 읽기가 다소 지둔해진다 할지라도 그런 느림의 미학이야말로 '내 안의 깊은 계단'에 이르는 한 방법론이 아니겠는가.

1989년《한없이 낮은 숨결》이래 10년 만에 출간된 이인성의 작품집《강어귀에 섬 하나》는 7편의 중단편을 묶었다. 작품들은 계열적으로 욕망의 성장기, 욕망의 원형, 욕망의 사회학으로 구획될 수 있다. 그러니까 작가의 관심사는 욕망의 문제다. 가령, 가공의 멋진 남편을 지어내 주변에 과시하는 대폿집 주모와 주머니칼을 품고 다니는 중학생 아들의 메마른 강줄기 같은 강퍅하고 황량한 삶의 풍경(《유리창을 떠도는 벌 한 마리》) 속에서 무엇을 읽어야 하는가. 은밀하고 누추하게 억압된 그들의 성적 욕망은 무엇을 말하는가. 그의 작품에 빈번이 등장하는 가난이나 성, 불륜의 모티브는 그 난삽한 진술 방식처럼이나 비현실적인 반향을 불러일으킨다. 그러니까 이인성의 가난은 구로동 어느 벌통집 여공의 구체적인 가난이 아니며, 이인성의 불륜 혹은 성적 욕망은 뻘건 알몸을 그대로 드러낸 어떤 사내와 여인의 실제적인 색정이 아니다. 작가는 오직 욕망을 욕망하는 것이다. 그의 작품이 비현실적인 정황을 자아내는 까닭은 작가의 시선이 세계 전체를 대면하고자 하기 때문이다. 개별성을 발라낸 세계 전체의 모습은 추악하게 일그러진 욕망의 덩어리, 거대한 추상의 검은 구름이다. 그러한 작가적 시선은 이문열의 언급처럼 한국문학에서 유일하게 "전혀 다른" 것일까, 아니면 오히려 고전적인 것일까.

작품과 더불어 작가가 함께 읽힌다. 내게 이인성은 스스로 악동을 자처하고 싶어 하는 천성적으로 순정한 소년으로 보인다. 위악은 과잉된 순수의 산물이지만 어떤 뼈아픔을 안겨주고, 저도 모르게 임금님 귀는 당나귀 귀를 발설하는 진실의 힘이 있다. 외롭게 홀로 전체를 대면하는 시선은 순수할지라도 그 세계 전체의 내부는 결코 순수할 수 없으므로.

식물들의 사생활

남양주군에 사는 작가 이승우네 집 근처에 왕릉이 하나 있다. 한밤중에 산책 삼아 종종 들르는 곳인데 울창한 소나무숲 속에 이상한 나무가 함께 있다. 마치 늘씬한 여인의 나신 같은 모습을 한 그 나무는 소나무 뿌리와 칭칭 엉켜 한 몸체를 이루듯 뻗어 있었다. 때죽나무. 독성이 있어 수액을 물에 뿌리면 물고기들이 죽어 둥둥 떠오른다는, 그 이름도 이상한 나무는 어떤 소나무 한 그루와 정사를 벌이듯 뒤엉켜 있었다. 저들의 사연은 무얼까. 저 은밀한 포옹의 뒤편에 어떤 쓰라림이 숨겨져 있는 것은 아닐까. 잘못된 혹은 좌절된 사랑. 작가의 상상이 이어진다. 모든 사랑은 선善일까.

그 즈음 작가는 어떤 실화를 전해 듣게 되었다. 불구인 아들의 성욕 처리를 위해 정기적으로 아들을 업고 사창가엘 찾아오는 어머니의 눈물겨운 사연이었다. 그 어머니와 아들에게서 때죽나무를 읽었다. 잘못된 혹은 좌절된 사랑의 엽기성과 간절함. 한국문단에서 희귀하게 관념소설의 영역을 떠받치고 있는 《생의 이면》의 작가 이승우의 장편 《식물들의 사생활》은 그렇게 출발했다.

두 개의 사랑이 대위법을 이루는 이야기다. 대위를 이루되 화성에는 이르지 못하는 불협화음의 사랑. 먼저 형제의 사랑. 모든 면에서 동생보다 우월한 형의 연인을 그 동생이 사랑한다. 동생의 가출은 형의 군대 강제징집으로 이어졌고, 군에서 사고로 하반신이 절단된 형은 음지식물처럼 집에 틀어박히는 신세가 된다. 형의 고통은 간헐적인 발작 증세로 나타난다. 발작을 완화시키는 길은 그를 업고 사창가를 찾아가는 것이다. 처음엔 어머니가, 나중엔 사실을 안 동생이. 형의 연인이었던 순미는 종적이 묘연하다.

또 하나의 사랑은 어머니의 몫. 그녀 나이 21세 때 가계를 떠맡느라 나가게 된 고급 식당에서 한 남자를 만난다. 권력자였지만 불우한 결혼생활을 하는 로맨티스트였다. 그와의 도피 행각이 이루어지는 상상의 공간 '남천'에서 형이 잉태된다. 로맨티스트는 권력을 잃고 국외로 추방되고 그때 아이를 받아준 식당 요리사와의 사랑 없는 결혼생활이 30여 년간 이어져온 것이다. 형제의 아버지, 그러니까 어머니를 헌신적으로 사랑해온 남편 또한 음지식물처럼 정원의 화초를 가꾸며 평생을 소리 없이 살아왔다.

소설의 얼개는 이 두 가지 사랑의 재회 과정으로 엮어진다. 그리고 이 모든 사건의 한가운데에 형의 연인을 사랑해온 열등한 동생이자 아버지의 친자식이자 심부름센터를 운영하는 동생 기현이 있다. 기현은 형부의 성노리개로 전락한 순미를 찾아내고 어머니의 숨겨진 사랑을 드러나게 하고 마침내 어머니 대의 한스러운 사랑과 순미의 존재를 남천이라는 공간에서 동질화시킨다. 그는 이 식물 같은 가족관계에서 유일한 동물적 존재였다.

밤의 숲속에 홀로 들어가 나무들이 수런거리는 소리를 들어보라. 신화의 공간 속에서 "모든 나무들은 좌절된 사랑의 화신"이다. 그들이 머리칼을 흔들며 외치는 소리를, 그들이 아파하며 감추고 있는 사생활을 들어주고 느껴줄 수는 없을까. 내 안의 식물들이 수천 갈래의 뿌리를 뻗어 나오며 묻는다. 모든 사랑은 선인가?

종희의 아름다운 시절

일삼아 책을 읽는 터라 서너 권씩 동시 상영하는 일은 흔하지만 두 번 읽는 경우는 드물다. 보증보험 비슷한 문학동네 신인상 수상작 이지형의 《망하거나 죽지 않고 살 수 있겠니》, 언제고 듬직한 포만감을 안겨주는 김원일의 장편《가족》, 놓치면 손해 볼 듯해서 펼쳐 든 윤정모의 장편 《슬픈 아일랜드》, 이상하게 능력만큼의 평가를 받지 못해온 김향숙이 오랜만에 내놓은《서서 잠드는 아이들》등등을 오가는 와중에 끼어든 조성기의《종희의 아름다운 시절》. 그걸 두 번 읽었다. 5백 매쯤 되는 짧은 소설이라서가 아니다. 아름다운 시절—서러운 시절—참혹한 시절로 이어지는 3부작에 흠뻑 빠졌다. 아름다워서, 서러워서, 또한 참혹해서.

주관의 곡예를 부리지 말고 알려진 그대로 이 작품 주변을 둘러보자. 어디선가 들어본 듯한 이 소설의 제목은 이광모 감독의 영화〈아름다운 시절〉에서 따온 것이다. 내력인즉 이렇다. 작가 조성기가 전세 살던 집 주인 할머니가 이북 원산 출신의 신여성으로 이름이 이종희였다. 신산고초를 겪어온 구세대가 대개 그렇듯 할머니는 구구절절 할 말이 정말 많았다. 옛날의 금송아지 떠올리듯 부잣집 딸로 태어나 원산여고 농구선수로 드날리던 유시절의 아름다운 기억들, 6·25전쟁 전후 고향땅에 부모를 남겨두고 삼팔따라지로 월남하여 부산에 정착하며 전개되는 서럽고 기박한 시절들. 할머니네 세입자가 하필 소설가여서 그 사연을 테이프 10개 분량으로 녹취를 했다. 하지만 테이프 속의 메아리는 세입자의 낡은 트렁크 속에 갇혀버렸다. 작가의 말을 빌리면 "포스트모던 어쩌구 하는 시대에 그런 낡은 얘기는 시대착오로 들릴 것 같아서"였다. 그러기를 15년.

그러던 어느 날 작가가 이광모의 영화를 봤다. 하, 터치의 문제로구나. 롱테이크 기법이라고 하던가, 아무런 기교도 부리지 말고 오브제를 있는 그대로 드러내보자. 그래서 소설은 접속어 하나 없이 현재형으로, 할머니의 진술이 그렇듯 인과관계에 매이기보다는 결과 전달을 중심으로 불쑥불쑥 진행해나갔다. 종희의 아름다운 시절과 서러운 시절은 그렇게 탄생했다.

여기에 하나 더 추가된 것이 세 번째 이야기 〈타타르인의 참혹한 시절〉이다. 사변 즈음 국내에 유일하게 거주하던 타타르인 청년이 한국 여성과 결혼해서 아이를 낳고 살고 있었다. 몽골 칭기즈칸의 후예인 사내와 그의 아이들은 눈빛이 서양인처럼 푸르렀다. 인민군에게 미제 간첩으로 붙잡혀 가 미군 포로들과 중강진까지 죽음의 행군을 하며 겪는 그야말로 참혹한 이야기. 작가는 이 대목에서 유감없이 포스트모던(?)해진다. 구토가 나올 듯 끔찍한 포로들의 행군 과정과, 괴이하고 잔혹해 보이는 동물 생태계 이야기와, 미국에 정착한 타타르인 부부가 귀국하여 아이를 연예계에 데뷔시키고자 성형외과 의사를 찾아 나누는 대화가 번갈아가며 전개되는 것이다. 이 이야기 역시 종희 할머니 경우와 같이 실제 당사자와의 인터뷰로 얻은 것이다.

장편소설 몇 종을 동시에 읽는 와중에 이 작품을 두 번이나 읽었다고 밝히는 까닭은 그만큼 강렬했다는 의미다. 아예 선사시대 원론으로 돌아가 문학작품이란 '무엇을'의 문제가 아니라 '어떻게'라는 기법과 시각에 관건이 달렸다는 점을 새삼 상기해본다면 조성기의 《종희의 아름다운 시절》은 최근 우리 소설계에서 2루 안타 이상은 족히 되어 보인다. 이산가족, 일제시대, 6·25전쟁, 인민군 포로 같은 소재가 트로트나 코미디물이 아니고도 이렇듯 싱싱한 신소재로 탈바꿈할 수 있게 만드는 작가의 역량이 놀랍다. 하지만 감탄 뒤끝이 문제다. 아프면 화가 난다. 왜들 그렇게 살아왔던가. 처참한 살육과 수난의 민족사. 화가 난 뒤끝엔 슬프다. 나는 지금 재미있다가 슬프다가 오락가락한다.

아주 오래된 농담

집에 도착하는 신간들 가운데 박완서 소설만은 따로 분류해두었다가 한가할 때 천천히 읽는다. 이유는 간단하다. 재미난 것, 맛있는 것은 맨 나중에 홀로 은밀히 즐기는 법. '국산 소설'은 시시하다 하는 사람들(의외로 그런 사람이 많다)에게 박완서표 브랜드는 확실한 보증이다. 이토록 태작이 없는 작가가 또 있을까.

첫 부분에선 한동안 우리 문학계를 휩쓸었던 불륜소설로 흐르는 줄 알았다. 사십대 중반의 성공한 내과의사 심영빈이 어릴 적 그의 가슴을 달구었던 소녀 현금과 재회하여 별 가책 없는 정사를 벌이는 출발. 하지만 이야기는 영빈의 여동생 영묘의 결혼과 그녀 남편인 재벌 2세 송경호의 암 발병으로 이어지면서 몇 겹의 의미망을 확충한다.

∽

먼저 환자 일족을 중심으로 적나라하게 보이는 졸부의 천민성과 교활함. 이는 《도시의 흉년》 이래 박완서 문학에 거듭 등장하는 이른바 '중산층의 허위의식'으로 분류될 대목일 것이다. 죽을병에 걸린 아들에게 끝끝내 사실을 숨기는 재벌 부친의 속마음이, 알고 보니 언제 남이 될지 모를 며느리에게 혹시라도 거액의 유산이라도 남겨질까봐서였다니!

∽

너무나 소설적인 삽화도 있다. 딸만 둘 둔 영빈의 아내가 영빈의 어릴 적 연적인 산부인과 의사의 불임 클리닉에서 현금을 만나 친구가 되는 이야기. 아내도 현금도 모두 영빈의 아이를 낳고자 그곳을 다닌 것이다. 당당한 이혼을 선택한 현금과 아들 못 낳은 죄에 시달리는 '배운' 아내와의 친분 속에서 작가가 표현한 "유구한 여성잔혹사"는 잔혹하게 극대화된다.

∽

《아주 오래된 농담》에 가장 열광할 독자는 의사들일 것이다. 대체의학, 신비요법이라는 미신에 휘둘리는 의료 상황, 사회적 지위만큼의 특별대우를 당연시하는 천박한 VIP 환자들의 추태, 의사보다 더 전문가 노릇 하려 드는 환자 주변인들의 횡포……. 작품의 절반 이상을 할애한 암환자 송경호의 불행을 통해 소설은 한국 의료 현실의 고발장과 같은 역할도 한다.

～

내게는 박완서에 겹쳐지는 두 얼굴이 있다. 방송작가 김수현과 탤런트 김혜자. 가치판단을 배제하고라도 일단 그 말맛, 글맛에 간장이 녹아나는 게 김수현의 연속극이요, 나긋하고 여리게 보았다가는 큰코다치는 게 탤런트 김혜자의 실체다. 박완서는 그 두 흥미롭고 대중적인 캐릭터를 포괄하면서 아울러 본격문학의 심층 지평 또한 열어놓는다.

～

각 지면의 서평자들 모두가 일흔 넘은 작가의 나이를 들어 놀라워한다. 나 역시 그중의 하나이기는 하지만, 간간이 대면한 작가의 모습을 통해서 물리적인 나이를 훨씬 뛰어넘는 게 정신의 나이라는 걸 생생히 실감하게 된다. 과장된 수사는 결코 하지 않으련다. 하지만 이번 작품의 탄력과 문제의식을 접하노라면 아, 작가 박완서는 너무했다. 아무리 양보를 해도《아주 오래된 농담》의 주인공 나이 이상으로 보아줄 수는 없으니.

난 유리로 만든 배를 타고
낯선 바다를 떠도네

왜 동시에 두 사람을 사랑하면 안 될까. 한 여자가 두 사내를, 한 남자가 두 여자 혹은 서너 여자를 사랑하는 것은 용납되지 않는 일일까.

아내와 함께 본 영화 〈글루미 선데이〉가 생각난다. 독신의 중년 레스토랑 주인 스자보와 여종업원 일로나는 서로 사랑하는 사이였다. 이들 사이에 새로 취직한 악사 안드라스가 개입된다. 우수 어린 안드라스를 일로나가 사랑하게 된 것. 질투로 소란스러워질 법한 이들의 관계는 스자보의 결심으로 정리된다. "그대를 모두 잃으니 절반이라도 소유하겠다"라는 선언. 한 여자를 사이에 두고 두 사내가 동시에 사랑하는 상황이 행복하게 전개된다. 물론 양쪽 모두와 섹스가 있지만 영상 속의 커플들은 전혀 칙칙해 보이지 않는다.

～

'불륜 전문 소설가' 전경린의 장편 《난 유리로 만든 배를 타고 낯선 바다를 떠도네》도 한 여자가 두 남자와 동시에 사랑을 나누는 이야기다. 30세의 여주인공 은령이 25세 시절을 회상하는 이야기. 은령에게 여자의 나이 25세란 '심각하게 희망을 잃는 나이'로 표현된다. 늦게 재혼한 엄마를 따라 양부의 가족에 얹혀 살아야 했던 어정쩡한 신세. 몇 차례의 직장생활에도 번번이 실패하고 결혼마저 '결손가정'이라는 명에 때문에 여의치 않게 되자 은령은 지방 소도시 방송국의 구성작가 일을 얻어 떠난다.

그곳에서 은령은 자학과 위악적인 순수 지향에 몸부림치는 젊은 시인 문유경을 만난다. 추악한 오물덩이 같은 방송국 내 인간관계에 진저리치던 은령에게 유경의 존재는 구원의 빛 같았다. 이들의 사랑은 신선하고 자연스러웠다. 하지만 또 한 명의 사내가 있었다. 바로 애인 유경이 어린 시절부터 형이라 부르며 따르던 중년의 독신 사업가 이진. 그는 노회하고 집요하고 능란한 사내였다.

관계 설정은 약간 도식적이다. 유경과의 사랑 속에서는 관념적인 방황과 내적 고통이 따르고, 이진에게서는 육체적 요소가 큰 부분을 차지한다. 특히 냉혹한 이진에게서는 생활비와 각종 선물, 종국에는 오피스텔이라는 유혹적인 물질공세가 따른다. '심각하게 희망을 잃은 시기'여서일까. 유경에게 진정한 사랑을 느끼는 한편으로 은령은 이진이 제공하는 물질적 안락에 무자각적으로 몸을 맡긴다. 두 남자를 동시에 사귀는 줄타기가 어설프고 비밀스럽게 진행된다.

결말은 꽤나 '소설적'이다. 마침내 은령의 집에서 마주친 두 사내의 격투가 있고 나서 '순수 시인' 유경은 자살을 택하고 사업가 이진은 먼 여행을 다녀온 끝에 그녀를 버린다. 동시에 사귀다 동시에 버림받은 은령의 후일담은 어떻게 될까. 30세의 은령은 '엄마'로서 살아간다. 자신이 낳은 아이가 아니라 교통사고로 사망한 엄마가 양부와 늦둥이로 낳은 아이를 홀로 키우며 살아가는 것이다.

∽

〈글루미 선데이〉의 트리플 러브는 나치 침공이라는 외적 변수가 등장하기 전까지는 행복하게 유지됐다. 그들은 자유롭고 자율적인 인간형이었다. 하지만 《난 유리로 만든 배를 타고 낯선 바다를 떠도네》의 삼각형 구도는 당사자들에 의해 파국을 맞이한다. 소설 속의 은령은 처음부터 끊임없이 갈등하고 괴로워만 한다. 도대체 그러면 연애를 왜 하는지가 의아스러울 정도로 그녀의 괴로움은 깊고 지속적이다. 실상은 존재의 방황을 특이한 사랑의 구도 속에 환치시킨 것일까. 다시 말해 애초부터 사랑 자체가 존재하지 않았던 것은 아닐까. 그렇다면 이 작품은 전혀 다른 각도로 읽어야 하는 것인데…….

∽

나는 이 작품의 내부보다는 외부에 더 관심이 간다. 즉 트리플 러브라는 이야기를 쓰게 된 작가의 흉중을 추리해보는 일이 흥미로운 것이다. 작품을 쓰면서 작가는 끊임없이 망설이고 되물었을 것이다. 은령이 이진을 진정으로 사랑하게 만들까? 아냐, 그건 불가능하지. 유경에게 사로잡혀 있는 상태에서 그건 가능하지 않지. 아냐, 가능해. 유경과는 완전 대조적인 인간형이라는 점이 오히려 은령의 감정을 자극할 수도 있는 거잖아. 짬뽕을 먹을 때 짜장면도 먹고 싶어지는 심정 있잖아. 왜 못 해. 두 사람, 아니 세 사람하고선들 사랑하지 못하란 법은 없잖아.

하지만 작가는 상식적인 선택을 하고 만 것 같다. 은령은 끝내 이진에게 마음의 문을 열지 않고 그가 제공하는 물질에 빠진 것으로만 묘사된다. 이렇게 되면 글쎄, 사랑이냐 돈이냐 하는 이수일과 심순애로 흐르는 것인데……. 작가에게 되묻고 싶어진다. A도 사랑하지만 진정으로 B도 사랑하는 그런 마음을 당신은 인정할 수 없는가. 그런 마음은 가짜라고 매도하고 싶은가. 아니 세상 사람들에게 물어본다. 우리가 옳다고 믿는 사랑의 원칙과 당위를 떠나서, 실제의 남녀문제에는 트리플 이상의 관계가 얼마든지 있는 것이 아닌가. 그럴 때 오직 '하나만의 선택'을 해야 한다는 강박관념이 과연 정당한 것인지 진지하게 숙고한 적이 있는가.

사랑의 배타적 성격을 그린 것이든, 혹은 사랑을 빌려 방황하는 이십 대 여성의 심리적 정황에 치중한 것이든 전경린의 이 작품은 많은 생각할 거리와 더불어 아쉬움도 적지 않다. 재미있게 읽히는 것은 틀림없는데 어째서 작가는 사랑의 상식을 전복해보거나 독자의 예상을 배반하는 야심을 발휘하지 못했을까. 작가가 그렇게 생각한다는데 독자가 따질 일은 아닐지 모르지만 대중소설적인 상투성은 경계했어야 하지 않을까. 평론가 김화영이 말했다. 평범한 소설은 독자에게 편안함을 안겨주지만 문제작은 독자를 불편하게 하는 법이라고.《난 유리로 만든 배를 타고 낯선 바다를 떠도네》는 우리를 편안하게 하는 작품일까 불편하게 만드는 작품일까.

사랑을 선택하는 특별한 기준

첫 권을 먼저 읽고 나홀간의 황망한 일본여행 중에 둘째 권을 서둘러 읽었다. 스토리텔링보다는 심리묘사에 치중한 작품이라 찬찬히 음미하며 오래 두고 읽어야 제격이건만 결말이 궁금해서 서두르지 않을 수 없었다. 《피리새는 피리가 없다》 이래 한 3년 동안 해외여행하랴 재충전하랴 작품 발표가 없었던 김형경의 장편 《사랑을 선택하는 특별한 기준》을 읽었다. 꼬박꼬박 챙겨 읽는 몇 안 되는 작가 중에 김형경도 명단에 있다. 그녀는 뭐랄까, 작품으로 대화가 되는 작가다. 지어낸 이야기의 글맛보다는 실제의 삶과 직접적으로 매개된 실재감이 그녀 작품의 특장이다. 어둡고 찐득찐득한 배수아의 소설이 내게는 톡 쏘는 청량음료처럼 다가오는 반면에 김형경에게서는 할머니 세대의 유장천리 옛이야기의 향수를 느낀다. 보리숭늉 같다고 할까. 간만에 소설책이나 한 권 읽을까 하는 게으른 독자에게 김형경의 작품은 썩 괜찮은 선택이다.

※

《사랑을 선택하는 특별한 기준》에는 두 명의 여주인공이 나온다. 여성주의 계열의 작품이라는데, 델마와 루이스? 그런 식의 구도를 연상해도 좋다. 소설 속에도 그 영화에 대한 언급이 나오니까. 물론 줄거리는 전혀 다르다. 인혜와 세진, 37세의 동갑내기 학교친구이고 둘 다 현재 독신이다. 중고교를 함께 다닌 단짝으로 대학시절엔 자취까지 함께 한다. 하지만 둘은 성격이며 성장환경, 모든 것이 너무도 달랐다. 인혜가 물이면 세진은 불이거나 얼음이었고, 인혜가 열린 문이라면 세진은 꼭 꼭 닫힌 마음의 감옥문을 지니고 있었다. 어느 새벽녘 인혜가 짐을 챙겨 집을 떠나고 그들은 무연한 사이가 되고 만다.

～

십수년이 흘러 인혜는 이혼한 광고기획자가 되어 있었고 세진은 독신의 건축가로 성장했다. 전문직 여성들의 모임인 '오여사'(오늘의 여성을 생각하는 사람들)에서 재회한다. 오여사 모임의 토론을 통해 갖가지 여성주의 입장이 등장한다. 모임 구성원들의 대화로 녹여져 개진되는 여성론은 화려하고 다채롭고 뻔뻔스럽고 때론 잔인하기조차 하다. 인혜와 세진의 입장은 어떤 것일까. 먼저 그들의 삶 속으로 들어가봐야 한다. 인혜는 성 불능의 남자와 결혼해 폭력에 시달리다가 이혼한 상태. 그녀는 여러 남자와의 가벼운 섹스를 즐겨온 대신 사랑의 환상을 전혀 믿지도 기대하지도 않는다. 세진은 완강한 자의식의 소유자. 자의식이 지나쳐 섹스가 불가능한 여자다. 당연히 독신이지만 행복한 삶은 아니다. 그녀는 언제나 몸이 아프다.

～

소설이 풀려가는 기본구도는 간단하다. 인혜는 출판사에서 우연히 만난 사학자 진웅과의 연애로, 세진은 정신과 전문의에게 정신분석을 받는 내용으로 전편이 흘러간다. 진웅은 아내와 별거 상태에 있는 따뜻한 마음의 소유자. 인혜와의 새출발에 기대를 걸고 헌신을 아끼지 않는 남자다. 하지만 그도 역시 전남편처럼 발기불능의 상태였다. 둘의 이야기가 펼쳐지는 장소는 언제나 식당과 모텔 안이다. 진웅이 찾아낸 여러 음식점에서 그들은 행복의 언저리를 오가지만 침실에 누우면 절망을 맛보곤 한다. 반면에 매일 새벽 정신과 진료실에서 펼쳐지는 세진의 정신분석은 팍팍하기만 하다. 어린 시절 이혼한 부모로부터 받은 상처. 세진의 방어적이고 완벽주의적인 성향은 그때 형성된 분노에서 비롯된 것이다. 성 불능의 원인도 마찬가지다. 세진에게는 거의 노예 상태로 굴종하는 애인 경호가 있다. 그녀가 경호에게 취하는 냉대는 가히 폭력적이다. 경호는 사랑의 감정 하나로 그 모든 수모를 묵묵히 인종한다.

 줄거리 소개가 좀 뒤죽박죽으로 되어가는 것 같다. 어쩔 수 없다. 소설이 실제 인생과 닮아 있다면 실제의 인생은 늘 뒤죽박죽이다. 강조하고 싶은 것은 다음과 같다. 오여사 모임에서 기염을 토하는 여러 전문직 여성들의 발언은 대단히 명쾌하고 선명하지만 어딘지 공허한 반면, 특별히 이론적 입장을 표출하지 않는 인혜와 세진의 모순투성이의 행위 속에서는 삶의 진실이 구체적으로 다가온다는 것. 인혜와 세진 모두 이른바 '권력투쟁'의 관계로 파악되는 남녀관계에서 역전된 행동을 보인다. 인혜는 모성과 우정으로 진웅과의 관계를 대치시키고, 세진은 여자이기 이전인 0~3세 유아기 때의 심리적 원체험을 복원함으로써 상처의 근원을 치유시킨다. 경호에 대한 가혹하고 냉담한 태도가 자신의 억압된 분노로부터 기인한 것이라는 걸 깨닫는 것이다. 세진은 자신의 모든 걸 털어 유럽여행을 떠나버리고 인혜는 헤어지고자 하는 자신에게 낙담해 미국으로 떠나버린 진웅에게 재회를 약속하는 걸로 이야기는 끝을 맺는다. 그리고 소설의 결말은 새로운 삶의 시작으로 다가온다.

몇 가지 중심 테마가 다가온다. 먼저 불능의 문제. 심리적 원인을 지닌 성 불능 인물이 여럿 등장한다. 인혜의 전 남편, 새 애인 진웅, 친구 세진 등이 그렇다. 불능에는 원인이 있고 그 원인은 구체적이다. 작가는 억압에서 그 원인을 찾는다. 이런 진단이 새로운 것은 아니지만 다소 색다른 점은 사회적, 제도적 원인보다 억압의 원체험, 억압의 인간학을 구현했다는 사실이다. 작가의 세계관을 엿볼 수 있는 대목이다. 또 하나는 역시 제목이 시사하는 바와 같이 사랑의 존재조건이다. 사랑의 감정은 어떻게 어디에서 시작되는가. 의외로 제목에 드러난 것처럼 명료하게 다가오지는 않는다. 주인공들의 행위를 통해 유추되는 연민, 애증, 소통에 대한 갈망, 어쩌면 그 모든 것이 사랑의 조건이다. 사랑을 선택하는 특별한 기준이란 없다는 것이 작가의 메시지인지도 모른다. 하지만 이 소설은 사랑을 선택하는 기준에 대해 생각해보게 만든다.

소설의 주인공은 독자에게 자기동일시의 대상이 된다. 흥미로운 진단을 작가에게서 들었다. 대부분의 남성 독자는 인혜에게 호감을 느끼는 반면 여성 독자들은 거의가 세진과 자신을 동일시한다는 것이다. 하긴 나 역시 인혜를 옹호하고 싶은 독자다. 그러나 작품 속에서 작가는 말한다. 인혜와 세진은 동일한 인물이라고. 이 땅에서 여성으로 살기, 그 정신분열적 조건의 양면이 그들이라고.

당당한 불륜

먼저 간단히 퀴즈 하나. 다음의 해설이 가리키는 추상명사는 무엇일까요? "가장 자주 입에 오르내리는 대화의 주제이자 가장 나중에 소비하는 대상. 인간의 으뜸가는 정열이자 인간성을 지키는 최후의 보루."

이 설명은 프랑스의 지성 자크 아탈리가 편찬한 《21세기 사전》에 나오는 한 항목이다. 디지털 혁명이 완결되는 21세기에 인간의 삶이 얼마나 근본적으로 변모하는지를 주요 항목별로 정리한 것인데, 하나하나 읽어나가다 보면 과연 우리가 그런 식의 삶의 방식을 감당할 수 있을지 입이 딱 벌어질 만큼 획기적인 내용을 담고 있다. 한데 앞에 소개한 대목은 참 고전적이다. '인간성을 지키는 최후의 보루'라니. 특이한 상상을 할 필요는 없다. 앞의 해설은 싱겁게도 '사랑'을 설명한 것이다.

굳이 미래사회를 전망하지 않아도 '가장 자주 입에 오르내리는 대화의 주제'가 사랑인 점은 1백 년 전에도 심지어 1천 년 전에도 동일했을 것이다. 사람들은 물리지도 않고 사랑에 관해 이야기를 한다. 왜? "인간의 으뜸가는 정열"이기 때문에?

사랑, 그중에서도 남녀 간의 사랑이 끊임없는 관심과 토론의 대상이 되는 까닭은 그 영원성에도 불구하고 용기에 담기는 물처럼 무정형이어서 한없이 유동하고 변해가는 속성 때문이 아닐까 싶다. 누구도 자신 있게 이것이 사랑의 실체라고 규정할 수는 없다. 그 대신 사랑의 변모를 들여다보는 간편한 방법이 있다. 신작 소설들을 찾아 읽는 것이다. 세상의 모든 소설은 사랑을 배경에 깔고 있는 법이므로.

　우리나라 여성작가들이 불륜 스토리를 지나치게 많이 다룬다고 비판하는 평론과 신문기사가 한동안 등장했었다. 작가의 소재가 어째서 비판 대상인지 이해할 수는 없지만 아닌 게 아니라 은희경의 《새의 선물》 이래 가정 가진 여자가 남몰래 애인을 두어 행복하거나 불행해하는 이야기가 봇물을 이룬 듯 쏟아져 나왔던 게 사실이다. 신경숙도 계간지에 중편(〈그가 모르는 장소〉)을 발표했길래 얼른 찾아 읽으니 그 역시 명퇴 당한 성실한 사내가 호숫가로 어머니를 모셔 가 밤낚시를 하며 아내의 불륜 사실을 고백하는 내용이다. 고백 후 사내의 자살을 암시하는 내용으로 소설은 끝맺는다.

　소설 작품이 당대의 정조를 반영하는 유력한 매체라는 점을 감안한다면, 그러니까 지금 우리나라 여성 혹은 여성작가의 주된 관심사는 혼외정사를 포함한 자유로운 사랑, 억압과 굴레로 작용하는 가정으로부터의 해방과 일탈을 의미한다고 볼 수 있다. 호떡집에 불이 났던 과거의 서갑숙 파동에서 그 '포르노그래피'의 주된 독자가 중장년층이었다는 것에서도 증거는 여실하다.

∽

　문학작품을 대하는 기본 태도는 옳고 그름을 따지는 것이 아니라 그 의미를 숙고하는 일이다. 왜 불륜이 관심사인가. 실제로 불륜의 사랑이 폭넓게 행해지고 있으므로 소설가가 그 현실을 반영한 것이다? 아마 첫 번째 해답은 될 것 같다. 한발 더 들어가보자. 기혼 남녀 간의 사랑이 사회적, 문학적 관심사로 증폭되고 있는 까닭은 가정과 배우자를 바라보는 태도에 근본적인 변화가 생겨나고 있기 때문일 것이다. 다시 말해 기존에는 자기 존재의 근거지로 만족할 수 있었던 가정을 언제부터인가 사랑의 대상으로 바라보기 시작한 것이다. 남편(혹은 아내)에게 기대어 오순도순 집 장만의 꿈을 키우며 하루하루 살아가던 사람이 어느 날 갑자기 '그(혹은 그녀)는 나에게 어떤 존재인가, 과연 나는 그를 사랑하는가?' 이렇게 되묻기 시작한다면 내면 깊숙이에서 공허의 메아리가 들려오지 않을 사람은 드물 것이다. 누구도 부부간에 애정관리를 할 만한 여유를 갖고 살아오질 못했기 때문이다. 더욱이 뻔뻔스러운 가부장 의식의 유습이 그대로 남아 있어 부부간의 사랑 운운하는 것이 사치스러운 것인 양 여기는 문화풍토조차 온존해 있는 것이다.

신경숙의 〈그가 모르는 장소〉의 아내는 남편에게 당당히 불륜을 털어놓는다. 동네 동물병원 수의사를 사랑하게 됐노라고. 그래서 더 이상 당신과는 섹스를 할 수 없다고. 부디 이혼해달라고. 이혼은 하더라도 아이는 나에게 달라고. 아내는 같이 살 것을 애달프게 호소하는 남편을 설득한다.

"나도 알아요, 여보. 당신과 함께 있으면 아무 일 없이 무난하게 살 수 있으리란 거요. 당신은 검소하고 선량해요. 하지만 난 당신에게 맞춰 살기 싫어요. 어렵겠지만 나는 내 사랑을 지킬 거예요. 당신 마음을 들여다보세요. 당신은 나와 이혼하는 게 두려운 게 아니라 이혼한 상태로 살아가야 할 날들이 두려운 거예요. 이혼한 사람이라는 사람들의 눈길도 두렵고 이혼이라는 딱지가 당신의 사회생활에 끼칠 영향도 두렵고 어머니에게 어떻게 말해야 되는지 그것도 두렵고…… 하지만 여보, 우리는 돌이킬 수 없어요. 돌이키기에는 우리는 너무 멀리 와버렸어요."

"사랑이 인간의 으뜸가는 정열"이라는 아탈리의 해설은 신경숙에게서도 그대로 적용된다. 문제는 그 다음이다. "인간성을 지키는 최후의 보루"가 21세기에는 사랑이라고 아탈리는 말했다. 그 아내의 가슴속에 담긴 최후의 보루를 사랑이라 부를까.

여류, 봄날의 신경숙에서 가을의 전경린까지

여류라는 말이 여성 비하적 표현으로 인식된 지는 오래되었다. 남자라는 보편과 일반성 앞에서 여류는 특수한 타자성을 함축한다. 1990년대를 풍미한 여성 소설가들. 그런데도 나는 어쩐지 그들을 일군의 여류소설가들로 지칭하고 싶다. 물론 지극히 우호적인 동기에서 그렇다. 가령 윤대녕, 성석제, 구효서, 이순원을 일군의 남류소설가들로 엮고자 해도 이렇다 할 매개 항을 설정하기 힘들다. 그런 점에서라면 공지영, 신경숙, 은희경, 전경린으로 대표되는 쟁쟁한 여성작가들의 세계가 다 다르기는 마찬가지다. 그들 각자는 베스트셀러를 산출하는 고유한 브랜드이다. 그런데 왜 자꾸 그들을 한 묶음의 여류로 생각하게 되는 것일까.

겨울이 끝나갈 무렵에 신경숙의 《기차는 7시에 떠나네》가 나왔고, 봄에는 은희경의 《행복한 사람은 시계를 보지 않는다》가, 여름에는 공지영의 《존재는 눈물을 흘린다》가, 그리고 가을에는 전경린의 《내 생에 꼭 하루뿐인 특별한 날》이 나왔다. 이들 전부가 베스트셀러 종합 순위에서 오래 자리를 지켰다. 언제부터인가 서점의 인기품목은 '가슴을 따뜻하게 해주는 이야기' 유와 '유명인의 성공담' 그리고 어학과 컴퓨터를 중심으로 한 실용서로 한정돼버린 듯하건만 이들 몇몇 여성작가의 인기는 아직 창창하다. 한데 인기와 평판이 점점 다른 방향으로 흘러가는 게 보인다. 비판이 가열되고 있는 것이다. 왜 그럴까? 상업주의적 운동권 후일담이어서? 감상적 퇴행의 서사여서? 혹은 진부한 멜로드라마의 요설이어서? 과연 삼십대 여성작가들이 주류를 장악하던 초기의 요란한 찬사와는 사뭇 다르게 언제부터인가 이들을 향해 쏟아지는 언론과 평단의 비판은 가혹하고 매서워지고 있다.

나까지 나서서 비평을 하겠다는 것이 아니다. 또 그동안 그만한 각광이 있었으면 이제 비판적 검토를 할 때도 되긴 했다. 다만 어쩐지 최근의 분위기 속에서 일종의 염량세태가 느껴진다는 말이다. 김정란이 각광받는 여성작가들을 향해 문언유착의 화살을 날렸을 때도 음, 맞는 말 같군, 했고 뜻밖에 고미석이 나서서 멜로의 시대라며 그들의 감상성을 질타했을 때 역시 쉽사리 동의했던 주견 없는 나였다. 그런데도 언제나 가슴 한구석을 떠나지 않는 느낌은 그래도 이들이 그중 읽을 만하고 탄탄한 작품들을 생산하는 주역들이 아닌가 하는 되물음이었다. 혹시 일부 평자나 좀 식견 있다는 독자들은 그때그때의 소문과 분위기에 편승해 가만히 있는 작가를 하늘 높이 추어올렸다가 어느 순간 저 땅바닥으로 매몰차게 내팽개치는 관성을 되풀이하고 있는 것은 아닌가. 혹은 샛별과 마이너의 가치만을 탐하느라 주류에 대해 좀 부당한 역차별을 보이고 있는 것은 아닌가. 설사 그 일군의 '여류'들에게 일정한 한계가 있다 하더라도 과연 문학적 평판이 정당이나 사회세력처럼 한쪽에 의해 다른 한쪽이 극복되는 관계여야 하는 것인지 의문스럽다.

가치의 자리 매김은 존재하는 것 속에서 출발해야 실체를 드러낸다. 아직 등장하지 않은 새로운 가능성을 갈망하여 흡사 모래성 쌓기처럼 버리고 새로 쌓기를 거듭하기보다는 이미 확보된 것을 더 크고 넓게 확장시켜 탄탄한 집을 짓는 일도 중요하다. 그 일군의 '여류' 작가들은 시종일관 길찾기에 허둥댔던 1990년대 우리 문학에서 흩어지려는 독자들을 모으고 지켜온 존재들이다. 그들로 인해 한국의 소설문학은 풍성했다. 봄날의 신경숙에서 가을의 전경린에 이르기까지 그 여류들의 수확에 관심과 사랑이 있어 사람들은 철철이 국산 소설을 사서 읽었다. 남류들은 어디서 뭐 하고 있나?

들어라, 58년 개띠들아

신간이 나오면 무조건 찾아 읽게 되는 작가들이 있다. 가령 은희경, 배수아, 김영하의 작품들. 이유야 간단하다. 일단 재미있으니까. 총기와 세련이 적재된 에너지가 펄펄 끓어 두어 시간을 정신없이 보내게 된다. 통상적인 재미와는 약간 거리가 있을지 모르지만 역시 꼭 찾아 읽게 되는 작가들로 윤대녕, 하일지가 추가된다. 서로 정반대의 내면성을 보여주는 듯하지만(촉촉과 삭막?) 이들의 작품에서는 존재의 심연이 느껴진다.

∽

공식적인 자리에서 한두 번 만난 인연밖에 없지만 어쩐지 '희경아'라고 부르고 싶은 작가 은희경이 펴낸 《마이너리그》. 동아일보에 연재될 때 띄엄띄엄 읽었는데 크게 개작해 장편으로 내놨다. 이전 작 《그것은 꿈이었을까》의 변신이 별로 주목을 끌지 못한 데 대한 반작용인지 《마이너리그》는 《새의 선물》 시절의 통통 튀는 요설과 반어를 더욱 밀고 나간 작품이다. 일요일 하루 종일 로버트 솔로몬, 캐슬린 하긴스의 《한 권으로 읽는 니체》를 간신히 읽었는데 《마이너리그》는 저녁 먹고 단 두 시간 만에 독파했다. 잘 읽히는 것은 작품의 미덕이고 작가의 능력이다.

∽

《마이너리그》는 58년 개띠 네 친구들의 25년간에 걸친 성장소설이다. 이 글을 쓰는 내가 바로 58년 개띠이니 그 시간의 흐름을 체험적으로 추적해나가는 게 가능하다. 1974년 고등학교에 입학하여 77학번 또는 재수하여 78학번이 되고, 10·26사태와 5·18광주민중항쟁을 거쳐 사회인이 된 후 1987년 6·10민주항쟁을 체험하고 1990년대 들어 이른바 중견 사회인이 되는 인간집단들이다. 6·25전쟁이 끝나고 일어난 베이비붐 세대의 전형인데, 무슨 까닭에서인지 '환상의 58년 개띠'라고 하여 좀 유별난 시선을 받아오기도 했다(57년 닭띠 내지 59년 돼지띠라고 별칭하는 사회적 이디엄은 없다).

작가에게 58년 개띠들의 연대기는 어떻게 포착되었을까? 먼저 네 명의 주인공들을 보자. 작중화자 격인 나 김형준은 '책가방 속에 항상 남들이 모르는 고상한 책들을 넣고 다니며 책벌레라는 별명을 얻는 데 성공한 자칭 수재'로서 목욕탕집 아들이다. 연애편지를 중심으로 남의 글을 대필하는 게 그의 평생 과업. 다음은 이름이 조국으로, 유난히 큰 머리통과 유난히 땅딸한 다리를 지녔으며 "보이스 비 앰비셔스!"를 시도 때도 없이 우렁차게 외친다. 늘 세계로 뻗어나가는 미래를 꿈꾸는 단순 무식형. 또 한 친구는 하얀 얼굴의 배승주. "그의 눈을 보면 여름 한낮 세숫대야에 담긴 물그림자가 처마 밑에 반사되어 아른아른거리는 장면이 떠오르는" 매혹의 사나이. 하지만 머리가 텅 비고 유아적이며 할 줄 아는 거라고는 여자 꼬드기는 재주뿐이다. 끝으로 장두환. 두환이라는 의도적인 이름에서 연상되듯이 가방에 아령 한 벌을 넣어 다니며 "학교에 와서 하는 일이라고는 바지 뒷주머니에 손을 찌르고 복도에 내놓은 다리 한짝을 맹렬히 떠는 것밖에 없는" 얼치기 깡패. 이들의 한가운데에 환상의 베아트리체 격인 인근 여학교의 양소희가 있다.

인물 소개에서 얼추 전개될 이야기의 분위기가 떠오를 것이다. '만수산 드렁칡'이라는 별칭으로 엮인 이들 4인방은 사고뭉치요 아웃사이더요 갈데없는 2류 인생들이다. 이들의 좌충우돌 속에 엉터리 펜팔 전시회, 교련 실기대회, 올드 팝송, 이소룡, 임예진이 섞이고, 유신 '긴급조치', 월남 패망, 재일교포 간첩단 사건, 박정희 사망, 5·18광주민중항쟁,

휴거, 넥타이 부대들의 6·10민주항쟁 같은 역사가 흘러간다. 역사와 시대는 메이저리거들의 몫이라고 여겨서일까. 이들 만수산 드렁칡 4인방들은 가령 대통령이 총 맞아 죽어도 교외선 타고 야유회 가서 기타 치고 노래할 뿐이다. 아무리 커다란 사회 상황에 직면해도 "쟤들 왜 저래?" 하는 게 만수산식 대응. 당연히 이들이 다니는 대학도 직장도 또는 각각의 사랑과 결혼도 한심무쌍의 변두리 인생길일 따름이다.

온통 조롱과 야유로 범벅이 된 스토리를 따라가며 어정쩡한 기분이 들었다. 따라 웃자니 우리 세대에 대한 모독 같고, 불쌍해하며 거리를 두자니 나 또한 만수산 멤버에서 그리 멀다고 자신할 수가 없다. 작가가 노린 전략이자 틈새가 바로 그것이 아닐까. 거대담론에 익숙하고 시대의 대세를 눈치껏 추종해온 세대. 흡사 시대의 불행을 자신의 전존재로 받아들인 듯이 떠벌리지만 사실은 제 한 몸의 영달에 모든 것을 걸었던 개띠들. 평화 시에 팔자 좋게 축제판 같은 운동을 한 거라고 후배 세대를 마냥 경멸하는 개띠들. 작가는 한심한 네 명의 인물을 들이대며 자, 이것이 당신들의 숨은 그림자 아닙니까? 하고 묻는 것 같다.

이 소설의 가장 우둔한 독법은 적어도 자신의 삶은 만수산들과는 다르게 진지하고 치열했노라고 자위하는 일이다. '이보다 더 한심할 수 없는' 인물들에게서 위안 받는다면 작가의 교묘한 조롱에 말려 들어가는 것일 테니까. 다음으로 우둔한 독법은 개띠들의 초상을 잘못 그렸다고 작가에게 항변하는 일이다. 의외로 신문서평에 그런 지적이 많이 보인다. 한데 작가가 언제 58년 개띠의 대표선수를 선발하겠다고 했나. 또 하나의 우둔한 독법은 소설의 배경에 흐르는 역사적 정황들에 지나치게 주목하는 일이다. 그것은 단지 세태소설의 환경을 이루는 익숙한 장치일 따름으로 풍자의 본래 목적에서 주요한 변수라고 볼 수 없다(채만식의 〈탁류〉에서 일제하의 수탈상만 지겹게 따지고 드는 논문을 많이 봤다).

그럼 어떻게 읽는다? 글쎄, 어디 정답이 있을까마는 흘러간 코미디 '추억의 책가방'을 보듯이 막 킬킬대며 즐겁게 읽는 게 어떨까. 그러다 보면 어쩔 수 없이 약간 찜찜해지는데 그건 나중에 곰곰 생각해보고.

행복 없이 사는 연습

행복한 사람은 불행하지 않은 사람이다. 이 등식이 맞을까? 특별한 불우와 불운을 만나지만 않으면 사람은 행복해지는 것인지 되물어보아야 할 삶의 정황이 있다. 아무런 일도 일어나지 않는 삶 혹은 모든 일로부터 비켜 다니기만 하는 삶. 심심하거나 나른한 오후의 삶이 아니라 쓰라리도록 황막한 심야의 삶.

그런 삶이 멀지 않은 곳에, 정확히는 여자들 가운데 흔히 있다. 오래전 가수 이연실은 그런 여자를 두고 "괴롭힐 사람 없는 조용한 여자"라고 자조의 노래를 불렀다. 그 조용한 여자에게도 세월은 흐를 것이다. 팍팍하게 나이 든 독신이거나 생활에 지친 서민아파트의 전업주부. 거기서 풍기는 반찬냄새, 조악한 벽 장식물, 빽빽하게 채워진 적금통장, 늘 똑같은 텔레비전 연속극…….

유독 그런 여자의 삶을 집요하게 후비고 파 들어가는 작가가 배수아와 하성란이다. 이들의 작품집에 실린 각 10편의 이야기 대부분이 바로 그 조용한 여자 혹은 누추한 아줌마의 인생 보고서이다.

배수아의 작품집 《그 사람의 첫사랑》에 첫 작품으로 〈병든 애인〉이 실려 있다. 나날이 커져만 가는 흑색종을 앓는 사내는 주인공 나의 연인이다. 그들은 끝을 향해 치닫는 냉랭한 사이. 그저 오랜만에 한 번씩 건성으로 만나 몸을 섞고는 한다. 사내의 흑색종은 그녀 집에서 키우는 아프리카 우간다산 선인장의 가시로부터 옮은 것. 선인장은 그녀의 사촌 무열에게서 억지로 떠맡은 것이다. 줄거리의 대부분은 이혼한 무열이 염치없이 떠맡기곤 하는 그의 아들 군을 돌보는 무료한 이야기다. 사촌 무열은 "모든 것에 뛰어들고 모든 사람들과 술을 마시고 모든 사소한 것들에 동정심을 가지고 모든 낯선 것에 감동"하는, 하지만 자신의 아내와 아이에게만은 턱없이 무관심한 얼치기 같은 사내였다. 그 무열이 그녀에게 불길함의 숙주인 선인장을 떠넘기고, 그녀의 연인은 선인장 가시에 찔려 건포도를 너무 많이 넣은 파이 모양을 한 종양으로 비틀거린다.

그러니까 그녀 주변에는 세 명의 남자가 있는 셈이다. "핏발로 가득 차서 증오에 찬 게릴라"처럼 보이는 연인, 전처에게 양육비 주는 게 아까워서 아들을 떠맡은 이기적인 무열 그리고 제 엄마를 "미숙이 년"이라고 부르는 지진아 아들 군. 그런 그녀의 소망은 동물원에서 일하는 것이다. 별 볼일 없는 막막한 세월을 잡아먹으며 살아가는 그녀. 작품은 그녀의 독백으로 끝맺는다. "내 몸의 모든 구멍에서 썩은 수채 냄새가 나는 물이 고이고 있었다. 모든 막연한 희망에서 조롱당하는 고통. 거울 속에서 나는 집을 나와 행려병자가 되어 죽는 날까지 떠돈다."

배수아의 무료한 여주인공에 비해 하성란의 작품 《옆집 여자》의 전업주부 영미는 일상의 폭력적인 지배를 받는다. 고무줄로 허리를 꿰는 추리닝을 입고 은행원 남편의 뒷바라지와 시동생의 빚 갚기에 온 생을 바치는 그녀의 아파트 옆집 507호에 멋지고 세련된 독신 여성이 이사를 온다. 일일 학습지 교사인 옆집 여자 명희는 모든 면에서 세련되고 활달하고 붙임성이 좋다. 옆집 여자 명희는 처음엔 그녀와 스스럼없이 가까워지고 점차 그녀의 아이를 제 편으로 만들고 마침내 남편까지 그녀 집을 무시로 드나들게 만들며 한식구처럼 지내게 된다. 자신을 뺀 나머지 사람들로 단란한 한식구처럼 보이는 저들 앞에서 내 존재는 무엇인가. 주인공 영미의 망실감은 격심한 건망증 증세로 드러난다. 그 건망증이 별별 일을 다 만들어낸다. 하지만 남편의 서류 가방에 드라이버를 넣어두는 정도는 그리 대단한 일도 아니지 않는가. 내부로부터 서서히 망가

져가는 영미의 삶은 어디서부터 기인한 것인가. 실제로 옆집 여자 명희가 어떤 계략을 꾸미고 있는지 드러난 증거는 전혀 없다. 반찬냄새 풍기며 세탁기하고나 대화하는 자신과 깔끔하고 우아한 옆집 여자와의 비교. 그 열등감. 그렇게라도 살아야 유지되는 가정사를 이해 못 하는 남편. 영미에게 실제로는 별다른 일도 벌어지지 않건만 그녀의 삶은 자기 내부로부터 잘근잘근 부서져만 간다.

다시 처음으로 돌아가 되물어야 한다. 행복한 사람은 불행하지 않은 사람인가. 혹은 불행한 사람은 행복하지 않은 사람인가. 두 작가의 주인공들은 통상적으로 말하는 행복과 불행의 한 끝에 서 있는 것이 아니라 그것의 점이지대에서 어정쩡한 결락감을 느끼고 있는 것이다. 누가 특별히 그녀들에게 행불행을 만들어주는 게 아니다. 오히려 《옆집 여자》의 영미에게는 단란한 가정이 있고, 〈병든 애인〉의 나에게는 당당한 자존과 다소의 경제력도 있다. 하지만 그녀들은 '막연한 희망에서 조롱당하는 고통'을 느끼는 것이다.

삶에 정형이란 없다. 행복과 불행에도 역시 정형이란 없다. 하지만 삶의 고통은 구체적이다. 막연한 행복감에 조롱당할 것인가. 아니면 차라리 불행감의 습지에 온몸을 누일 것인가. 두 여주인공들은 그 사이에서 서성인다. 아, 이 땅의 수많은 여성들.

《내 안의 깊은 계단》, 강석경, 창비

《식물들의 사생활》, 이승우, 문학동네

《종희의 아름다운 시절》, 조성기, 민음사

《아주 오래된 농담》, 박완서, 실천문학사

《난 유리로 만든 배를 타고 낯선 바다를 떠도네》, 전경린, 생각의나무

《사랑을 선택하는 특별한 기준》, 김형경, 푸른숲

《그가 모르는 장소》, 신경숙, 이수

《마이너리그》, 은희경, 창비

《그 사람의 첫사랑》, 배수아, 생각의나무

《옆집 여자》, 하성란, 창비

chapter 7
유행의 속내

RAISON D'ETRE

책하고 놀자

도저히 공개할 수 없는 마음의 헛간, 영혼의 비밀을 많이 소유하는 게 삶답게 사는 거라고, 지루하고 지리한 대지의 속박을 벗어나 창공을 비상하는 삶이라고 꿈꾸었던 게 어느 선사시대였더라. 아서라, 이제부터 나는 온 세상에 내놓고 일기를 쓰련다. '나'라는 누더기의 일상, '나'라는 상처의 변명, 또한 '나'라는 욕망의 근원을 찾아서. 궁금하고 궁금타! '나'라는 거기에 누가 살고 있을까?

여러 해째 참 우아하게 밥 먹고 살고 있다. 뭐 실제로 먹는 거야 라면, 김밥, 자장면이 주종이지만 그 돈은 책 읽고 음악 듣는 데서 조달된다. 날마다 〈책하고 놀자〉라는 라디오 프로그램을 진행하고, 일주일에 몇 건씩 신문, 잡지 등에 서평을 쓴다. 그렇게 해서 생긴 수입의 대부분은 충무로의 엘피 가게에서 판과 바꾸어 와 듣고 가끔씩 음악 칼럼을 쓴다.

∽

산동네에서 야학을 하던 대학시절, 몹시 부끄러워하며 품었던 한 가지 결심. 음악이라는 취미는 너무나 호사스러운 것. 음악을 포기하지 못하는 대신에 다른 모든 것은 최저극빈의 상태로 살리라. 아무거나 먹고, 아무 데서나 자고, 아무거나 입고 살리라. 그 아무거나의 세월이 꽤 오래 지속된 끝에 책 읽고 음악 듣는 일로 먹고사는 게 가능해진 것이다.

∽

그리고 그 아무거나에 덧붙여진 최근 몇 년간의 결심. 신문, TV, 저녁 약속을 뱀 보듯이 멀리하리라. 그 이유야 새삼 말할 필요가 없을 테지. 여하튼 새로운 결심도 아슬아슬하게나마 지켜오는 셈. 자기 생각을 갖고 살고 싶다는 본래의 이유 말고 또 다른 사정을 말하자면 그렇게라도 하지 않으면 도저히 유지될 수 없는 게 지금의 일이기 때문이다. 책도 음악도 모두 시간을 잡아먹고 사는 공생충이니까.

∽

최근에 새로 두 명의 여자와 사귀었다. 고명인과 이경숙. 한 명은 산부인과 의사이고 또 한 명은 통신을 즐기는 그냥 아줌씨란다. 알 만한 사람은 이미 알겠지. 고명인의 《나도 세상에 태어난 값을 하고 싶다》를 한달음에 읽고 홀딱 반해 방송에서 곧장 인터뷰를 했다(말솜씨는 책보다 별로던데……). 하여간 고명인은 이력으로 말하는 게 좋겠다.

∽

　대학 나와 종합상사에 취직도 해보고 MBC 아나운서 노릇씩이나 해 봤건만 여자한테 주어지는 일을 견딜 수 없더란다. 직장의 꽃, 여자가 뭘 알아 등등. 주변과 싸우다 못해 에라 모르겠다, 결혼하고 집에 들어앉아 보니 이번엔 허무한 빈 둥지의 끝없는 일상. 내가 이러려고, 밥순이 하려고 태어났던가. '세상에 태어난 값'을 한번 하고 싶어서 그녀는 장장 28세의 나이에 입시학원에 등록을 하고 악바리로 공부하여 의대에 진학하고 인턴, 레지던트라는 극기훈련 과정을 거쳐 어엿한 전문의가 된다.

∽

　성공이라면 성공이겠지만 이 책은 통상적인 성공담과는 거리가 있어 보인다. 글의 대부분이 그녀가 무얼 아파했는지, 어떻게 무너지지 않고 견딜 수 있었는지 그 마음의 속살이 유려한 문장 속에 알알이 박혀 있는 것이다. 이런 여자는 좀 사모해도 되는 것이다. 읽다가 킥킥댄 구절 하나. 시흥 근처 6평 단칸 월셋집에서 신혼생활을 하던 무렵 너무도 무례하고 난폭한 이웃 사람에 대한 기억을 이렇게 적었다. "세상에는 참으로 다양한 생물체들이 같은 모습을 하고 살고 있다는 사실을 새삼 깨달았다." 그러니까 고집女 고명인은 성취한 지금까지도 좋은 게 좋은 거라는 전통의 지혜(?)를 깨닫지 못하고 있는 것이다.

∽

　도올 김용옥에 대해서는 늘 헷갈린다. 학문의 대중화인지 그야말로 웃기는 짬뽕 엔터테이너인지. 한데 틈틈이 나온 김용옥 비판서를 읽어보면 이게 영 심상치 않다. 변상섭의 《김용옥 선생, 그건 아니올시다》라던가, 홍승균의 《김용옥이란 무엇인가》를 읽을 기회가 있었는데 이들 저자가 목메어 외치는 것은 하버드 대학 박사라는 화려한 이력에 가려진 근본적인 무식이 문제라는 것이다.

주부라고만 약력을 밝힌 이경숙의 《노자를 웃긴 남자》 역시 같은 맥락에 있다. 베스트셀러를 기록한 김용옥의 《노자와 21세기》라는 책에 씌어진 노자 도덕경의 번역 전부가, 5천 자 전부의 번역이 그야말로 '강아지 풀 뜯어먹는 소리' 같은 엉터리 해석이라는 것이다. 설마 그럴 리가! 하는 생각이 든다면 한 줄 한 줄 대조해나간 이경숙을 한번 읽을 필요가 있다. 이경숙에게 설득되지 않을 도리가 있는지. '함 봐바바'식으로 씌어진 통신문체 속에 하나하나 까발려지는 자칭 우주보(옛날 양주동이 자신을 국보라고 칭한 것에 빗대어 김용옥은 스스로를 이렇게 칭한다)의 모습은 글쎄, 잔인하다고 해야 할지 비정하다고 해야 할지…… 남 망가지는 것에 재미를 느낀다면 그것도 삿된 일이로되 진정코 '노자를 웃긴' 사태라면 그냥 지나칠 수는 없다. 어쨌든 나는 설득되고 말았다. 이경숙에게 한 표.

미셸 베로프라는 프랑스의 피아니스트가 있다. 최근 들어 올리비에 메시앙의 작품에 관심을 가지다가 베로프의 연주로 듣고 억, 했는데 점입가경이다. 베로프로 드뷔시 전주곡집을 들으면 이건 생판 딴 연주가 된다. 프로코피에프의 피아노 협주곡들 또한 그렇다. 어제 일요일에는 아예 작심을 하고 프로코피에프의 피아노 협주곡 3번을 아쉬케나지와 베로프의 연주로 각각 비교 시청을 해봤는데, 아쉬케나지의 프레이징이 아름답고 깊은, 그래서 마치 라흐마니노프의 곡을 듣는 듯한 평온함과 감상성을 안겨준다면 베로프의 것은 정신을 쏙 빼놓는 현대음악이 된다. 1950년생으로 아직은 활동기에 있을 텐데 아마 못 구한 음반이 많이 있을 것이다.

젊은 피아니스트로 베로프식의 재기와는 정반대 편에 있음 직한 헝가리 출신의 안드라스 쉬프를 좋아해왔다. 쉬프는 어떠한 곡이라도 따뜻하게 만든다(피아노를 타악기로 여겼다는 벨라 바르톡의 피아노곡도 쉬프에 와서는 격조와 우미함을 띤다). 쉬프와 베로프 사이를 오가는 것. 혹은 동시에 둘을 좋아하는 것. 아, 여자에 대한 내 취향과 비슷하구나. 그 양면을 동시에 갖고 있는 여자. 언젠가 그런 사람과 사귄 적이 있었지…….

내일부터 설 연휴란다. 나는 지금 설맞이 감기몸살 상태. 이만큼 적어 내려가는 데도 코가 꽤 맵다. 반성해야지. 방송하는 사람은 아플 자격도 없으니까. 오늘 생방송은 얼마 전 세상 떠난 정채봉 특집이라는데 사실 그의 작품을 별로 읽은 게 없다. 무척들 그의 죽음을 애석해하는데 그는 작품에 앞서 됨됨이로 많은 사람을 감화시킨 것 같다. 서둘러 《오세암》을 읽고 나가야지.

TV, 책을 말하다

KBS의 독서토론 프로그램 〈TV, 책을 말하다〉에서 은희경의 베스트셀러 《마이너리그》를 비평하는 자리에 출연했다. 58년 개띠들의 성장소설인지라 출연자도 모두 개띠 동갑내기들을 불러 모은 모양인데, 지금은 서울대로 자리를 옮긴 한림대 사회학과 교수 전상인, 탤런트 조형기, 그리고 작가 은희경과 나였다.

녹화 날 피디를 비롯해 스텝들과 사전 대화를 하는데 다들 걱정이 대단했다. 홍보가 크게 됐던 첫 회 이후로 시청률이 꽤 떨어졌다는 것이다. 제작진의 야심으로는 프랑스 2TV의 그 유명한 독서 프로그램 〈부이용 드 퀼튀르Bouillon de Culture〉에 버금가는 작품을 만들고 싶건만 뜻대로 몸이 따라주지 않는다는 것이다. 그럴 수밖에! 드라마나 쇼 프로그램처럼 몇십 년의 노하우가 쌓여 있는 포맷이라면 일단 거저먹고 들어가는 바탕이 있을 텐데 이건 맨땅에 헤딩하기 아닌가.

그전에 같은 KBS에서 심야에 하던 〈TV 책방〉이란 프로그램에 고정 패널로 1년 반 가까이 출연한 적이 있는데, 그때는 책 프로그램이 아예 관심의 사각지대여서 오히려 편했다. 하지만 지금은 누구나 문화를 말하고 TV의 공익성을 강조하는 때다. 저녁 10시라는 프라임 시간대에 인기 연속극들과 책을 갖고 붙어보겠다니 얼마나 어려운 일인가.

그날 보니 내게는 악역이 요청되는 듯했다. 전상인 교수는 사회학자로서 세대론 분석이 주 역할일 테고, 조형기 씨는 연예인이니 일반 독자의 반응을 대변하는 말을 할 것이다. 그러니 작품의 비판적 검증은 천상 내가 맡아야만 할 일이었다. 개인적으로 은희경을 사모(?)하는 데다 《마이너리그》를 무척 즐겁게 읽었던 터라 난감한 기분마저 들었다.

나는 일단 1990년대를 풍미한 인기 여성작가들의 작품이 갖는 공통적 한계들, 문학권력 논쟁에서 촉발된 작가의 중산층화, 그리고 《마이너리그》가 갖는 '통속성의 상품화'를 문제 삼기로 전략을 짰다. 사실 은희경 소설에는 비판정신의 사물화私物化라는 독소가 있다. 그녀의 작품이 갖는 대중성에는 현실 안주를 정당화하는 소시민 의식이 깊게 자리하고 있으며, 그 무기가 이른바 은희경식 '냉소'다.

어쨌든 프로그램이 방송되는 걸 집에서 보았다. 중요하다고 생각했던 말들이 편집 과정에서 꽤 삭제돼서 아쉽기는 했지만, 지난 세 차례에 비해서는 무척 나아진 게 아닌가 싶었다. 일단 진행에 속도감이 붙었고 쟁점도 한군데로 치우치지 않게 두루 안배가 잘 되어 보였다. 보조 진행자 이윤석도 흐름에 활력을 불어넣는 역할을 잘 해냈다. 제작 경험이 더 쌓이면서, 적절한 책 선정에다 논의의 집중도만 높여나간다면 독서토론 같이 쉽지 않은 문화 프로그램 하나가 정착될 수 있지 않을까 하는 희망도 생겨났다. 더불어 이 시간을 통해 작가의 중산층화에 대한 대중적 관심이 촉발되지는 않을까 은근히 기대감을 갖기도 했다.

그러나…… 착각이었던 모양이다. 방송의 첫 반응을 프로그램 인터넷 사이트의 게시판에서 찾는다면, 황량하고 썰렁했다. 첫 회 방송 때 그 열화와 같은 비판, 반비판의 시청자 의견들은 회를 거듭할수록 줄어들더니 오늘은 그야말로 썰물 뒤끝에 조가비 뒹구는 식으로 몇몇 의견이 올라오다 끝나버린 거였다. 왜일까? 무엇이 문제였을까? 이거 이러다가 한국에서 책 프로그램, 교양 프로그램은 안 돼! 하는 통념이 굳어져버리는 것은 아닐까.

나야 그저 한 회 출연자로 참여한 입장이니까 그 프로그램에 대해 책임 있는 발언을 할 수는 없다. 하지만 그동안 방송활동을 해오면서 느낀 것은 만드는 사람들의 능력 못지않게 보고 듣는 방송 소비자들에게도 큰 문제가 있다는 사실이다. 흔히 교양 프로그램은 4퍼센트가 마의 사각지대라고 한다. 쉽게 말해 여간해서는 청취율 4퍼센트대를 넘어서지 못한다는 것이다. 별짓을 다 해봤자 보고 듣지 않는 데야 어찌해볼 도리가 없다.

재미있게 만들면 되지 않느냐고들 하지만 문제는 그 '재미'의 요구에 있다. 쇼처럼 재미있고 대학 강의실처럼 내용 있는 프로그램이 어떻게 성립될 수 있을 것인가. 그런 프로그램이 우리나라에 딱 하나 있는데 그것이 바로 도올 김용옥의 〈논어 강의〉이다. 이른바 동양학의 대중화라나. 하지만 나는 그 프로그램은 결코 교양 프로그램이 아니라 오락 프로그램이라고 단언해 말하고 싶다. 공자와 논어는 단지 동원된 도구였을 뿐 인기 엔터테이너의 재주 자랑을 보는 것에 지나지 않는 게 바로 도올 시간이 아닌가 한다.

재미를 기대하지 말고 내용에 동참하고 싶어 하는 지적인 시청자가 많아져야 방송의 공익성도 증대될 수 있다. 이런 발언은 아무도 공개적으로 하지 않는 말이다. 대중의 몰매를 맞을 수 있으니까. 하지만 방송 현장에 있는 사람으로서 언제나 하고 싶었던 말이 이것이다. 시청자도 각성하라!라고.

오늘 프로그램 게시판에 올라온 많지 않은 글 중에 '김갑수 씨의 평론가로서의 자질에 대한 의문'이라는 제목이 있어 깜짝 놀라 읽어보았다. 법학을 전공했다는 사람으로, 지난해 어떤 TV 토론 프로그램에 내가 나와 "표현의 자유는 무제한적으로 확대되어야 한다"는 요지의 말을 했다는 것인데, 나에 대한 적개심에 가득 찬 비난의 글이었다. 그의 주장인즉, 표현의 자유는 법으로 엄격히 제한되어야 한다는 것으로, 나와 같은 주장을 펼치는 문화 언저리의 사람들은 기본이 되어 있지 않은 한심한 자들이라는 요지의 말이었다.

환영한다. 그런 비판들. 그런 속에서 생각이 키워져나가는 것이다. 그러니까 그럴수록 더욱 문화 프로그램을 보고 들어야 한다니까!

울적한 밤의 쇼펜하우어

좀 울적하네. 구체적인 원인이 있는 울증이라면 좋으련만 그냥 그저 막막한 밤이네. 이 미끄럽게 파고드는 교교함. 근데 거실 어항의 산소 공급기 소리는 왜 이리 시끄럽담. 일산에 전화하니 또 밤을 새울 건지 윤광준 혼자 앉아 끙끙대며 원고를 쓰고 있군. 모두가 삶이 막막한 친구들.

일산 백석마을 어느 지물포 건물 지하에 소설가 윤대녕, 시인 원재훈, 사진작가 윤광준 이 세 친구가 칸을 갈라 웅크리고 앉아들 있지. 프리랜서의 작업실. 허울 좋은 자유직업인의 삶이란 게 얼마나 막연한 것인지. 남들에게는 이 고단함이 라보엠의 낭만으로 비칠까. 끝도 한도 없이 새로운 것을 생각해내야 하는, 휴식 없는 일용잡부.

그래, 잡담 말고 직업에 충실하게 '맛 좋은' 책 한 권 소개하시라…… 하면, 문학동네에서 나온 페터 한트케의 장편소설 《어두운 밤 나는 적막한 집을 나섰다》부터 말해야겠다. 상상의 도시 산타페를 찾아가는 중년 약사의 환상의 편력담. 국내 소설이라면 김연수의 《꾿빠이 이상》(어, 이것도 문학동네에서 나왔군)이 좋을 듯. 둘 다 정신없이 빠져 읽었으니까.

～

그러나 이 한밤의 대책 없고 근거 없는 울증을 어찌할까. 아무래도 그 책을 말해야 할까보다. 쇼펜하우어의 신간이 나온 것이다. 2백 년 전 인물의 신간이라니? 내력을 보자면, 염세주의의 대가 쇼 선생께서 생전에 전혀 엉뚱하게도 '행복'을 추구하는 삶의 원칙 50가지를 체계적으로 정리하고자 계획했던 모양이다. 결국은 미완성으로 끝나고 말았는데 프랑크 볼피라는 극성스러운 학자가 쇼 선생의 육필원고를 이 잡듯이 뒤져 50가지를 추려내어 재구성한 것이다. 1997년에 초판이 나와 푸른숲에서 《행복의 철학》이라는 번역본을 냈다.

～

쇼펜하우어. 끔찍하게 못생겼고, 극렬한 여성 혐오자였으며, 철학자로서 살아생전에 누구에게도 인정받지 못하여 70세 너머까지 하숙방을 전전하며 독신으로 살다 간 불행하고 외진 인생. 하지만 그는 이른바 '의지의 실존철학자'로서 데칸쇼(데카르트, 칸트, 쇼펜하우어)의 한 축을 이루는 중요 인물로 후대에 기록된다. 비관하며 일생을 살았던 인물의 행복론은 무엇일까.

책의 메시지는 의외로 간명하다. 인생이란 어차피 불행하고 괴로운 것. 아예 행복해지려는 생각을 버리면 그나마 덜 불행하다는 것이다.

"몹시 불행해지지 않기 위한 가장 확실한 방법은 대단히 행복해지기를 갈망하지 않는 것이다. … 그렇게 해야 하는 이유는 행복을 향한 노력이 크나큰 불행을 불러오기 때문이다. 몹시 불행해지기는 너무도 쉬운 반면, 대단히 행복해지기는 단지 대체로 어렵다고 말할 정도가 아니라 전혀 불가능하다." ('삶의 원칙 36'의 초반부)

"개개인이 겪는 고통의 양은 각자의 본성에 의해 정해진다. … 고통은 삶의 본질적 부분이다. 고통은 우리의 외부로부터 흘러드는 것이 아니다. 누구나 고갈되지 않는 고통의 원천을 자신의 내면에 간직하고 살아가는 것이다." ('삶의 원칙 5'의 중반부)

고통, 비관, 절망의 축제. 쇼펜하우어는 적어도 그런 말을 할 자격이 있다. 스스로 그렇게 살았으니까. 속없이 행복해하는 사람에 대해서도 한마디 한 게 있다. "어리석음은 삶의 '한 모서리'만을 포착하는데, 그 모서리에는 즐거움만 가득할 수도 있다." ('삶의 원칙 37'의 결말부).

TV 토크쇼라는 데서 하염없이 킬킬거리며 웃고 박수 치는 연예인들 모습이 떠오르는 그 모서리의 가짜 즐거움.

아예 행복해질 생각을 포기하면 인생이 좀 나아진다는 쇼 선생의 말을 어떻게 받아들여야 할까. 어쩌면 그것은 행복을 추구하는 노력보다 더 어려운 주문일지 모르겠다. 그렇지 않은가. 행복의 포기란 곧 욕망의 포기와 같은 말이다. 그래서 행복 또는 욕망의 대체물로 쇼 선생이 제시하는 것은 '지성'이다.

"중요한 것은 의지에 비해 지성이 우세해야 한다는 것이다. 의지는 지속적으로 심한 고통을 불러오는 데 비해 … 지성은 권태를 제압하고 인간을 내적으로 풍부하게 만든다. 따라서 활발하고 폭넓은 지성은 돈으로 살 수 있는 온갖 기분풀이와는 비교할 수 없을 정도로 무한히 큰 즐거움을 누리게 한다."

한밤의 쇼펜하우어가 우울함을 더 강화시킨다. 그의 염세주의에 감염되는 듯도 하고, 그가 제안하는 지성의 삶이란 게 너무나 막막해 보인다. 그러나 어쩌겠는가. 텅 빈 행복감보다는 고통을 느끼는 게 좀더 삶의 본질에 가깝다는데야.

휴가철에 어떤 책을 준비할까?

휴가철만 되면 시의적절한 책을 골라달라는 요청을 많이 받는다. 딱히 휴가철에만 읽기 좋은 책이 따로 있을까? 하긴 모처럼 마음의 여유가 있을 때 미뤄두었던 독서를 하고 싶은 생각이 들만도 하겠다. 평소 독서를 하기 어려운 주된 이유는 시간이 없어서이기보다 마음의 여유가 없어서인 경우가 더 많으니까. 자, 한번 길찾기를 해볼까?

휴 가 철   독 서   1 | 청소년 시기에 한 번쯤은 읽었어야 마땅한 4천만의 고전 중에서 놓쳤던 작품을 몇 편 읽는 방법. 누구나 제목과 기본적인 줄거리는 다 아는 작품들, 그러나 어쩌다가 그 시기를 놓치게 되면 평생 읽지 못하게 되는 작품들, 그런 책들이 의외로 많다. 미국의 어떤 언론사가 유수한 대학교수들을 상대로 유명한 고전 명단을 내놓고 읽지 못한 책을 체크해보라 했더니 정말 어이없는 결과가 나온 적이 있다. 못 읽은 고전이 너무나 많았던 것이다. 사정은 누구나 비슷한 모양이다.

아무런 자료 없이 기억 속에 살아나는 '감동의 명작'을 떠올려본다. 제일 먼저 레마르크의 《개선문》이 떠오른다. 고교시절에 읽었건만 유태인 의사 라비크, 그의 애인 조앙 마두, 그들이 즐겨 가던 클럽 세헤라자드, 그들이 건배할 때 나누던 말 살뤼뜨, 그들이 즐겨 마시던 술 칼바도스 등등이 줄줄이 생각난다. 그걸 읽으며 연애라는 게 하고 싶어 한없이 설레던 그 여리고 어렸던 가슴(사실 비극적인 시대상황은 이해할 수도 안중에도 없었고 오직 연애소설로만 읽었다. 그것도 괜찮지 않은가?). 샤로트 브론테의 《제인 에어》, 존 스타인벡의 《분노의 포도》, 스코트 피츠제럴드의 《위대한 개츠비》, 도스토예프스키의 《악령》《백치》, 나쓰메 소세키의 《나는 고양이로소이다》, 릴케의 《말테의 수기》…… 한이 없겠네. 하여간 이렇듯 백만인의 고전에 속하는 작품 중에 놓친 것 몇 편을 골라 푹 빠지면 분명 기억에 남는 휴가가 되리라.

ps: 문학작품만 언급했지만 찰스 다윈의 《종의 기원》, 데카르트의 《방법서설》, 프로이트의 《꿈의 해석》, 프레이저의 《황금가지》, 장 자크 루소의 《참회록》, 아르놀트 하우저의 《문학과 예술의 사회사》, 곰브리치의 《서양미술사》, 파울 프리샤우어의 《세계풍속사》, 윌 듀란트의 《철학 이야기》 《철학의 즐거움》, 에리히 프롬의 《자유로부터의 도피》, 조동일의 《우리 문학과의 만남》, 박이문의 《하나만의 선택》 같은 책들은 의외로 재미있게 읽힐뿐더러 상당한 감동을 안겨준다. 소설 두 권, 비소설 한 권쯤으로 안배를 해도 좋을 듯하다.

휴가철 독서 2 | 당대의 정신적인 흐름을 타고 있는, 다시 말해 현재 크게 각광받고 있고 많은 사람들이 두루 읽는 책은 읽어두는 게 좋다. 그런 책은 시기를 놓치면 다시 읽기 싱거워지는데, 시간이 지나면 그런 정신적 맥락을 섭취한 것과 아닌 것의 차이가 꽤 벌어진다. 가령 내 경우를 예로 들면, 앨빈 토플러의 《제3물결》이 한창 유행하여 길거리 리어카에서조차 팔리고 있을 때 어쩌다 읽지 못했던 기억이 난다. 토플러 이전에 허만 칸이라는 미래학자가 약방의 감초처럼 등장하곤 했는데 어쩐지 그런 동네는 점쟁이 비슷한 사이비들의 혹세무민이라고 우습게 봤던 때문이다. 하지만 결국 어떻게 되었던가. 문명의 대전환이 코앞의 현실로 다가왔고 뒤늦게 그것의 맥락을 알고자 허둥지둥 생고생을 해야 했다.

어떤 책들이 당대의 정신적 맥락 운운에 적합한 것일까. 우선은 세계화에 관한 책들. 앤서니 기든스의《제3의 길》, 그것의 비판서인 에릭 홉스봄의《노동의 세기》, 헬레나 노르베리-호지의《허울뿐인 세계화》등등이 있겠다. 사람 사는 방법에 관한 책으로는 피에르 쌍소의《느리게 사는 것의 의미》1·2, 데이비드 브룩스의《보보스》, 움베르토 에코의《세상의 바보들에게 웃으면서 화내는 방법》등을 권하고 싶다. 프랜시스 후쿠야마의《역사의 종말》, 피터 드러커의《자본주의 이후의 사회》, 이매뉴얼 월러스틴의《유토피스틱스》같은 책들도 현대의 시대정신을 이해하는 데 깊은 통찰을 보여주는 역저이다. 철학적 기류로는 최고의 '인기인' 들뢰즈를 비롯해서 미셸 푸코, 자크 데리다의 저작들을 찾아 읽는 게 좋을 듯하고, 겸해서 장 보드리야르의《소비의 사회》도 읽어둘 만한 책이다.

휴가철 독서 3 | 휴가가 재충전의 의미라면 독서를 통해 자신을 되돌아보고 에너지를 얻는 일은 권장할 만하다. 그런 용도로는 단연 인물평전류가 좋다. 자서전·전기·평전에 의외로 좋은 책들이 즐비하며 선택의 폭도 꽤 넓다. 대단한 인물의 생애를 접할 때 기가 죽어 읽을 맛이 나지 않는다는 사람을 본다. 나는 그런 말 하는 사람에게 상당한 존경심과 경이로움을 느끼게 된다. 평전의 대상이 되는 존재, 가령 마르크스나 슈바이처 박사 같은 사람에게 경쟁의식을 갖는다는 애긴데, 우와 놀라워라. 그것도 상당한 경지다.

한 인물의 평전은 아니지만 모택동을 중심으로 중국 공산당의 대장정을 다룬 에드가 스노의 《중국의 붉은 별》이 우선 떠오른다. 예전에 그 책을 다 읽고 진짜 아침이 밝아오도록 잠을 이루지 못했었다. 베스트셀러가 됐던 장 코르미에의 《체 게바라 평전》은 실상 그리 좋은 책이 아니다. 인물이 대단한 거야 틀림없지만 저자의 글이 좀 서툴기 때문이다. 하여간 트로츠키, 레닌, 모택동, 등소평 같은 러시아, 중국 혁명기의 지도적 인물들의 전기가 주는 감동은 대단하다. 현실 사회주의가 궤멸된 시점이라 그 같은 이상주의적 혁명가들의 꿈과 투쟁이 아프게 되새겨지기 때문이다. 그 원조 격으로 새로 번역돼 나온 프랜시스 윈의 《마르크스 평전》도 별 넷은 되는 책.

휴가철 독서물로 인물평전류를 거론하고 있는 중인데, 이리저리 헤맬 것 없이 아주 간단히 해결하는 방법도 있다. 한길사가 내는 인물평전 '한길로로로' 시리즈를 섭렵하는 것이다. 현재까지 한 50여 권 나왔는데 대상이 다채롭고 내용도 충실한 편이다. 읽고 좋은 기억이 남았던 것으로는 오토 슈바이처의 《파솔리니》, 베르너 발트만의 《버지니아 울프》, 얀코 라브린의 《도스토예프스키》, 에버렛 헬름의 《차이코프스키》 등이 있다.

그밖에 얼마 전 작고한 앤서니 퀸의 생애를 다룬 대니얼 페이스너의 《원 맨 탱고》, 어빙 스톤의 《빈센트, 빈센트, 빈센트 반 고흐》도 꽤 내용이 충실하다. 여성들이라면 시몬느 뻬트르망의 《시몬느 베이유 불꽃의 여자》, 데어드르 베어의 《시몬 드 보부아르 : 보부아르 전기》, 프랑스 미테랑 대통령 부인의 자서전 《다니엘 미테랑》 등에서 깊은 감동을 받을 수 있겠다. 괴이한 인물로는 모리스 르베가 지은 3권짜리 전기 《사드》가 흥미롭다. 《사드》는 초반부가 매우 지겨운데 그 고비만 넘기면 술술 읽힌다.

휴가철 독서 4 | 앞에서 거론한 고전물, 유행서적, 인물평전 등은 모두가 실용적인 목적을 배제한, 즐거움을 위한 독서를 주된 특징으로 한다. 반면에 휴가철 한 시기를 이용해서 특정 분야를 섭렵하겠다는 의지로 충만한 사람도 있을 것이다. 힘이 남아돌아서 그런다고도 볼 수 있겠지만 사실은 꽤 영양가 있는 방법이기도 하다. 부족한 어학공부에 집중 투자할 수도 있고 회사원이라면 경영이론 또는 재테크 비법에 몰두할 수도 있을 것이다.

간혹 문학에 관심이 있다고 문학이론서를 쌓아놓고 씨름하는 사람도 있는데 전공자로서 그것만은 절대 말리고 싶다. 음악이나 미술 분야는 이론서를 보면 구체적인 효용이 생기는 반면에 문학이론서는 작품을 읽거나 습작을 하는 데 전혀 도움이 되지 않는다. 오히려 쓸데없는 비평 용어에 대한 상식만 늘어 작품의 감동으로부터 멀어지게 된다. 《씨네21》을 지나치게 애독한 사람들이 얼치기 영화평론가화되는 이치와 비슷하다.

∽

　집중 독서의 관심분야야 사람마다 구구 각각일 터이니 하나의 사례로서 나 자신의 계획을 소개해본다. 어찌 된 까닭인지 나는 이른바 프릭freak이라고 부르는 것에 관심이 많다. 이상한 것, 비정상적인 것, 변태적인 것에 끌리거나 매혹을 느끼곤 한다. 하지만 서구나 일본에는 그토록 흔하다는 프릭에 대한 자료를 한국말로 접하기란 쉽지가 않다. 사드나 조르주 바타유 소설의 번역물, 파솔리니나 스탠리 큐브릭의 일부 영화에서 흔적을 찾을 수 있을 뿐이다. 인터넷 변태 사이트를 찾아가봐야 죄다 변형된 포르노물이라 지겹고 역겹기 그지없다. 프릭의 세계란 신학에 방불하는 인간학의 한 경지라고 여겨지건만. 이 여름에 아예 프릭 공부를 하기로 마음먹고 세 권의 책을 쌓아놓았다. 게르트 호르스트 슈마허의 《기형의 역사》, 제프리 버튼 러셀의 《마녀의 문화사》, 조르주 바타유의 《저주의 몫》이 그것이다. 이들 책이 그 분야의 대표성을 지닐 만한 역저인지 나는 모른다. 이럴 때는 무조건 읽는 수밖에 없다. 읽다 보면 어떻게 길을 찾아나갈지가 보이는 법이니까.

∽

　지금 절반쯤 읽은 《기형의 역사》는 의사가 쓴 책이라 문화적인 구라가 주는 재미는 전혀 없지만 매우 신뢰가 간다. 전편이 구체적인 사례의 나열. 의미부여와 상상력은 독자의 몫이다. 《마녀의 문화사》는 같은 저자 제프리 버튼 러셀의 《악마의 문화사》와 병행해 읽어야 할 것 같은데 뛰어난 책이라는 소문을 익히 들은지라 반드시 독파하겠다는 의욕이 생긴다. 《저주의 몫》은 읽기에 만만치 않을 것이다. 오래전 조르주 바타유의 다른 명저 《에로티즘》을 붙들고 꽤나 씨름했던 기억이 난다. 소설을 쓸 때는 초특급으로 읽히는 문장력의 소유자가 철학적 저술에서는 오리무중으로 빠지는 까닭을 알다가도 모르겠다. 하여간 프릭에 대한 공부를 통해 보편적인 한국인의 심성을 파악해보고 싶다는 의욕을 갖고 있다.

∽

너무 많은 저서를 거론한 것 같다. 네 파트로 나누어서 언급한 책들은 같은 분야에서 이념적으로 상반된 것들도 있고 더 뛰어난 명저를 지나친 경우도 있을 것이다. 어디까지나 개인적인 독서 체험의 산물임을 감안해야 할 것이다. 마지막으로 휴가 중에 독서 따위는 전혀 하고 싶지 않은 사람들에게 권하고 싶은 책이 있다. 작가 최인호가 20년 만에 펴낸 중단편 모음집 《달콤한 인생》이 그것이다. 새로운 소설이 이것저것 꽤 있는데 왜 그중에 최인호인가?

∽

나는 최인호에게 감동 먹는 사람이다. 나도 남들처럼 초기작 〈술꾼〉이나 〈견습환자〉 같은 작품에 경탄을 금치 못했고, 이어지는 〈별들의 고향〉이나 〈바보들의 행진〉《내 마음의 풍차》 따위에서 실망을 금치 못했던 독자의 하나였다. 그때부터 그의 존재는 비평의 대상에서 완전히 잊혀졌다. 하지만 그는 잠시도 쉬지 않고 자기 변신을 시도해왔다. 때론 역사로 때론 종교로 혹은 막막한 자아의 방황으로. 그 궤적이 이번 작품집에 고스란히 살아 있다. 첫 작품 〈이별 없는 이별〉은 별다른 소설적 가감 없이 별세한 작가 큰누나의 행적을 자전적으로 기술한 것이고, 〈산문山門〉은

천도제를 지내는 불가의 세계를, 《달콤한 인생》은 악마와 천사의 내기에 걸린 한 인물의 기박한 인생유전을, 《몽유도원도》는 《삼국사기》에 나오는 도미설화를 평역한 고전물이다. 아울러 1980년대 초반에 쓴 《깊고 푸른 밤》 《이상한 사람들》이 담겨 있다.

~

일일이 개별 작품을 거론한 까닭이 있다. 한 편 한 편이 흥미롭기도 하지만 전체를 통해 한 작가의 인생이 느껴진다. 소설의 안으로 들어갔다가 밖으로 나오기를 반복하게 되는 작품집이다. 최인호 소설의 가장 큰 장점이자 단점은 읽는 이를 편안하게 만든다는 점이다. 슬프거나 괴로운 이야기를 해도 독자는 편안해진다. 작가의 눈높이가 평범한 독자에 맞춰져 있기 때문이다. 휴가철에 책 따위는 접하고 싶지 않은 사람이 억지로라도 한 권은 읽어야겠다는 의무감에 사로잡힌다면 바로 이 책 《달콤한 인생》이 제격이다.

엽기, 변태, 일탈에 끌리는 마음

대학생이 책에, 그것도 철학책에 하염없이 빠져든다면 상을 줄 일일 것도 같다. 하지만 마르크스의 아버지는 달랐다. 당시로서는 불온한 사상인 헤겔 철학에 몰두하는 대학생 아들 칼 마르크스를 향해 아버지 하인리히는 이런 편지를 보낸다. "신이 애통해하실 일이다!!! 무질서한 분위기, 지식의 모든 분야를 무기력하게 돌아다니는 일이 의미 없고 요령 없는 박학의 작업장에서 너와 네 애인이 따 먹을 만한 열매가 익는단 말이냐?"

～

아들이 법학을 공부해서 출세하기를 바랐던 아버지의 마음으로 질책을 가한 것인데, 특히 "의미 없고 요령 없는 박학의 작업장"이란 말에 가슴이 뜨끔하다. 한도 끝도 없는 신간의 숲을 헤치고 다니며 온갖 종류의 책을 읽고 있는 나 자신이 비춰져서였다. 특정한 목적과 방향을 설정하지 않고 삶의 전반적인 내용을 책으로 접하고자 하는 것이 평생에 걸친 내 책읽기의 방향이라고 할 수 있다. 거기에는 대단히 큰 즐거움과 희열이 따른다. 삶에서 꼭 무언가를 이루어야겠다는 욕망만 없앨 수 있다면 이런 즐거움으로 한 인생을 살아낼 수 있을 것도 같다. 그러나…… 그런가? 그런 태도 역시 어떤 빗겨 가기, 어떤 회피의 태도는 아닐까?

～

최근의 독서물, 그중 특히 즐거움을 위한 책의 목록은 이렇다. 먼저 나카미 도시오의 《기발하고 야한 일본 엽기동화》. 충격을 안겨주었던 《알고 보면 무시무시한 그림동화》의 일본판이라고 생각하면 된다. 현대인의 윤리로 각색되기 이전의 원전 그림동화를 복원해보면, 백설공주는 아버지와 근친상간을 누린 섹스광이었고 그녀의 왕자님은 시체애호가였다. 헨젤과 그레텔을 버린 것은 친부모였고.《기발하고 야한 일본 엽기동화》는 한술 더 뜬다. 계모가 아이를 가마솥에 삶아 경단으로 만들어 손님 대접에 내놓고, 며느리가 시어머니의 팔다리를 잘라 이웃집에 음식으로 선사하고, 섹스중독자인 용궁의 공주, 변태성욕자인 새신랑의 온갖 잔혹한 행위 등등 구토를 유발하는 이야기가 즐비하다. 이 모든 게 일본에서는 삼척동자도 다 아는 유명한 옛날 이야기의 원형을 복원한 것이라고 한다.

왜 이런 책이 있어야 하는지 의문을 표하는 사람들이 많다. 그것은 세상에 왜 엽기적 범죄가 횡행하는지를 묻는 것과 같다. 범죄는 '왜'라고 묻기 이전에 이미 존재하는 인류의 원초적 욕망 가운데 하나이다. 일탈로 치닫고자 하는 내면의 어두운 본성. 그것이 행동으로 나타나면 범죄가 되지만, 문학이 되고 예술이 되면 공감대를 형성하는 문화행위가 된다. 역설적인 방법으로 상처를 감싸주고 치유하는 하나의 방법론이다. 아울러 '근대인'으로 무장되기 이전 인류의 원초적 모습을 엿보는 인간 탐구 행위이기도 하고. 우리나라도 예외는 아니어서 《한국구비문학대계》 같은 자료집을 보면 이런 식의 엽기 이야기가 질펀히 나온다. 내게도 약간의 변태적 충동이 있는 것 같은데 대개는 이런 독서물로 달래나 간다.

한동안 화제를 모은 이브 엔슬러의 《버자이너 모놀로그》. 이렇게 제목을 쓰면 아무 감흥이 없겠지만 인터넷에서 서평 검색을 해보라. 책 설명이 너무나 웃기게도, 남자 기자가 쓰면 대개 '질'에 관한 이야기라든가 여성 성기를 말했다 운운 하는데, 여기자의 서평은 예외 없이 이렇게 쓴다. '보지'에 관한 책이다,라고. 그 낱말을 쓰면서 여기자들은 어떤 해방감을 느꼈던 게 아닐까. 제목을 직역하면 '보지 독백'이 되는데 첫 문장부터 보지로 시작되는 이 희한한 책에는 그 단어가 무려 128번 나온다.

∽

미국의 여성 운동가 이브 엔슬러가 착안한 것은 왜 남자들은 여자 성기를 끊임없이 화제로 삼고 마치 잘 아는 듯이 구는데 정작 여자들은 흡사 감추어야 할 수치인 양 쉬쉬 하냐는 것이다. 심지어 입에 올리기조차 부끄러워 '거기' 또는 '아래'라고 표현하는 것에 어떤 성차별이 도사리고 있지는 않은가 하는 자각. 도대체 여자들은 자신의 성기를 어떻게 인식하며 살아가고 있는 것일까. 엔슬러는 이런 의문을 품고 칠십대 노인을 포함해 모두 2백 명의 여성과 인터뷰를 한다. 그리고 그 경험을 희곡 대본으로 만들어 무대에 올렸다. 그렇게 해서 생겨난 것이 이른바 버자이너(보지) 현상. 미국의 오프 브로드웨이를 휩쓸고 여러 나라로 번져나가 마침내 우리나라에도 김지숙 주연으로 연극무대에 올려졌다.

∽

모든 금기는 일단 의심해보아야 한다고 믿는다. 종교적인 사항이건 윤리적인 사항이건. 의심을 통해 되짚어나가는 가운데 공동선을 향한 지향점, 소위 규범이 형성된다. 그러나 우리에게 주어진 규범은 의심해보는 과정 없이 선험적으로 주어지고 강요된 것이 대부분이다. 특히나 성적 규범이 그렇다. 과연 청소년들은 성적으로 수도승의 삶을 살아야만 옳은가. 여성에게만 과도하게 강요되는 보수적 성관념에 어떤 지배 이데올로기가 숨어 있지는 않은가. 버자이너 모놀로그, 소위 보지 독백이라고 말할 때 사람들은 어떤 아슬아슬함을 느낀다. 일탈적 상상과 문제의식을 동시에 갖게 되는 것이다. 하지만 이 책은 그리 즐겁게 읽히지는 않는다. 슬픈 이야기가 많기 때문이다.

~

단지 즐거움을 위해, 우연히 접해 읽게 된 최근의 독서물들. 이렇게 헤집고 다니며 한 인생을 살아가도 괜찮은 일일까. 당신은 어떠한가?

밀리언셀러의 비밀

에고 에고, 읽어야 할 책이 또 밀린 빨랫감처럼 잔뜩 쌓였네. 며칠만 어물쩡하면 걷잡을 수가 없게 된다. 이럴 때 다른 출판 관계자들은 어떻게 살아가는지가 참 궁금하다. 도대체 읽지 않고 책에 대해 이러쿵저러쿵 할 수는 없을 텐데…….

~

눈길을 끄는 작품인 브라질 작가 파울로 코엘료의 《베로니카, 죽기로 결심하다》. 오래전 그의 작품 《피에트라 강가에서 나는 울었네》를 읽고 꽤 좋았던 기억이 있다. 《베로니카, 죽기로 결심하다》는 죽음에 대한 성찰을 다루고 있는데 개인적으로 관심이 큰 주제이기도 하고 무엇보다

코엘료의 글은 술술 잘 읽힌다. 요시모토 바나나의 《암리타》도 지나칠 수 없겠고, 저 유명한 《콜렉터》《프랑스 중위의 여자》의 작가 존 파울즈의 1982년 작 《만티사》도 번역돼 나왔다. 몇 쪽 안 읽은 상태지만 소문대로 지독한 포르노물을 연상시키는 분위기. 아, 정신과 의사 김정일의 장편소설도 있다. 《사랑의 사기꾼》. 솔직히 문학적 기대가 있어서가 아니다. 김정일, 그 독특한 인물의 상상력 속에 무엇이 담겨 있는지 궁금해서…….

생전 읽지 않게 되는 게 처세서건만 그중 하나가 눈길을 끈다. 요리후지 가츠히로라는 일본인 정신과 의사의 《현명한 이기주의》. 분류상 처세쪽이라는 거지, 엄밀하게는 그리 무겁지 않은 인생철학에 속하는데 '대단히 이성적이고 과학적이면서 약간은 세속적인 도덕관'이라는 부제가 유혹적이다. '혼자 사는 여자, 백마 탄 왕자'라는 가벼운 제목으로 나온 독신생활 연구서와 다소 전문적인 결혼제도 연구서인 캐럴 페이트먼의 《남과 여, 은폐된 성적 계약》도 함께 명단에 올려본다. 전통적 결혼관계의 붕괴는 이제 강 건너 불이 아니다. 모든 기혼자는 잠재적 독신자(이혼자)로 살아가고 있는 셈이다. 혼자 살던 함께 살던 '사는 방법' 자체가 탐구의 대상이 아닐 수 없다.

경제경영서로는 언제 읽게 될지는 모르지만 피터 드러커의 《변화 리더의 조건》을 올려놓는다. 오래전 드러커의 《자본주의 이후의 사회》를 읽고 워낙 크게 감명을 받았던 탓에 그의 책이라면 될수록 읽으려 노력한다. 한더치앙의 《13억의 충돌》은 꼭 읽어야겠다. 중국판 《세계화의 덫》에 해당되는 중국식 개방경제 비판서인데 우리에게도 시사하는 바가 많을 것이다.

문화 쪽에 눈에 번쩍 띄는 책이 있다. 존 라이든이 쓴 《섹스 피스톨즈 조니 로턴》. 너바나의 커트 코베인이 자살하기 직전 끼적거린 문귀 "불타 없어지겠노라……" 운운은 닐 영의 노래 가사에 나오는 말인데 거기 나오는 '죽어버린 로큰롤의 왕'은 본명이 바로 존 라이든인 조니 로턴을 일컫는 것이다. 순진짜참원조 펑크록 대부의 자서전. 그다지 팔릴 가망이 없는 대신 소장 가치가 충분히 있다. 머잖아 희귀도서 대열에 오를 테니까. 아울러 일본영화 1백년사를 정리한 요모타 이누히코의 《일본영화의 이해》도 기억해두어야 할 책. 비교문화학자이고 국내 대학에서도 강의한 이력 때문인지, 아니면 번역자의 능력 때문인지 남의 나라 옛날 영화 이야기가 전혀 부담스럽지 않게 읽힌다. 인터넷 동호회급에서 흘러 다니던 좀 '의심스러운' 정보들을 정리할 기회도 되고.

완전한 흥미 위주의, 그러나 읽어도 전혀 허무하지 않은 킬링 타임용 책으로 카탸 두벡의 《은밀한 사전》이 좋겠다. 예술, 문학, 역사, 철학으로 분류된 세계사의 뻑적지근한 인물 178명의 숨겨진 섹스 비화를 담은 책인데, 같은 주간지급이어도 왠지 피카소, 사르트르, 클레오파트라, 마르크스 같은 인물의 성생활이라면 의미 있게(?) 여겨진다. 절반 이상은 아는 이야기지만 꽤 놀랍고 새로운 폭로성 일화도 많이 등장한다.

⁓

하지만 오늘 내가 온종일 읽은 책은 위의 것들이 아니라 한국출판마케팅연구소에서 펴낸 몇 권의 출판연구서들.《책의 현장》《베스트셀러 이렇게 만들어졌다》《우리 시대 스테디셀러의 계보》《베스트셀러 죽이기》 등등이다. 우리 출판계와 독서계를 돌아보는 데 꽤 유용한 자료가 될 것 같다. 거기서 킬킬거리며 재미있게 읽은 내용을 소개한다. 연구소 소장인 한기호의 글인데, 이름하여《밀리언셀러를 만드는 9가지 법칙》.

⁓

제1법칙 '임자가 따로 있다'. 출판을 해주지 않아 이곳저곳 떠돌던 원고가 밀리언셀러가 된다는 것이다. 제2법칙 '목숨 걸고 달려드는 사람이 있어야 탄생한다'. 죽었던 책이 느닷없이 다시 살아나 밀리언셀러가 되는 배경에는 사생결단하고 달려든 편집자가 있었다는 것. 제3법칙 '때를 만나야 한다'. 타이밍의 중요성은 말하나마나. (무슨 까닭인지 제4법칙은 없고), 제5법칙 '결국은 제목이 좌우한다'. 제목의 중요성 역시 말하나마나. 제6법칙은 '초짜 저자가 대박을 터뜨린다'. 하긴《영어공부 절대로 하지 마라》의 정찬용,《가시고기》의 조창인을 누가 알고 있었는가. 제7법칙 '도와주는 사람이 따로 있다'. 휴대폰 광고 덕에 엉뚱하게《상실의 시대》가 다시 떴다. 제8법칙 '밀리언셀러는 유행어를 낳는다'. 가령 과거에는 '고개 숙인 아버지', 요즘은 '부자 아빠 만들기'. 제9법칙

'밀리언셀러를 낸 출판사는 망하기 쉽다'. 하긴 흑자 도산이 출판만의 일은 아니지만.

이 글 속에서 발견한 흥미로운 지적. "오늘날 독자들은 전통적인 '읽는 사람reader'이 아닌 '사용자user'의 모습이다." 그리고 이 사용자(소비자)들은 "스스로를 위로하기 위해 채용한 집단적 카타르시스"의 한 형식으로 신드롬 문화에 빠져든다는 것이다. 끝없는 출판 불황 속에서도 특정 책에 대한 신드롬, 밀리언셀러가 터지는 비밀이 여기에 숨어 있다.

·····

《나도 세상에 태어난 값을 하고 싶다》, 고명인, 명진출판
《김용옥 선생, 그건 아니올시다》, 변상섭, 시공사
《김용옥이란 무엇인가》, 홍승균, 선
《노자를 웃긴 남자》 1·2, 이경숙, 자인
《어두운 밤 나는 적막한 집을 나섰다》, 페터 한트케, 문학동네
《꾿빠이 이상》, 김연수, 문학동네
《행복의 철학》, 쇼펜하우어, 푸른숲

chapter 8
고전의 미로

RAISON D'ETRE

고전 명저를 찾아읽으며

하고 있는 일이 죄다 문화예술 분야거나 출판평론이니까 개인적으로 잘 모르면 나를 무척 고매한(?) 종류의 사람으로 오해하는 경우가 꽤 있는 듯하다. 에고야…… 고매나 품위는 어느 날 갑자기 생기는 것도, 일의 성격이 만들어주는 것도 아니다. 누군가 내 일상을 들여다본다면 아마 어떻게 그렇게 먹고 그렇게 입고 다니냐고 할 것이다. 다소 일부러 그러는 면도 있겠지만 최저극빈으로 생활하는 게 내 본모습이다. 고교시절까지는 형편이 워낙 어려웠고 대학시절 전부는 가난한 노동자들과 야학생활을 함께하느라 아예 개털 행색이 몸에 배인 것이다.

하지만 품위 있게 살고 싶다는 갈망은 무척 강하다. 어떤 것이 품위 있는 삶일까. 아주 단순하지만 원칙적인 길이 하나 있다. 남들 다 하는 일을 하지 않는 것이다. 우르르 노래방 같은 곳에 몰려다니는 일, 몸에 좋다는 보신음식이나 이상한 건강식품 같은 것 찾아 먹는 일, 재테크 따위에 관심 갖는 일, 휴일에 죽어라고 레저를 즐기는 일 등등. 이런 일들을 꼭 하고 살아야 하는 걸까? 시끄럽고 집단적이고 공격적인 성향을 갖는 우리 사회 풍토에서 될수록 거리를 유지하는 태도가 진정한 품위에 가까워지는 거라고 나는 믿는다.

品位 있는 삶을 영위하는 보다 적극적인 방법으로 내가 기회 닿는 대로 주장하는 것이 있다. 될수록 신문, TV를 보지 말고 저녁약속을 하지 말자는 것. 이런 말 하면, 그래 너 잘났다, 하고 비아냥을 사기 십상인 게 사실이다. 더욱이 나는 신문칼럼을 쓰고 현직 TV, 라디오 진행자이니 더 말이 되지 않아 보일 것이다. 하지만 생각해보자. 사람들이 나누는 세상 돌아가는 이야기라는 게 하나같이 닮아 있지 않은가. 너무들 열심히 신문을 읽고 TV에 나오는 유행어를 흉내 낸다. 전철 안에서 이십대 남녀들이 TV에서 본 내용을 열심히 얘기하는 것을 듣노라면 아연해지는 기분이 든다. 그 예민하고 팔팔한 생의 절정기가 아깝지도 않은가. 더욱이 대학교수쯤 되는 사람이 무슨 사극 같은 걸 보고 정치현상에 빗대는 얘기를 듣노라면 묻고 싶다. 당신은 공부를 하는가, 창피한 줄도 모르는가. 게다가 너나없이 저녁마다 벌이는 술판이라니…….

조용한 혼자의 시간을 많이 가져야 삶다운 삶이다. 혼자 있는 시간이 주어질 때 어쩔 줄 몰라 하다가 결국 어딘가에 전화라도 걸고 만다면 자기가 자기 인생을 살아본 적이 없다는 말에 다름 아니다. 그러니 속이 뻔한 정치적 상징 조작에 온 국민이 이리저리 끌려 다니는 것 아닌가. 미디어와 사람을 멀리하고 혼자 있는 시간을 많이 갖자는 말이 사회적 모순에 눈을 감자는 주장으로 들린다면 나는 두 손 들겠다. 그런 뜻이 아니다. 지금 우리에게는 사색이, 성찰이, 반성이 보다 필요한 시기라는 말이다. 고은의 새 시집 《두고 온 시》를 읽다 보니 끝부분에 이런 시구가 있다.

  세상은 온통 권력의 중심이다
  노조 파쇼 봐라
  동네 사람들 요구사항 봐라
  소위 주류신문 사설 봐라
           — 〈작은 노래〉 중에서

 혼잣시간에 꼭 골 아픈 책읽기만 하자는 것은 아니지만 결국 별수 없이 책에 손이 가는 수가 많다. 하루 1백 종 이상의 신간이 나오는 판이니 세상 소식은 신문 대신 신간서적을 읽어도 충분히, 그것도 깊이 있게 접할 수 있고, 그 책값은 저녁약속에 들이는 돈보다 훨씬 저렴하게 먹힌다. 바빠서 책 읽을 시간이 없다는 것은 죄다 핑계다. 바쁘다면 나도 엄청나게 바쁜 사람이다. 더욱이 일관계로 사람 만나느라 바쁘다는 것은 더욱 믿을 수 없다. 내 직업은 프리랜서다. 사람을 만나야 일이 생긴다. 하지만 아무도 만나지 않고도 일이 들어온다. 전화와 이메일이 있으니까. 오히려 만나지 않아야 존중을 받는다. 물론 직장생활도 사업도 마찬가지다. 사람이 재산이라는 둥, 인맥관리를 해야 성공한다는 따위의 말들은 천격으로, 이른바 '시장의 인간'으로 살자는 말과 같다. 그런 걸 가르치는 소위 인생지침서의 저자 사진들은 어째 하나같이 3류 연예인 같아 보일까?

∽

출판평론을 하다 보면 아무래도 신간을 주로 읽게 된다. 신간은 다른 말로 하면 검증되지 않은 책이라는 뜻이기도 하다. 읽은 책의 상당수는 영원히 사라져버릴 내용이다. 때로 시간이 아깝기도 하지만 살면서 영양가만 섭취할 수는 없는 법. 언젠가 《정보제트기 조종하기》라는 상상을 초월하는 책을 읽어본 적도 있고(실제 조종 매뉴얼이다), 《협상의 법칙》처럼 저자를 찾아가서 총으로 쏘아 죽이고 싶은 베스트셀러를 서평 쓰느라 읽기도 했다.

∽

그러니 고전 명저는 한마디로 말해 검증이 끝난, 역사와 시간 속에 살아남은 책을 의미한다. 그런 책을 읽을 때는 내용을 파악하는 것 못지않게 어떤 점이 이 책을 살아남게 했는지 시대적 전후맥락을 이해하는 일이 중요하다. EBS TV의 〈책과 함께하는 세상〉의 진행자를 맡아 '새로 읽는 명저의 세계' 시리즈를 준비하면서 그런 면에 특히 유념하고자 했다. 한데 방송의 한계상 문학류를 우선할 수밖에 없는 사정이 따르기도 했다.

첫 주는 알베르 카뮈의 《페스트》로 문을 열었다. 소설문학이 가장 왕성한 사회적 영향력을 발휘하던 시기의 주요 작품인 데다, 미국의 9·11 테러와 잇따른 전쟁상황 앞에서 재난문학의 한 전형을 찾아본 것이다. 작품은 잘 알려진 대로 페스트가 창궐하여 출입이 통제된 한 구역(오랑시) 안에서 사람들이 각기 어떻게 반응하고 대처하는지를 행동과 철학으로 실감나게 보여주는 걸작이다. 적극적으로 상황 타개에 나서는 자, 도피하는 자, 신에게 의존하는 자 등으로 인물들의 행동은 나뉜다. 뜻밖에도 많은 해설서들이 "재난 앞에서 시민들이 단결하여 보건대를 조직해 용감하게 싸워나가는 모습을 그린 작품"이라고 규정하고 있다. 암만해도 그건 오독이다. 카뮈가 그렇게 단순한 사람일까. 요즘 관점으로 보아 썩 재미있는 소설은 아니겠지만, 한계상황 앞에 선 인간의 반응 유형을 자신을 대입해가며 성찰적으로 읽는 데 적합한 책이다.

다음 주는 조나단 스위프트의 완역본 《걸리버 여행기》였다. 《걸리버 여행기》야말로 정말 오랜 세월 오해된 억울한 명작이다. 그 심각한 내용이 귀여운 아동물로 둔갑해왔다니. 인류 혐오의 극치가 담긴, 중요한 3, 4부가 생략된 채 앞부분의 소인국, 거인국만으로 동화책이 된 것이다. 무엇보다 조나단 스위프트라는 아이리시 영국인이 관심거리다. 정치인과 사제 사이를 오간 인물로 자신이 살던 시대의 정치상황과 기술과학 문명의 진보를 극도로 부정하여 고난에 찬 생애를 살았다. 한마디로 소설 전체가 비유이자 패러디다. 당대를 접하는 2대 걸작으로 대니얼 디포의 《로빈손 크루소》와 더불어 《걸리버 여행기》의 위치는 '근대의 개막'이라는 시점을 비판적으로 바라본 한 지식인의 독설과 같다. 사실 해누리판이 최초의 완역본은 아니다. 좀 오래전에 문학수첩에서 첫 완역본을 낸 바 있는데 해누리판은 거기에 원전 삽화까지 곁들인 것이다. 재미, 못 말리는 재미를 《걸리버 여행기》는 강점으로 갖고 있다.

다음은 헤르만 헤세의 《데미안》이다. 헤세는 우리나라에서 5, 60년대에 특별한 사랑을 받다가 1980년대 민중운동기에는 몽상적 관념론에다 반역사주의적 작가라 하여 완전히 외면받았었다. 1990년대 들어 복권의 조짐이 보이더니 최근 몇 년 새에는 헤세 기념관 건립운동까지 있을 정도로 새롭게 각광을 받고 있는 중이다. 《데미안》은 그의 초기작과 후기작의 한가운데 있는 작품으로 소설적 완성도는 떨어지지만(사실 후반부에 가면 서사적 긴장이 현저히 떨어지는 가운데 작가의 독백이 지나치게 이어진다. 대부분 청소년기에 이 작품을 읽게 되므로 독자들은 자신의 독해력만 탓하게 된다), 이상하리만치 강렬한 인상을 남기는 매력적인 작품이다. "새는 알에서 나오려고 투쟁한다. 알은 세계다. 태어나려는 자는 하나의 세계를 깨뜨려야 한다. 새는 신에게로 날아간다. 신의 이름은 아프락사스." 아프락사스는 선과 진리와 정의의 주재자인 기존의 신과는 달리 악을 포괄한다. 카인은 능력 있는 사람으로 새롭게 규정된다. 《데미안》을 읽는 동안 우리들은 통념으로 굳어진 선악의 도식을 근원적으로 회의하는 고통에 찬 경험을 하게 된다. 중고교시절에 성장소설 《데미안》을 읽지 않는다면 인생의 중대한 보물을 놓치는 것이다.

이어지는 작품은 올더스 헉슬리의 《멋진 신세계》. 전형적인 디스토피아 소설로 조지 오웰의 《1984년》과 우열을 다투다가 낙점됐다. 조지 오웰의 작품에 비해 비교적 덜 읽혀왔고, 최근 생명복제 조짐과 맥락이 닿는다는 점에서 선택된 것이다. 두 작품 다 문명의 발전이 전체주의의 비인간화를 낳을 수도 있다는 전망과 경고를 내렸다는 점에서 같은 계열이다. 원제는 셰익스피어의 작품에서 따온 'Brave New World'이니 (만용에 가까운) '용감한 신세계'라는 직역이 적합할 것이다. 남녀가 결합하여 아이를 낳는 행위는 야만이어서 공장에서 유전자 조작을 통해 계급별로 주문 생산된 인간들만 탄생하고 이들은 '소마'라는 '행복을 가져다주는 약'에 의해 아무 생각 없이 하루하루를 살아간다. 무비판적 기능인, 이것이 멋진 신세계에 사는 표준적인 인간형이다. 작가이기 이전에 통찰력 있는 지식인으로 헉슬리가 그려 보인 미래상은 놀라운 바가 있다. 아마 이런 것이 문학의 위대함일 것이다. 작품이 씌어진 1930년대이거나 오늘날이거나 인류가 가장 경계해야 할 것이 무엇인지를 여실히 보여주는 작품이다.

계속해서 임어당의 《생활의 발견》, 연암 박지원의 산문집들, 도스토예프스키의 《백치》 등으로 이어나갔다. 이렇듯 고전 명저들을 계속 읽어 나가노라니 신간을 찾아 읽는 일이 좀 허망하게도 가벼운 일인 양 느껴지기도 한다. 고전 섭렵만으로도 한평생일 것이다. 고전물과 신간 사이에 균형을 잘 취하는 태도, 이것이 필요할 텐데 쉽지 않은 일이다. 그러나 어쨌든 요즘 독서 풍토처럼 거대한 삼림 같은 전 세대 명저의 숲을 외면하고 간다는 것은 너무나 아까운 일이다.

문인 183명의 고전 체험기

만일 이 글을 읽는 사람이 아직 머리에 굳은살이 배지 않은 순진한 젊은이라면 슬그머니 일러줄 비밀이 하나 있다. 세상에서 '한 글' 쓰고, '한 말씀' 하시는 박학의 식자들도 실상은 그렇게 많은 책을 읽지 못했다는 사실이다. 오래 살다 보니(?) 세세곡절 속사정을 뻔히 아는 문필가며 교수들이 주위에 즐비한데 실상이 정말 그렇다. 한국에서 고등학교 과정까지 마치면서 책을, 그것도 고전물을 두루 읽었다면 그건 거짓말이다. 대학생 시절? 1990년대 이후로는 죄다 영화 보느라 시간이 없었을 테고, 내가 체험한 1970~80년대라면 올드 마르크시즘에 기반한 사회과학서 몇 권으로 독서는 쫑이었다. 아울러 책 읽을 저녁시간마다 얼마나 술을 퍼마시며 세월을 죽이는가.

너나없이 사정은 비슷한데도 어떤 이는 견고한 지식의 성채를 쌓아 올리고 또 어떤 이는 평생을 어리둥절로 보낸다. 차이는 어디서 생기는가? 시인 장석주가 장 그르니에의 말에서 적절한 답변을 찾아냈다. "일생의 어떤 일정한 시기에 읽기에 적당하게 쓰어진, 그 특정한 시기에서만 감상하기에 적당한, 그런 책이 있다." 그렇게 '적당한 책'을 편의상 고전이라 일러도 좋으리라. 인식의 성장기에 그런 책 몇 권에 미칠 듯이 열광해본 체험이 있고 없고의 차이는 결정적이다. 그것은 독서량의 문제가 아니며 독서 능력의 차원 또한 아니다.

∽

　하늘연못에서 아이디어를 냈다. 문인들 183명을 동원해 고전물 체험담을 엮은 것으로《21세기 @ 고전에서 배운다》라는 제목. 출연자들을 보니 노장청이 안배된 가운데서도 젊고 예민한 문인들의 면면이 두드러진다. 아하, 섹시한 고전 안내서를 추구한 거구나. 그러니까 고매한 말씀의 잔치보다는 괴롭고 아프고 사사로운 책의 추억을 털어놓으라는 거다. 한데 정작 추억담을 읽기에 앞서 알 만한 이름들이 추천한 책의 성격 때문에 킬킬거리며 웃는다. 가방끈 길이에 약간 문제를 느낄 법한(작가에게는 전혀 흠이 아니지만) 인물 몇몇은 유난히 거창한 책을 짚어냈고, 세상이 알아주는 똑똑분자들은 짐짓 소박한 책을 꺼내는 너스레를 떤다. 그러다 보니 이 두서없고 두툼하기만한 두 권짜리 안내서는 고전을 소개받는다는 실용적인 효용에 앞서 우리 문인들의 심리 지형도를 읽어보는 독자적인 독서물로 즐겁다.
　한데 지겨운 고전을 요즘 누가 읽나. 조심스럽지만 나도 한마디. 진짜 멋쟁이는 시류를 벗어난다네. 아무리 개그 콘서트가 재미있어도 '어떻게 태어난 인생인데' 도스토예프스키나 카잔차키스 혹은 니체, 들뢰즈를 모르고 지나기엔 인생이 너무 아깝지 않은가.

나는 이런 책을 읽어왔다

어떤 잡지사에서 '왜 한국인은 책을 잘 읽지 않는가'에 대해 써달라는 원고청탁을 받은 적이 있다. 고심 끝에 내려본 첫 번째 답은 '안 읽어도 사는 데 별 지장이 없기 때문에'였다. 일상생활에서 책에 담길 만한 부피의 화제가 오가는 일도 없지만 괜시리 유식을 떨어봤자 왕따 당할 우려만 있는 게 우리 사회 분위기다. 지식은 신문·TV에, 감동은 영화·만화 속에 넘쳐흐른다.

여기에 따르는 한 가지 생각. 사람들이 통상 읽어야만 할 의무감으로 떠올리는 독서물은 어떤 종류일까? 혹시 학교시절 귀에 못이 박히도록 들어온 거룩한 고전 명저, 그중에서도 특히 문학작품류는 아닐까? 그런데 그게 꼭 필요한 책일까? 책이 읽히지 않는 풍토를 개탄만 할 게 아니라 책읽기의 의미와 대상, 방법 모두를 다시 생각해볼 필요는 없을까?

다치바나 다카시의 《나는 이런 책을 읽어왔다》는 저자의 왕성한 독서체험을 토대로 원점에서 새롭게 생각해본 독서론, 독서술에 관한 책이다. 내용에 앞서 저자 자체가 흥미롭고 괴이한 연구대상의 인물이다. 40여 권의 저서를 낸 자유저술가로서 다나카 전 일본 수상이나 공산당에 대한 연구서를 내는가 하면 생태학, 뇌과학, 현대음악, 변태성욕, 신비체험, 신흥종교, 인터넷, 우주, 분자생물학, 원숭이학 등등 정신을 차릴 수 없는 목록이 나온다.

"한우물을 파라"는 고전 가르침을 떠올린다면 대뜸 하나를 알면 열 권의 책을 쓰는 사이비를 연상하기 쉽겠지만 그런 인물이 결코 아니다. 책 안에도 '나의 서재, 작업실' 편에 재미있게 소개되어 있는데, 약 35,000권의 실제로 섭렵한 자료도서를 4층짜리 별도 빌딩(일명 고양이 빌딩)에 보관해놓을 만큼 엄청난 독서가에다 알아주는 논객이다. 한 분야에 대한 글을 쓸 때 보통 5백 권 이상의 전문서를 읽는다는데, 바보들만 살 리가 없는 일본사회에서 그가 받는 관심과 존경의 무게를 생각하면 신뢰해도 될 만한 인물이라는 얘기다.

─────

'오토마톤'이라는 정보과학 이론을 동원해 인간의 원초적인 지적 욕구가 내면의 성장에 미치는 영향을 설명한 첫 장 내용은 서둘러 지나쳐도 좋다. 별로 들어보지 못했던 얘기는 다음 장 '나의 독서론'에서부터 줄줄이 나온다. 먼저, 고전이 좋은 책이라는 통념부터 그는 부정한다. 칸트, 헤겔, 뉴턴, 사르트르 등은 다치바나에 따르면 고전도 아닐뿐더러 이미 시효가 다했다. 전문 연구자 외에는 읽을 필요가 없다는 것이다. 물론 최근 몇십 년 내외의 명저도 찾아 읽는 수고를 할 필요가 없다. 그의 관심은 날마다 쏟아져 나오는 '신간 전문서'에 있다. 현재 진행 중인 최첨단 일에 대한 흥미, 거기에 인류가 이룩한 지식의 총체가 담겨 있다고 주장한다.

그렇다면 어떤 책을 어떻게 사서 어떻게 읽을 것인가. 실용편이다. 먼저 서점에 갈 때 필요한 것보다 훨씬 많은 돈을 준비한다. 반드시 여러 군데 서점을 순례하고 분야별로 관점이 다른 책 여러 권을 한꺼번에 산다. 산 책은 책꽂이에 꽂지 말고 책상 위에 쌓아놓는다. 책은 좀 험하게 다루되 읽을 때 메모는 하지 않는다. 조금 읽어보다 시시한 책은 내던진 다 등등. 왜 이런 식의 권고를 하는지 저자의 상세한 설명을 옮기는 것은 무리다. 하여간 독서로 일가를 이룬 인물의 체험담을 통해 우리가 평소 지녀왔던 책과 독서에 대한 엄숙주의가 꽤나 흔들리는 경험을 하게 된다.

흥미도, 구체적인 쓸모도 없는 책을 아무리 읽으라고 캠페인을 해도 소 귀에 경 읽기일 뿐. 다치바나의 용어를 빌리자면 '목적으로서의 독서' 즉 즐거움과 교양을 위해 책을 읽는 시대는 지났는지 모른다. 그렇다면 다시 처음이다. 왜, 어떤 책을 읽어야 하는가? 다치바나를 읽으면 상당한 이유와 방법을 찾을 수 있다.

릴케, 고흐, 모딜리아니, 카프카와의 만남

신문사의 인기 부서가 경제부, 정치부를 떠나 문화부로 옮겨가고 있다는 말이 들린다. 기자 개인의 장기적인 입지로 보아 문화 쪽이 더 영양가가 높다는 판단에서일 것이다. 과연 문화의 세기 운운이 빈말은 아니었던지 출판 쪽에서도 원래 '안 팔리기로' 정평이 있는 예술서류가 꽤 쏟아져 나온다.

∾

주로 번역서가 중심이지만 국내 저자의 저술도 의외로 많다. 특히 전문가가 아닌 일반 애호가의 오랜 공력이 담긴 책에서는 저자의 인생살이가 함께 엮여 읽는 맛이 더해진다. 소설가 김원일의 《그림 속 나의 인생》에서는 마냥 궁상스러웠던 1950, 60년대에 가난한 한 시골소년이 어떻게 미술의 황홀경에 한 발 한 발 디뎌갔는지를 살갑게 보여준다. 시인이자 불문학자 이가림의 《미술과 문학의 만남》 역시 그러하다. 이가림의 미술 애호는 궁상보다는 뭐랄까, 고급한 취향의 세계 그리고 보다 전문적인 식견의 깊이를 도모했다는 특징이 느껴졌다.

∾

근래 나온 예술서 가운데 누구나 관심을 가질 법한 인물 네 명이 얼른 눈에 뜨인다. 라이너 마리아 릴케, 빈센트 반 고흐, 아메데오 모딜리아니, 그리고 프란츠 카프카. 살아생전에는 자신이 이렇게 인류사적인 천재로 대접받을지 상상도 하지 못했을 인물들이다. 왜들 그토록 핍절한 생애를 살아야 했던 것인지. 이들은 삶 못지않게 죽음의 내력 또한 애잔하다.

모딜리아니는 36세에 알코올 중독과 더불어 결핵성 뇌막염으로 죽었고, 고흐는 37세에 권총으로 배를 쏘아 자살했다. 카프카는 41세에 폐결핵으로 죽었고, 장미 가시에 찔려 죽었다고 소문난 릴케가 그중 오래 산 편이어서 52세에 실제로는 백혈병으로 죽었다.

먼저 《라이너 마리아 릴케의 르네상스 미술기행》, 릴케가 직접 쓴 서간체 일기장인 이 책은 집필 내력에서 미소 짓게 만든다. 철학자 니체와 사귀었던 당대의 여걸 루 살로메에게 편지를 쓰는 형식으로 씌어진 것이다. 온갖 사내의 숭배를 받았던 살로메이니만큼 당시 약관의 무명 시인인 릴케에게 관심이 갔을 리가 없다. 혼자 사모하다 무시만 당한 릴케는 상심 끝에 그녀에게 편지를 쓰듯이 이 예술기행문을 써 내려간 것이다(나중에 그녀에게 원고가 전달되었는지는 불분명하다). 이탈리아 피렌체를 여행하며 보고 느낀 온갖 상념을 펼쳐나간 내용인데 대시인다운 감성의 풍요로움에 압도된다. 약간 호들갑스럽다 할 대목도 적지 않다. 오래전 나 역시 같은 코스를 여행한 적이 있는데 '너무 엄청나서' 아예 느낌도 없을 만큼 멍청해져버렸던 기억이 절로 난다. 어쨌든 〈별 헤는 밤에〉 윤동주가 그리워한 릴케의 식견이다. 읽다 보면 자기도 한 급 올라간다는 도취에 빠지게 된다.

프랑수아 베르나르 미셸의 《고흐의 인간적 얼굴》은 좀 독특한 책이다. 고갱과 동거하던 고흐가 자신의 귀를 잘라 창녀에게 전해주었던 바로 그날 실제로 무슨 일이 벌어졌는지를 미스터리 스릴러물처럼 추적해나간 것이다. 저자 베르나르 미셸이 강력하게 주장하는 사실은 결코 고흐가 정신분열증 환자가 아니라는 점이다. 아울러 비극적인 자살의 실제 동기를 규명하는 일이다. 책에 따르면 고흐는 결코 미치광이가 아니었으며 다만 누구나 겪을 수 있는 우울증을 앓았을 뿐이다. 자살 역시 그의 주치의였던 가셰 박사가 거의 조장한 것이나 다름없다는 설명이다. 이제 와서 그 사실성 여부가 왜 중요한 것일까. 저자가 직접 말하지는 않지만, 우리 모두가 약간은 고흐 같은 증세와 상황에 처해 있다는 걸 말하고 싶어 한 것은 아닐까.

모딜리아니. 아, 모딜리아니. 모딜리아니 책이 있다. 앙드레 살몽이 쓴 《모딜리아니, 열정의 보엠》. 불행했던 광기의 인생. 우리들의 이중섭을 떠올리게 하는 그 파격의 생애. 그의 생애를 모르기 전에는 단지 여인의 얼굴을 길쭉길쭉하게 그리는 이태리 출신의 화가로만 알고 있었다. 하지만 그는 파리 몽파르나스의 불행한 왕따였다. 불멸의 연인 잔느 에뷔테른느와의 '상식으로 이해되지 않는' 관계도 그의 성향을 알고 보면 이해 못 할 일이 아니다. 저자 앙드레 살몽은 모딜리아니와 친구지간인 작가인데 그가 죽고 50년 세월이 흐르고 나서 이 책을 썼다. 다들 뭔가 잘못 알고 있다는 안타까움 때문에. 가난과 술과 마약과 여자. 이 책은 한때 예술부문 베스트셀러 명단을 누볐다. 어디 예술가의 질풍노도의 생애가 과거의 전설이기만 하겠는가. 이 땅 어느 구석에서도 모딜리아니의 길을 따르는 미치광이들이 폭음과 황음荒淫에 빠져 헤매고 있을 것이다.

끝으로 카프카의 귀여운 책 하나를 추가한다. 《카프카의 엽서-누이에게》. 이 책은 귀엽다고 말할 수밖에 없다. 현대문학의 출발지로 삼는 그의 작품이 쉽지 않은 건 누구나 아는 사실. 하지만 카프카가 직접 쓴 이 책은 조금도 난해하지 않다. 당연하다. 출판될 줄은 상상도 하지 못했던 글이니까. 카프카가 자기 가족들, 특히 믿고 의지했던 누이 오틀라에게 보냈던 사신 120여 통을 묶은 것이다. 여기엔 "나는 문학이다"라고 했던 카프카의 문학 이전의 상태가 잘 드러나 있다. 전율, 불안, 소외, 좌절을 의미하는 용어로 '카프카에스크 Kafkaesk'라는 말이 태어나도록 했던 그였지만 아들이자 오빠로서의 카프카는 일면 평범하고 또한 꽤나 생활인이었다(하긴 직업이 보험회사 직원이지 않았던가). 작가 혹은 예술가는 작품 못지않게 그의 삶이 또 하나의 작품이다. 작作을 도모하지 않은, 날것의 카프카를 접하는 흥미가 쏠쏠하다.

일생에 한 번쯤은

코미디언 이기동을 아느냐 모르느냐로 세대 구분을 한다는데, 문화 언저리에도 그런 잣대가 있다. 문지(문학과지성사), 창비의 지난날의 위광을 아느냐 모르느냐가 그것이다. 그 시절을 겪어본 사람이 아니면 정말 모른다. 그들의 계간지에 글이 실린다는 것, 그곳에서 책이 나온다는 것, 혹은 그 동네 어른들을 어디 술집에서 얼굴이라도 한번 본다는 것. 문학청년 내지는 지식인연하는 사람들에게 그것은 밤잠을 설칠 굉장한 사건이었다. 그때의 위광은 진정한 권위와 존경심의 산물이었다.

그런 문지와 창비가 한동안 꽤나 두들겨 맞았다. 문지는 서울대 학벌을 배경으로 한 문화계의 권력집단이다, 창비는 연이은 밀리언셀러 발간 이래 상업주의에 젖어들었다 등등. 강준만, 김정란, 권성우만 그러는 게 아니다. 오히려 대학생들이 앞장서 비난의 풀무질을 해대니 이거야말로 금석지감.

짧은 지면에 이른바 문학권력 내지 상업주의 논쟁에 의견을 보태기는 힘들지만 소박하게 내 입장을 들키자면, 정신없이 쏟아져 나오는 신간의 홍수를 보라. 그래도 이만한 양서를 내는 출판사가 국내에 몇이나 되는지를.

문학과지성사에서 《대산세계문학총서》를 내고 있다. 대산재단의 지원금 덕분일까. 《닥터 지바고》나 《개선문》 같은 안전빵으로 장사할 생각은 아예 없는지 기존 세계문학전집류와 뭐가 달라도 한참 다르다. 완전히 낯설거나 너무도 익숙한 저자들로 구성된 것. 가령 로렌스 스톤, 페르난데스 데 리사르디, 조라 닐 허스턴 같은 낯선 작가를 앞세운 것은 기존의 진부한 고전 명단에 대한 반성의 소산일 터. 그리고 치밀한 각주와 더불어 하이네나 아폴리네르의 시집 완역본을 명단에 넣은 것은 이 땅에서 이발소 액자나 여고생 편지를 연상시키는 두 시인의 부당한 팔자를 고쳐보고자 하는 야심인 듯.

나는 이 새롭고 의욕적인 세계문학전집에서 하이네의 초기 시편 《노래의 책》과 아폴리네르의 첫 시집 《알코올》에 끌린다. 사람답게 살려는 한 일생에 한 번쯤은 그런 엄청난 시혼의 블랙홀에 빠져보아야 하지 않겠는가 하는 욕구. 그들만 그러한가. 릴케, 말라르메, 엘뤼아르…… 이름만 익숙하지, 어디 제대로 읽어본 적이 있어야 말이지. 문지의 이름값을 믿고 한번 달려들어본다.

문학교육을 검증한다

정형외과 개업의로 있는 친구의 말이, 관절염 오래 앓은 환자치고 고양이 삶아 먹지 않은 사람이 드물다고 한다. 더 흔하게는 지네를 말려서 갈아 먹는다고도 한다. 엽기다. 하지만 나이 든 세대들에게는 이런 엽기가 의학적 '상식'으로 통용된다. 굳이 이해를 해보자면, 야들야들하게 유연한 고양이의 신체나 엄청나게 많은 지네의 다리가 사람 관절에도 좋을 거라는 상사론적(?) 추론이 작용한 게 아닐까 싶다. 하지만 그게 대체 말이나 되는가?

중세의 윤리와 최첨단 디지털 문명이 공존하는 우리 사회에는 아직도 무수한 거짓 상식들이 판을 친다. 거짓 상식이 판치는 까닭은 현상을 근원적으로 되물어보는 인식의 힘이 결여되었기 때문이다. 당연한 일이다. 중고교시절에 '의문'을 가지면 문제아가 된다. 오로지 주어진 정답을 찾아내 맞혀야만 하는 것이 공부였다. 대학, 대학원을 가서 학위를 해도 사태는 마찬가지다. 지도교수와 다른 의견을 가졌다가는 낙동강 오리알 신세다. 가공할 일이다.

～

상식의 허구를 뒤집어보는 책들이 간혹 나온다. 주로 과학분야의 번역서들인데 무척 재미있게 읽힌다. 하지만 그런 경우 상식이 뒤집힌다기보다는 무지가 밝혀지는 일이 대부분이다. 문제는 인문·사회과학 쪽의 광범위한 오류와 허위의식에 도사리고 있다. 동아일보에 연재된 신복룡 교수의 글이 그런 점에서 무척 주목된다.

가령 한민족이 단일민족이라는 오래된 신화에 대하여. 과연 '상식'적으로 그게 가능한 일인가. 신 교수는 치밀한 논증을 통해 우리 민족은 북방인과 남방인 그리고 외래의 귀화인으로 구성되었다는 점을 밝혀낸다. 상식적으로 생각하면 당연한 일인데 어떤 학자도 그걸 논증하려 들지 않았다. 배달겨레의 일체감을 해치지 않기 위한 배려였을까.

화랑이 호국의 무사도 집단이라는 '상식'도 마찬가지. 나 역시 전공 탓에 분명히 《삼국유사》 원전에서 보았지만, 화'랑'花郎이 아니라 화'낭'花娘으로 표기되어 있다. '꽃 같은 여자의 집단'이란 뜻으로 부락 축제의 리더를 말한다고 한다. 신 교수의 설명으로는, 화낭의 구성원이 후대에 남자로 바뀌었을 때 그들은 '얼굴 고운 남자' 즉 신라 여왕의 성노리개 내지는 박수무당을 뜻한다고 한다. 화냥년이라는 욕이 대체 어디에서 온 말이겠는가.

화랑이 떠받들어진 계기는 지금으로부터 50여 년 전, 이승만 대통령의 지시에 의해서라고 한다. 청년들의 애국심을 고취시킬 전범을 역사에서 찾아내라는 대통령님의 엄명에 따라 관변학자가 급조해낸 것이라고. '상식'적으로 이상하지 않은가. 그토록 위대한 신라의 화랑정신이라면 수많은 기록이 있어야 할 텐데 단지 50년 전부터 갑자기 칭송되기 시작한 일이.

～

상식 타령이 좀 길었다. 며칠 전 고대 이남호 교수의 책을 읽은 탓이다. 현대문학사에서 나온《교과서에 실린 문학작품을 어떻게 가르칠 것인가》. 한마디로 통쾌한 책이다. 교과서의 교과지침은 성서적 권위를 갖는다. 학교를 졸업하고서도 그때의 그 지겨운 가르침들은 평생의 상식으로 남는다. 한데 그게 과연 제대로 된 문학 이해였던가?

먼저 이 숨 막히게 딱딱하고 단순명료한 제목의 책이 얼마나 재미있게 읽혔는지를 먼저 밝히는 게 순서일 것 같다. 국어과 중등교사를 위한 문학교육 지침서려니 여겨져 도대체 읽을 인연을 느끼지 못했건만, 저자에 대한 평소의 호감 때문에 몇 쪽을 넘기다가 장장 423쪽을 단숨에 다 읽고 말았다. 중고등학교 교과서에 나오는 시 17편, 소설 9편에 대한 교육지침을 재검토한 분석서에서 왜 깨소금 맛까지 느끼게 됐을까. 이유는 단순하다. 우리가 너무나 잘 아는(사실은 안다고 생각하는) 작품들을 다루고 있기 때문인 것. 아울러 어딘가 석연치 않았던 학교시절의 의문을 통렬히 밝혀준 것.

～

　소월의 〈진달래꽃〉, 이상의 〈거울〉, 만해의 〈님의 침묵〉, 그리고 이효석의 〈메밀꽃 필 무렵〉, 현진건의 〈운수 좋은 날〉, 김유정의 〈동백꽃〉 같은 작품들은 이 땅에서 자라난 사람들에게는 가나다라 같은 의미를 지닌다. 이들 작품을 놓고 얼마나 많은 숙제와 문제풀이를 했던가. 밑줄 친 낱말의 의미를 달달 외우기 위해 얼마나 많은 시간과 정성을 들여야 했던가.

　저자는 대상 작품 26편 모두를 일관되게 세 개의 분석틀로 접근한다. '배우기에 적절한 작품인가' '어떻게 가르치고 있는가' '어떻게 가르칠 것인가'. 학생시절에 이런 점을 검토할 능력은 없다. 고등학교를 졸업하고 나면 문제의식은커녕 지겨워하면서 배웠던 내용들이 해당 작품에 대한 '정답'으로 각인된다. 특별한 소양을 지녔거나 대학에서 전공하는 게 아니라면 대부분 본격문학 작품의 감상은 그걸로 '끝'이 된다. 새삼 놀랍지 않은가. 출판물의 절반을 차지하는 문학류의 학습은 중고교시절의 괴로웠던 체험이 거의 전부를 차지하는 것이다.

～

　저자의 분석은 냉정함을 넘어 독설에 가까운 인상까지 준다. 가령 김광섭의 시 〈성북동 비둘기〉의 경우는 "언어의 아름다움도 별로 없고, 깊은 함축적 의미나 인상적인 표현도 별로 없"는, 교과서에 실리기에 부적절한 작품으로 진단된다. 이 작품에 대한 교과서상의 핵심 정리는, "내용상—서정시, 형태상—자유시, 성격상—참여시, 경향상—주지시"이고, 주제는 "파괴되어 가는 자연에 대한 향수와 문명비판 및 산업화, 도시화에 의한 인간성 상실의 비판"으로 되어 있다.

　저자는, 이 작품뿐만은 아니지만, 이런 식의 요점 정리에 대해 통렬한 부정과 비판의 칼을 들이댄다. 서정시는 내용으로 구분되는 것이 아니며, 작품 본래의 성격이 참여시적인 것도 아니고 주지적 경향의 작품도 아니라는 것이다. 아울러 문명 비판이라든가 인간성 상실이라고 잡은 주제도 너무나 거창하게 부풀린 사항이라고 평가한다. 왜 그러한가에 대한 저자의 상세한 설명을 자세히 옮길 수는 없다. 다만 〈성북동 비둘기〉는 제목 그대로 성북동 산에 살고 있던 비둘기들의 현실에 관한 시로 읽어내는 것이 우선하는 독법이라는 점이 강조된다.

　마찬가지로 만해의 〈님의 침묵〉에서 조국, 진리, 구도정신, 불가의 공사상, 유마의 중도사상 등을 끄집어내는 교과서의 '학습지침'에 대해서도 저자는 되묻는다. '날카로운 첫 키스의 추억'을 되뇌는 이별의 시에서 '연인'을 떠올리지 않고 왜 그리 현란한 사변을 들이미는가 하고.

　나도 저자의 견해에 동의하면서 새삼 놀란 바이지만, 교과서가 가르치는 작품 분석이란 너무나 거창하고 불필요하게 현학적이며 작품 외적인 참조사항을 배우는 데 치우쳐 있다. 그 까닭을 저자는 작품을 제대로 즐기고 이해할 능력이 없는 교과서 편찬자들과 정답 찾기에 주력하는 입시제도에서 찾고 있다. 군데군데 과도한 지적으로 느껴지는 바도 없지 않지만, 전체의 문면을 놓고 보면 우리의 문학교육이 얼마나 반문학적인지, 그리고 학교의 문학교육 덕분에 도리어 얼마나 문학을 경원시하게 되는지가 선명히 다가오는 책이다.

《두고 온 시》, 고은, 창비

《페스트》, 알베르 카뮈, 책세상

《걸리버 여행기》, 조나단 스위프트

《로빈손 크루소》, 대니얼 디포

《데미안》, 헤르만 헤세

《멋진 신세계》, 올더스 헉슬리, 범우사

《1984년》, 조지 오웰, 민음사

《21세기 @ 고전에서 배운다》, 성석제 외, 하늘연못

《나는 이런 책을 읽어왔다》, 다치바나 다카시, 청어람미디어

《그림 속 나의 인생》, 김원일, 열림원

《미술과 문학의 만남》, 이가림, 월간미술

《라이너 마리아 릴케의 르네상스 미술기행》, 릴케, 가람기획

《고흐의 인간적 얼굴》, 프랑수아 베르나르 미셸, 이끌리오

《모딜리아니, 열정의 보엠》, 앙드레 살몽, 다빈치

《카프카의 엽서-누이에게》, 프란츠 카프카, 솔출판

《노래의 책》, 하인리히 하이네, 문학과지성사

《알코올》, 기욤 아폴리네르, 문학과지성사

《교과서에 실린 문학작품을 어떻게 가르칠 것인가》, 이남호, 현대문학

chapter 9
영혼의 문제

RAISON D'ETRE

화난 사람을 위하여

어쩌다 한가한 틈이 있어 텔레비전 토론에 코를 박고 있다 보면 정말 말들도 많다는 생각이 새삼 든다. 좋은 말, 훌륭한 말씀들이 흘러넘쳐 숨이 막힐 지경이다. 거의 잡지 수준으로 증면된 신문의 숱한 칼럼들에도 고귀한 말씀들은 차고 넘친다. 그토록 좋은 말들을 많이 하는데 왜 이토록 세상은 변함이 없을까.

생각해보니, 이제는 말의 내용에 앞서 누가 말했느냐가 더 중요해진 게 아닐까 싶다. 그의 행적으로 담보되지 않은 말들은 그저 좋은 말, 이른바 립서비스에 불과한 것으로 여겨진다. 그렇다. 말할 자격이 있는 자가 말하라!

달라이 라마가 각광받는 이유가 그것이다. 사실 별 특별한 내용도 아닌 듯한 강연에 엄청난 청중이 모이고, 평이한 담화로 채워진 그의 책들이 널리 읽힌다. 그렇다. 그분이야말로 평화를 말할 자격이 있지 않은가.

∽

　달라이 라마에 이어 틱낫한 스님의 책도 읽히기 시작했다. 《첫사랑은 맨 처음 사랑이 아니다》라는 오해받기 쉬운 제목의 책을 필두로 해서 모두 80권이 넘는 틱 스님 저서의 상당량이 번역 출간되었다. 아예 서적 분류에 스피리추얼 라이프(영적 생활)라는 항목이 신설될 만큼 영성의 문제가 중시되는 추세와 맞물리면서 두 큰스님은 국내에서도 대표주자로 자리 매김 되는 듯하다.
　틱낫한, 우리말로 석일행釋一行이라는 뜻을 지닌 베트남 출신의 프랑스 망명 스님의 행적은 간략히 말해 '참여'에서 '명상'으로의 이행이라고 요약된다. 1960년대, 베트남 전쟁의 참화 속에서 평화운동을 전개하던 그는 1980년대 접어들어 활동 근거지를 프랑스로 옮기면서 근본적인 변화를 겪는다. 남프랑스 보르도 지방에 플럼 빌리지, 자두마을이라는 의미의 명상수련센터를 건립한 것이다. 사회운동을 포기한 것이 아니라 인류의 근원적인 문제로 차원 이동을 한 것이다. 플럼 빌리지 이래로 그의 메시지를 필요로 하는 대상은 베트남 민중에서 마음에 상처를 안고 사는 전 인류로 확대되었다.

∽

　틱 스님의 저서 가운데 국내에서는 《화》가 가장 많이 읽히는 것으로 알려졌다. 스님의 대표저작이라고 할 수도 없고, 특별히 종교적 내용도 담고 있지 않은 내용이 가장 많이 읽히는 현상이 흥미롭다. 짐작건대 제목 그대로 '화'를 다루고 있어서가 아닐까. 외국인이 보기에 한국인들은 가만히 있어도 화가 난 사람처럼 보인다고 말할 만큼 삶의 스트레스가 많은 게 우리 사회니까. 이 책은 명상 지도자인 스님이 어떻게 하면 화를 극복할 수 있는지 구체적인 해법을 제시한 일종의 생활지침서 같은 인상을 준다. 예컨대, '화가 날수록 말을 삼가라' '화가 났을 때 남의 탓을 하지 마라' '무의식중에 입은 상처가 화를 일으킨다' '남을 용서하는 것도 화풀이의 한 방법이다' 하는 식. 권말에는 부록으로 '화를 다스리기 위한 4가지 방법'까지 담겨 있다. 체계를 갖추지 않은, 그러나 구절구절 구체적인 활용지침을 담고 있다.

책을 읽은 내게는 본문에서 건진 두 단어가 계속 뇌리에 남는다. 마인드풀니스mindfulness, 마음다함과 자각이 그것. 전자는 불가적 세계관의 현대적 실천 덕목을 뜻하고 후자는 일종의 명상 기술이다. 마인드풀니스가 삶의 정신적 측면을 이끈다면 자각은 특히 행동적이고 신체적인 것이다. 나는 지금 밥을 먹고 있다, 이것은 나의 왼팔이다, 하는 식으로 행위와 육신을 구체적으로 인식하고 있는 상태를 유지시켜 존재의 각성을 이끄는 것이 자각이다.

너무도 쉬운 문장들로 이루어진 《화》의 내용은 그러나 결코 쉬운 이야기만은 아니다. 종교적, 철학적 함의가 도처에 숨어 있기 때문이다. 당대의 생불로 추앙받는 큰스님이 평범한 사람들의 일상으로 내려와 나직하게 일깨워주는 말들을 우리는 겸허하게 귀 기울여야 한다. 조국으로부터 추방당한 그는 적어도 울화와 분노에 대해 말할 자격이 있으니까.

아름다운 삶

21세기를 전망하는 무수한 예견 가운데 가장 심란한 대목이 가족관계에 대한 것이다. 자크 아탈리의 말을 들어보면 한 쌍의 남녀가 부부를 이루어 아이를 낳아 기르는 방식의 전통적인 가족관계는 곧 붕괴될 거라고 한다. 태어나면서부터 무수히 가변적인 여러 형태의 인간관계 속을 헤매다 한 세상 홀로 마치게 될 거라는 건데, 유명한 석학의 말씀이니 헛소리야 아닐 테지만 과연 그러할까? 하지만 프랑스의 경우는 팍세 법안(비혼인 동거남녀에 대한 제도적 지원장치)의 통과에서 보듯이 가족 해체는 눈앞의 현실인 모양이다. 우리의 경우도 컴퓨터 키보드 앞에서 성장기를 다 보낸 아이들이 성년이 되면 공동체 의식을 중심으로 한 전통적인 인간관계에 많은 변화가 일어날 것이다. 여태껏 아날로그의 삶을 살아온 사람들에게 그런 변화는 두려움과 혼란을 안겨준다. 어쩔 것인가? 열심히 대세를 추종할 것인가, 아니면 가녀린 저항이라도 해볼 것인가? 혹시 '제3의 길'은 없을까?

어떻게 사는 것이 옳은지 몰라서 잘 못 사는 사람은 없다. 실천이 어려운 것이다. 지나간 아날로그 시대에 가장 원칙적이고 근본주의적으로 아날로그의 삶을 실천한, 그래서 당대에는 사회로부터 여러 종류의 왕따를 당해야 했던 한 부부의 일대기가 책으로 나와 있다. 헬렌 니어링의 자서전 《아름다운 삶, 사랑 그리고 마무리》가 그것이다. 지난 1995년 91세로 조용히 생을 마감한 헬렌 여사가 87세에 쓴 책이다. 그녀보다 21세나 연상인 남편 스코트 니어링은 만 1백 세의 생을 살며 50여 권의 저서를 남기고 53년간 함께 산 아내의 곁을 먼저 떠나갔다. 숫자를 자꾸 들먹이게 되는 건 그들의 삶이 워낙 유장한 무게를 지녀서인 것. 이들 부부가 무엇을 했는지를 간단히 설명하기는 좀 벅차다. 이들의 무슨 업적 같은 것보다는 생활상의 소소한 실천들이 훨씬 의미를 지니는 탓이다. 질박하고 간소하기가 한국식으로 말하면 가나안 농군학교의 설립자쯤으로 비유하면 될까?

외모가 정말 아름다운 미국 처녀 헬렌은 음악을 전공하러 유럽으로 유학을 갔다가 세계적인 명상 지도자 크리슈나무르티와 연인관계가 된다. 여기까지가 예쁜 여자로서의 전형적인 삶이다. 우여곡절이 있은 후 귀국해 그녀가 택한 삶은 아버지뻘의 좌익 운동권 교수 스코트와의 환영받지 못한 결혼이었다. 이때부터 산업화와 대량소비라는 괴물과의 평생 싸움이 시작된다. 두 차례씩이나 대학교수 직에서 추방당한 후 이들이 택한 삶은 대자연의 질서에 순응하며 최소한으로 살아가는 일이었다. 마침내 이들의 거처 버몬트 농장은 미국 젊은이들의 순례지가 된다. 깨어 있는 삶이 어떤 것인지, 가족이란 서로에게 어떤 역할을 하는 존재인지, 더 나아가 사람은 왜 사는지, 유려한 문장에 실린 헬렌 니어링 여사의 일대기는 녹슬고 얼어붙은 가슴에 따스한 불을 지펴준다. 혹시 여기에 어떤 제3의 길이 숨어 있는 것은 아닐까.

결코 무거운 책은 아닌데 너무 숙연하게 말했나? 그렇다면 예술분야로 흘깃 눈길을 돌려보면 어떨까. 그 말발에 놀아나는 맛에 읽는 글쟁이들의 예술 에세이류. 작가 김원일의 미술 에세이 《그림 속 나의 인생》은 쓰고 매운 인생살이의 대목대목마다 그걸 위무해준 세계 명화가 두서없이 펼쳐진다. 작가는 말한다. "삶이 고통스럽고 절망적일 때 그 고통과 절망, 그 전율에 자신을 불태워버리고 싶을 때 그림은 구원이 될 수 있다." 섬진강 시인 김용택의 《촌놈, 김용택 극장에 가다》는 베스트셀러 반열에도 올랐다. 흡사 막춤을 추는 듯 이론 사절의 '영화 막 보기'가 유장 천리로 흘러가는데 저자의 구수한 영화 체험에서 독자는 마음의 평화를 얻는다고나 할까. 이론가, 평론가들의 박학에 질려온 사람들에게 이런 책은 쉼터와 같다.

느리게 살 수 있는 능력

첫째 빈둥거릴 것, 둘째 다른 이의 목소리에 귀 기울일 것, 셋째 고급스러운 권태―무의미할 때까지 반복되는 것을 받아들이고 취미를 가질 것, 넷째 꿈을 꿀 것, 다섯째 기다릴 것, 여섯째 마음의 고향―존재의 퇴색한 부분을 간직할 것, 일곱째 글을 쓸 것, 여덟째 술, 아홉째 모데라토 칸타빌레―절제보다는 절도를 가질 것.

프랑스 사회학자 삐에르 쌍소가 일러주는 시간에 쫓기지 않기 위한 방책은 이렇다.《느리게 산다는 것의 의미》. 쌍소의 메시지는 어느덧 이 땅에서도 하나의 시대정신을 형성하는 듯하다. 하긴 이런 말에 매혹되지 않을 현대인이 있을까. 히피들의 반문명론, 버트런드 러셀의 하루 4시간 노동론, 더 거슬러 올라가 에피쿠로스 학파의 쾌락주의에 이르기까지 인류 문명이 전개된 이래 느리고 게으르고 단순하게 살자는 주장은 끊임없이 반복돼왔건만 요즘처럼 절실한 울림을 주는 때도 없다. 느림, 느림, 느림! 느림의 예찬이 사방에서 울려 퍼진다.

사실 쌍소풍의 주장을 곧이곧대로 받아들일 수는 없을 것 같다. 사람마다 삶의 정황은 다 다르니까. 가난한 사람에게 너는 도둑맞을 것 없어 좋겠다고 부러워한다면 그것은 모독이다. 아무런 편의시설도 없는 저개발국 사람들에게 불편함의 예찬을 펼칠 수는 없는 일 아닌가. 쌍소의 주장은 일단 같은 링 위에 올라 있는 선수들, 그러니까 원하건 원하지 않건 부지런하고 치열하게 살 수밖에 없는 조건을 가진 사람들의 자아성찰에 해당된다.

모든 독서는 일단 자기 자신으로 귀착되는 법. 쌍소의 이야기를 읽으며 문득 혼란스러운 감정을 느낀다. 나는 과연 언제 한번 '부지런히' 살아본 적이 있던가. 내겐 이제 휴식이 필요해, 너무나 빠르게 달려오기만 했어, 차라리 권태를 느끼고 싶어, 하는 마음이 들 만큼. 가만히 주위를 둘러보면 대부분 나와 같은 심정을 느끼며 살아가는 게 아닌가 싶다. 남들은 다 치열하게 열심히 살고 있건만 나 자신은 언제나 게으르고 뒤쳐져 있다는 자괴감. 이 점이 바로 한국적 빠름의 반증일지도 모른다. 실제로 빠른 것이기보다는 빨라야 한다는, 즉 성실하고 부지런하고 무엇보다 경쟁에서 승리해야 한다는 사회적 강제와 개인적 강박관념. 느리게 산다는 것의 의미는 쌍소가 던져주는 단서를 거쳐 우리들 각자의 삶의 정황으로 재구성해야 한다.

 책에서 킥킥대며 밑줄을 쳐둔 대목. 사람의 신체기관이 얼마나 바쁜지를 언급한 대목인데, 우리의 심장은 하루에 18만 번을 뛰고 8,600리터의 피를 실어 나른단다. 무게로는 15톤의 양. 아울러 사람의 몸은 12,000리터의 공기를 필요로 하고, 한 번 사정할 때마다 1억 8천만 마리의 정자가 분출되고, 속눈썹은 하루에 11,500번을 깜빡거리며, 잠자는 중에도 평균 30번 이상 몸의 자세를 바꾸며, 하루 평균 1리터의 타액과 담즙을 분비해낸단다. 놀랍다. 이런 '한가한' 통계를 과학적으로 '열심히' 계측해내는 일은 느림 쪽일까 빠름 쪽일까.
 나는 지금도 늘 치열하게 살아야겠다는 결심과 좀 게으르고 여유 있게 살고 싶다는 욕망 사이를 오간다. 사실은 바빠야 할 때 게으름을 피우고 한가로울 때 그걸 즐기기보다는 공연히 마음이 번잡해질 때가 더 많다. 원인을 따져보니 스스로 삶을 장악해서 이끌고 가기보다는 언제나 어떤 상황 속에 끌려 다니는 데 급급했기 때문이다. 그러다 보니 목적의식을 갖고 행동하고 그 결과를 겸허하게 받아들이는 태도가 결여된 것이다.
 그런 점에서 느리게 살자는 쌍소의 권유는 유익한 참조가 된다. 그가 말하는 느린 삶이란 성찰적으로 살자는 뜻으로 이해된다. 무목적적이고 무반성적인 생활의 결과는 쓸데없는 바쁨을 낳는 한편으로 생의 괴로움의 원천이 되기도 하니까. 누군가 말했다. 느리고 게으른 것도 능력이라고. 그런 능력을 제발 갖고 싶은데 쌍소 선생, 당신의 문장은 너무 바쁘게 전개되는군요.

법정의 봄 여름 가을 겨울

말 사치를 한번 부려 '법정의 사회학'이라 일컬어본다. 덜 갖고 덜 소비하고 될수록 단순하게 살자는 무소유의 찬문이 1백만 명을 넘어 근 2백만 명에 육박하는 책 소유자를 만들어낸다. 민들레의 영토를 갈망하는 수녀시인에 대한 대중의 사랑도, 한 청정한 노추기경에 대한 가없는 사회적 익애溺愛도 마찬가지 범주에 속할 것이다. 모두가 모두를 향한 개탄과 비아냥과 증오가 판치는 시속의 악다구니 속에서 이들의 존재는 시렁에 얹어둔 별유천지. 차마 가르침대로 살 수는 없으되 마음만은 '그 섬에 가고 싶다' 같은 눈물겨운 보상심리가 작동한 것이다.

～

법정 스님의 에세이 선집 《봄 여름 가을 겨울》. 이들 계절의 이름이 곧장 환기시키는 것이 자연의 풍광이듯이 글 전편에는 산거의 한적과 더불어 다람쥐, 노루, 쏙독새, 휘파람새, 후박나무, 파초, 그리고 무엇보다 산, 산, 산 내음이 흠씬하다. 고승대덕의 학덕이나 '할!'을 기대했다가는 뒤통수 맞은 기분이 들기 십상일 것이다. 스님은 그저 "어제는 30리 밖 장에 가서 두부 한 모, 아욱 한 단, 식빵 한 줄, 낫 한 자루, 연필 두 자루를 사 왔네"라고 지인에게 졸박한 편지를 쓸 따름이다.

∽

일찍이 월든 호숫가의 헨리 소로가 앞서 있었고 가까이는 헬렌과 스코트 니어링 부부가 사랑을 받는다. 조금 다른 맥락이지만 달라이 라마 선풍을 연결지어도 좋다. 이즘^{ism}에 익숙하다면 이름하여 자연주의, 영성주의, 집산주의, 생태주의 등등. 무언가 정신의 공기압이 이동하고 있는 게 체감된다. 아니 이동해야 한다는 외침이 아직은 앞선다. 그것은 분배 이데올로기로부터의 궤도 수정을 뜻한다. 분배의 투쟁이란 대량생산을 전제로 성립되는 것. 저생산, 저소비에 기초한 에코폴리틱스(생태정치)로의 지향이 장차의 급진 과격 노릇을 하게 될지 모른다.

∽

그런 맥락에서 법정의 자리를 찾는 것은 자연의 조화와 섭리에 의탁한 스님의 평정심에 불경이 되는 걸까? 문장 어디에도 스님이 누구를 비난하거나 설교를 늘어놓은 흔적이 없건만 읽는 동안 내내 나는 야단맞는 기분이 들었다. 그러나 감히 스님처럼 살겠다는 반성문을 쓸 수는 없다. 교술적 가르침이 아니라 시적 체현으로 빛나는 법정의 사계절. 나는 그것을 내가 속한 세속의 언어로 번역해 읽는 수밖에 없었다. 그럴 때 법정이란 존재는 21세기형 급진의 아바타로 떠오르기도 한다는 말이다.

바다로 간 게으름뱅이

내가 그 입장이라면 얼마나 화나고 답답할까 싶어 보이는 사람들이 있다. 마땅히 있어야 할 자리에 있지 못하는 사람. 어쩌면 패배자나 낙오자처럼 보일 수도 있는 모습. 사회운동연구소 소장 정수복 박사와 그의 부인 장미란 씨가 그런 경우다. 학력이 곧 계급처럼 대접받는 한국사회에서 이들의 경력은 엄청나다. 박사에도 급수가 있는 법인데, 정수복의 경우는 파리 사회과학고등연구원에서 유명한 알랭 투렌의 지도하에 사회학 박사학위를 취득했다. 장미란 역시 같은 학교에서 사회심리학 박사과정을 수료했다.

소문을 들어 알고 있지만 굉장한 대학이고 대단히 가치 있는 학위가 아닐 수 없다. 데데한 외국대학에서 정체를 알 수 없는 논문으로 학위를 받고 교수 노릇 하는 사람이 얼마나 많은가. 그런데 정수복과 장미란은 교수가 아니다. 노력해보았지만 이 땅에서 교수가 될 수 없었다. 금전이 오가고 백이 동원되고 온갖 술수가 횡행하는 이 땅의 교수되기에 적응할 수 없었기 때문이다. 바보 아냐? 좀 둥글둥글 잘해볼 일이지. 그러나 그들은 똑똑해지기보다 바보가 되기를 선택했다. 《바다로 간 게으름뱅이》는 속도와 물량과 투쟁으로 점철하는 현대사회에서 느림의 철학으로 대응하기로 결심한 지성인의 기록이다.

이 책의 내용은 피에르 쌍소의 《느리게 산다는 것의 의미》가 선풍을 불러일으키기 훨씬 전인 1997년부터 집필되고 각종 강의를 통해 전파되었던 것이다. 시세에 영합하여 급조된 아류작이 아니라는 얘기다. '생태학적 상상력'이라고 지칭할 수 있는 삶의 철학이 근간을 이루며, 수입이론에 토대를 두고 있는 연구실의 소산이 아니라 존재를 걸고 행한 실천의 소산이다. 저자들은 무슨 얘기를 하고 있는 것일까.

　방향성을 잃어버린, 그래서 진정한 행복이 무엇인지를 망각한 현대문명에 대해 '느림'이라는 대안을 제시하는 내용이다. 먼저 저자는 되묻는다. 우리는 어떤 세상에서 살고 있는가? 빠르고, 바쁘고, 쫓기고, 불안하기만 한 것이 오늘의 우리 삶이 아닌가. 술 한 잔을 마셔도 빨리 취하려는 조급증에 빠져 폭탄주를 제조해 마신다. 모두가 만성적인 수면 부족에 빠져 전철을 타보면 그 짧은 이동시간 중에도 온통 꾸벅꾸벅 조는 사람투성이다. 사십대 남자 사망률 세계 1위인 일 중독의 사회이고 새것 숭배, 유행 숭배, 의미를 묻지 않는 소비 숭배의 사회이다. 모두가 불안신경증, 강박증, 조급증, 안달, 참을성 없음, 안절부절에 어쩔 줄을 모른다. 한국사회에 살면서 이것을 부정하기는 힘들 것이다.

　왜 그토록 바쁘고 쫓기게 되었는가? 그것은 지난 40년 동안 고도경제성장의 지속이 불러온 집단적인 무의식의 산물이다. 사람들은 과거의

"식사하셨습니까?" 대신 "바쁘시죠?" 하는 말이 일상적 인사말이 되었다. 무엇보다 소유에 대한 끝없는 탐욕, 소유의 질과는 상관없이 소유의 양으로만 가치를 매기는 그 무절제한 탐욕의 추구가 이렇듯 황폐한 삶을 일구어놓은 것이다. 그래서 생각해보게 된다. 이 모든 일들이 애초의 출발은 잘살고자, 행복하고자 해서 비롯된 것이 아니던가. 과연 진정한 행복은 어디에서 찾을 수 있는 것일까.

덜 소유하고 덜 소비하더라도 진정한 행복을 안겨주는 것은 없을까? 저자는 천천히 느리게 오는 것들을 떠올려본다. 그것은 사랑, 우정, 좋은 포도주, 깨달음, 진리 같은 것. 그런 것들은 속도전 속에서 저절로 찾아오는 것이 아니라 선택과 결단의 문제이다. 이름하여 자발적 게으름, 자발적 느림, 자발적 가난이 그것이다. 스스로 게으름과 느림과 가난을 선택하는 것이다. 간소하게 살고 칩거를 통한 침묵의 시간을 추구하는 것이야말로 행복의 진정성을 엿보는 길이 아닐 수 없다.

그를 위해 저자 정수복이 제안하는 7가지 방안이 있다. 첫째, 자기만의 시간을 갖기. 파스칼이 말하길 세상의 모든 불행은 단 하나의 이유, 즉 조용히 방에서 휴식할 줄 모르는 데 있다고 했다. 둘째는 내면의 평화 만들기. 몸매 가꾸느라, 화장하고 성형수술하는 데 골몰하느라, 돈 자랑하느라, 구경거리 쫓아다니느라 여념이 없으면 결코 내면의 평화는 찾아들지 않는다. 스스로 마음을 다스리는 법을 터득하고, 자신을 깊이 있게 들여다보는 것. 흔들리지 않는 중심을 잡는 것. 이것이 마음의 평화를 찾아가는 길이다.

셋째는 느림의 생활양식 만들기. "멈추어라, 그러면 보일 것이다"라고 했다. 텔레비전과 신문, 인터넷 대신 책읽기와 글쓰기 같은 수고로운 일이 바로 느림을 추구하는 길이다. 넷째는 성찰성과 영성 키우기. 세상일에 대해 구경꾼에서 명상가로 태도를 바꾸는 것이다. 즉 밖에서 안으로 들어오는 방향성. 성찰성이란 자신이 하는 일을 조용히 물끄러미 좀 더 깊숙이 들여다보는 것이다. 다섯째는 녹색 감수성 키우기. 땅냄새를 맡고, 나무그늘 아래에서 새소리를 들으며, 밤하늘의 별을 볼 줄 아는 사람은 진정 행복하다고 했다. 스스로 자연물을 알고 사랑하고 찾아다니는 삶. 자연을 삶의 도구로 보는 것이 아니라 함께 교감하는 반려로 여기는 것이 바로 녹색 감수성이다.

여섯째는 보살핌과 윤리 실천하기. 정글의 경쟁에만 익숙한 사람은 바로 그 원리에 의해 도태되고 만다. 일곱째는 청빈의 삶, 자발적 가난 선택하기. 욕망이라는 이름의 전차에서 스스로 내려 절제라는 이름의 풍차로 바꿔 타는 것이다. 욕구의 절제는 만족감의 상승과 좌절감의 하락이라는 결과를 안겨준다.

《바다로 간 게으름뱅이》의 공저자 정수복, 장미란 부부는 원하는 것을 얻지 못하는 과정을 통해 오히려 진정한 삶의 행복을 알고 추구하는 데 이르렀다. 그리고 결정적으로 중요한 사실은 성취에 바쁘고 승리에 도취되어 있는 사람은 이런 진정성을 깨닫기가 대단히 힘들다는 점이다. 느림의 철학은 유한계층의 여유가 아니라 삶이 힘겨운 사람이 보다 먼저 깨달을 수 있는 지혜인 것이다.

다스리고 달리다

솔직히 나는 건강에 목숨 거는 듯한 사람들에게 경멸을 느껴왔다. '오메, 몸에 좋은 거' 하면서 별별 이상한 걸 찾아 먹는 사람, 매사를 건강과 결부시켜 애달캐달 건강염려증에 빠진 사람, 틈만 나면 운동하러 다니는 비문화적인(?) 사람…… . 인간이란 모름지기 정신적인 존재인 것. 살다 보면 폐병도 불사할 법한 자욱하고 노오란 담배연기의 인생론에서 진정한 깊이와 삶의 가치를 찾을 일 아니던가.

몸을 정신의 부속물쯤으로 여기는 관점에서 이런 식의 허영심이 발동한다. 오래전 실제로 폐결핵에 걸려 캥캥 고생하다 보니 비실대고 퇴화한 육신이 결코 멋스러운 것만은 아니란 걸 느끼긴 했다. 그래도 여전한 옹고집. 건강이라는 동물생태학에 내 귀중한 시간과 정력과 돈을 바치지는 않겠노라.

그러면 자, 정신주의적(?)으로 게으른 옹고집쟁이들아, 이런 책은 어떤가? 성자 마하트마 간디께서 직접 쓰신 건강 지침서 《마음을 다스리는 간디의 건강 철학》. 성자께서는 자기 통제의 방편으로 채식과 금욕과 절제와 단식을 일깨우신다. 성자의 세세한 가르침대로 하자면 일단 우리가 삶의 즐거움으로 삼는 대부분의 것을 포기해야만 한다. 질병에 걸려도 병원에 가기보다는 절제와 자연치유력을 통해 스스로 병을 극복해내야 한다. 이런 간디의 생각을 요약적으로 보여주는 한 구절.

진정한 행복은 진정한 건강 없이는 불가능하고, 진정한 건강은 미각의 엄격한 통제 없이는 불가능하다. 미각이 통제되고 나면 모든 다른 감각들은 자동적으로 통제된다. 그리고 자신의 감각을 통제한 사람은 진정으로 세계를 통제했다고 할 수 있으므로 신의 일부가 된다.

건강에 대해 이 이상의 숭고한 정신주의는 없겠다. 건강에 무관심해야 문화적이고 정신주의적이라는 고정관념을 바꾸어야 할까 보다. 하지만 간디의 말씀은 너무도 높은 곳에 있다. 어디 속인이 범접이나 하겠는가.

그런 심사를 대비했다는 듯이 나온 범인을 위한 건강책이 있다. 독일의 정치가 요쉬카 피셔의 《나는 달린다》. 고교 중퇴의 학력으로 택시운전사를 하다가 일국의 외무장관이자 부수상으로 등극했던 입지전의 주인공이 토로한 달리기 체험 전말기. 독일에서는 대형 베스트셀러를 기록한 책이다.

~

성공 가도를 달리던 시절 과중한 업무 스트레스로 그의 체중은 110킬로그램을 넘었다. 일 중독의 뚱보가 싫다고 아내도 떠나가버렸다. 인생의 위기. 그는 앞뒤 안 가리고 달리고 또 달렸다. 놀라지 마시라. 1년여 만에 무려 40킬로그램 가까운 살덩이를 떼어냈다. 덕택에 22세 연하의 어여쁜 신부도 얻었다(근데 또 이혼했단다!). 인간 승리. 하지만 곰곰 생각해보자. 다이어트나 여자 얻기만을 목적으로 해서 그런 일이 가능할 수 있는 건지.

~

간디도 요쉬카 피셔도 결국은 자아성찰의 방편으로 가장 힘든 상대인 자신의 육체와 대면한 것이다. 그러므로 이들 책은 도서 분류상 철학서 칸에 꽂혀야 한다고 주장하고 싶다. 간디의 책은 사색과 깨달음을 안겨주고 피셔의 책은 효용에 앞서 무척 재미있다. 한데 기분 참 꿀꿀하다. 신뢰와 존경이 가는 가르침에는 틀림없는데 글쎄, 뭐 한 가지라도 실천할 수 있을랑가…….

에버렛 루에스의
아름다운 날들

지나치게 감동을 자주 하는 것도 병인 것 같다. 내가 깊이가 없는 사람이어서 그런 걸까. 며칠 전에는 영국 시골의 무명 수의사 제임스 헤리엇이 쓴 자전적 기록물 《아름다운 이야기》에 가슴이 설레어 밤에 꿈까지 꾸더니, 오늘은 문명을 등지고 사막 속으로 사라진 미국 청년 에버렛 루에스의 일기에 감동 또 감동이다. 어린 시절 에디슨 전기를 읽으면 발명가가 되고 싶고, 베토벤 전기를 읽으면 음악가가 되고 싶어 했던 귀여운 변덕처럼 나는 요 며칠 수의사가 되고 싶었다가 다시 방랑자가 되고 싶다는 충동에 사로잡힌다. 책을 즐겨 읽으면 영원히 어른이 되지 못할 것만 같다.

1914년 미국 캘리포니아 주 오클랜드에서 태어난 에버렛 루에스는 시와 그림에 소양이 있어 예술가를 꿈꾸는 소년이었다. 지적이고도 능력 있는 아버지와 예술가인 어머니에게서 성장한 전형적인 중산층 출신이다. 하지만 어린 루에스는 자신을 둘러싸고 있는 문명세계를 견딜 수 없어 하는 조숙한 아이였다. 그에게 문명인의 삶이란 거짓과 위선으로만 가득 차 보였다. 그는 협곡이 있는 산악, 끝없는 모래벌판이 펼쳐진 사막, 그리고 그런 야생의 땅에서 전기도 자동차도 없이 살아가는 인디언들을 사랑하고 동경했다. 푸른 하늘, 바람, 흙, 바다, 태양, 밤하늘의 달과 별이 주술처럼 그를 불렀다.

∽

　16세, 고등학생의 신분으로 방랑을 시작했다. 특별한 목적과 행선지가 있는 것도 아니었다. 오직 도시를 떠나는 것, 그리고 자신이 '점강법'이라고 명명한 여행 속에서 '자연과 고독의 본질'을 깨닫고자 함이었다. 중도에 아버지의 강권으로 UCLA대학에 입학도 해보지만 루에스에게 대학이란 '철창 없는 감옥'일 뿐이었다. 한 학기 만에 중퇴를 하고 다시 하염없는 방랑길을 떠난다.

　1934년 만 20세의 에버렛 루에스는 5년에 걸친 방랑생활을 마감하고 사막 속으로 홀연히 사라진다. 동행했던 당나귀와 짐들이 발견되었지만 루에스의 종적은 묘연했다. 그의 행적이 알려지자 지방신문이 중심이 되어 수색대가 조직되는 등 그를 찾기 위해 온갖 노력이 펼쳐지지만 무망한 일이었다. 조난을 당했거나 강도에게 피살된 것으로 추측됐다.

∽

　하지만 루에스는 사라진 것이 아니었다. 그는 전설이 되어 다시 되돌아왔다. 무엇보다 각처에서 그를 만나보았다는 '믿을 수 없지만' 믿고만 싶은 증언이 잇따랐다. 인디언 부락에 동화되어 함께 살고 있다는 내용이 주조였는데, 죽은 것이 아니라 스스로 문명세계를 등진 것이라는 해석이 설득력을 얻기 시작했다. 그의 행선지를 따라 순례를 하는 청소년들의 발길이 이어지고 그의 전기 다큐멘터리 영화가 만들어지기도 했다. 물론 책도 씌어졌다.

　《에버렛 루에스의 아름다운 날들》은 그의 일기, 시, 편지, 사진, 판화, 그림들을 여행 날짜별로 재구성해 엮은 것이다. 루에스에 관한 1차 자료라고 할 수 있다. 제목은 '아름다운 날들'이라고 달았지만 실은 고행처럼 힘겨운 여행이었음을 내용은 보여준다. 이 책의 핵심은 그의 일기 도처에 배어 있는 사색의 깊이다. 청소년기에 도달하는 근원적인 물음들은 일생의 화두로 작용하는 법. 채 20세가 못 된 청년에게 그토록 심원한 사색이 가능한 것은 그가 사랑해 마지않았던 자연의 위력 때문이 아니었을까.

아미쉬 공동체도 살 수 있는 사회

엘튼 존의 1970년대 명곡 '굿바이 옐로 브릭 로드 Goodbye yellow brick road'는 번잡한 도시를 떠나 전원의 품을 찾아가겠다는 내용을 담고 있다. 앨범은 엄청나게 팔렸고 그는 스타의 자리를 공고히 할 수 있었다. 그만큼 공감하는 사람이 많았다는 얘기다. 그러나 노래는 노래일 뿐 '시골로 갈테야'를 목메어 외치는 장소는 여전히 도시였고 엘튼 존은 더욱 바빠지기만 했다. 그걸 비난하는 사람도 없었다. 그저 마음이 그렇다는 뜻이란 걸 누구나 알고 있으니까.

그러나 문명의 대전환기에 이른 오늘날 대안적 삶에 대한 갈망은 더 이상 '마음이 그렇다는 뜻'에 머물지 않는 현실적인 요청이 되고 있다.

문명을 거부하는 가장 극단적인 삶의 모습을 그린 책이 있다. 린다 에겐스의 《아미쉬》. TV 다큐멘터리 등을 통해 막연하게 이름은 익혀왔지만 구체적인 내용은 알 수 없었다. 그저 우리나라 지리산 청학동 사람들 비슷한가 보다 하는 정도였는데 상세한 안내서를 만나게 된 것이다.

~

아미쉬는 18세기 초 유럽땅에서 박해를 피해 미국으로 건너와 신앙공동체를 이루고 사는 144,000명의 집단을 말한다. 그들은 전기도 전화도 징병도 선거도 모두 거부한 채 5백 년 전 유럽의 전통을 고스란히 따르며 살고 있다. 그들의 공용어는 독일 방언이고, 교육은 자체적으로 운영하는 8학년 학교를 이수하는 것이 전부다. 문명도구를 거부하니 이동과 운송수단은 마차에 의존하고, 혼인도 끼리끼리만 해야 한다. 여자들은 이슬람 여성이 히잡을 착용하듯 공공장소에서는 검정 보닛으로 머리를 가리며, 화장을 해서도, 색상이 들어간 옷을 입어서도 안 된다. 그들의 일상을 규제하는 하느님 말씀 '오르드눙Ordung'은 이슬람 근본주의자들의 계율보다 오히려 더 복고적으로 여겨진다.

~

이 모든 게 전설 속의 이야기가 아니라 2000년대 현재 미국 아이오와를 비롯한 20개 주에서 실제로 행해지고 있는 삶의 모습이다. 책을 읽으며 가슴속을 오간 복잡한 생각 중의 하나가 강대한 미국의 놀라운 포용력에 대한 것이다. 아미쉬 인들은 부시가 누구인지도 모르며 일반적인 미국인을 여전히 '영국인'이라고 부른단다. 나는 아미쉬를 동경하는 부류의 사람은 못 되는 것 같다. 하지만 그러한 삶이 용납되고 통용될 수 있는 사회의 탄력성에 대해서는 한없는 부러움과 존경을 느낀다.

열등감, 열등감, 아아… 열등감

누군가와 악수를 할 때 당신의 시선은 어디를 향하고 있는가? 상대방의 눈을 똑바로 쳐다보지 못하고 다른 곳으로 눈길을 돌리지는 않는가? 혹시 별것 아닌 실수에 대해서도 자꾸만 변명을 하거나 사과를 연발하지는 않는가? 무슨 일을 해도 남의 비웃음을 사거나 어쩐지 잘 해낼 것 같지 않다는 생각부터 들지는 않는지, 값비싼 물건을 갖고 있거나 유명한 사람과 잘 알고 지낸다면 그걸 자랑하고 싶어 안달이 나지는 않는지, 자주 죄책감과 수치심을 느끼지는 않는지, 타인의 허물을 곧잘 들추어내거나 자신에 대한 비판을 견디기 힘들어하지는 않는지, 또는 남한테 거절당할까봐 두려워하지는 않는지…….

사례는 더 많지만 이쯤 하자. 위 사항들은 심리학자 폴 호크가 정리한 열등감의 징표들인데 읽다가 한숨이 나온다. 젠장, 전부 내 얘기가 아닌가. 역시 나는 어쩔 수 없는 열등감 덩어리. 열등감, 열등감, 아아…… 열등감. 위대한 대한민국에서 성장기를 보내는 한 열등감의 포로가 되지 않을 도리가 없다. 성적으로, 가정환경으로, 소위 인간성으로, 심지어 키와 생김새까지 동원해 온통 비교하고 비교당하면서 가슴에는 생채기투성이다. 어른이 되어서도 사정은 별로 나아지지 않는다. 열등감을 느낄 소재는 무궁무진하게 늘어나는데 뭐 하나 개선될 기미는 보이지 않는다. 폴 호크 박사가 열등감으로 주눅 든 사람 읽으라고 쓴 책이《왜 남과 자신을 비교하는가》이다. 제목을 뒤집어 읽으면 공연히 남과 비교해서 자기를 괴롭히지 말라는 것. 첫째 장은 어떤 태도가 열등감에 빠진 모습인지, 둘째 장은 열등감과 죄책감이 얼마나 해로운지를 밝히는 데 할애되고, 나머지 네 개의 장은 열등감 극복을 위한 방책을 미주알고주알 가르쳐준다.

사실 나는 이렇게 살아라 저렇게 행동하라 식의 가르침을 우습게 아는 터라(대체 그런 법칙이 어디 있담!) 이 책과 인연이 있을 일이 없었는데 도입부부터 나오는 그놈의 열등감 한 단어에 붙잡혀 끝까지 다 읽고 말았다. 역시 후반부의 '열등감 탈출 대작전' 같은 가르침은 그다지 재미가 없었지만 그게 대수랴. 콕콕 집어내서 가슴 깊숙한 곳을 후벼 파는 앞대목의 열등감 진단에 진저리가 쳐지는 데야. 읽노라면 영화《친구》에서처럼 쪽팔리기도 하고 역으로 마조히스틱한 쾌감이 느껴지기도 한다.

좀 수선스럽게 말했나 보다. 가볍게 읽을 수 있는 대중적인 심리학책. 하지만 사이비는 아닌 것 같다. 열등감을 먹고 사는 호모 히스테리쿠스 족들이라면 한 시간 반쯤 짬을 내기에 아깝지 않다.

미안하다고 말하기가 그렇게 어려웠나요?

연세대 이훈구 교수의 《미안하다고 말하기가 그렇게 어려웠나요》를 읽었다. 몇 차례나 눈시울을 붉혀야 했다. 감상感傷은 경계해야겠지만 어쩔 수가 없었다. 남의 일로 울어줄 사람은 세상에 별로 없다. 다 제 설움에 겨워 우는 것이다. 하지만 책을 읽다 공감의 눈물이 터져 나온 개인적인 이유를 드러내기는 괴롭다. 어쨌든 이 책 읽고 잠 못 이루는 사람이 참 많을 것이다.

⚮

어느 봄날, 뉴스에 크게 오르내린 충격적인 사건이 있었다. 소위 명문대생 부모 토막살해 사건. 살인의 경중에도 학벌이 작용하는지는 모르겠지만, 정신이 멀쩡한 고려대 공대 재학생이 잠자는 부모를 차례차례 망치로 쳐 죽이고 10여 토막을 내서 시내 곳곳에 내다버린 사건은 엽기의 모든 요소를 다 갖추고 있었다. 이 사건 이전에 더 떠들썩했던 부친 살해범 박한상 사건도 있었고, 그밖에도 심심찮게 존속살해 사건이 발생하기는 했지만 이처럼 잔혹하고 동기가 불분명한 사건은 처음이었다.

⚮

교육심리학자 이훈구도 망연한 심정으로 TV 보도를 보고 있었다. 잠깐 화면에 살해범의 친형이 등장했다. 심경을 묻는 기자들의 질문에 형이 짤막하게 대답했다.

"저는 동생을 이해할 수 있어요."

순간 심리학자의 뇌리에 퍼뜩 스쳐 가는 게 있었다. 저건 분명 뭔가가 있다. 그냥 지나칠 일이 아니다. 내가 해야 할 몫이 있다. 심리학자 이훈구는 마음속에 짚이는 바를 추적하기로 굳게 마음먹었다.

앳된 얼굴의 부모 살해범 이은석은 초등학교 시절부터 사건 직전까지 모두 21권의 방대한 일기를 남겨놓고 있었다. 인터넷 영화 동호회 회원이기도 한 그가 게시판에 올려놓은 영화평도 있었고, 검찰의 도움으로 각종 조서, 진술서도 열람할 수 있었다. 패륜아 동생을 이해한다고 말한, 그래서 한때 공범 혐의로 고초를 겪기도 했던 형도 만나보았고 가까운 친척이나 주변 사람들의 증언도 들었다. 무엇보다 당사자 이은석과 구치소에서 몇 차례 특별 면담을 할 수가 있었고 편지 교환도 여러 차례 했다. 그 모든 과정을 통해 이훈구 교수가 내린 결론은 이렇게 한마디로 정리된다.

"이은석은 무죄다!"

이은석의 가정은 외형적으로 참 번듯했다. 이화여대 정외과 출신의 어머니는 어릴 적 꿈이 퍼스트레이디였다고 밝힐 만큼 당차고 지적인 여성이었다. 해군사관학교를 나와 중령으로 예편한 아버지는 장성의 꿈이 좌절된 대신 대기업 부장으로 특채되어 순탄한 사회생활을 해온 인물이었다. 교양과 일정한 경제력도 있는 전형적인 중산층 가정. 물론 그 집의 둘째아들 은석은 별다른 말썽도 피우지 않았고 공부도 잘해 장래가 촉망되는 명문대생이다. 그런 가정의 그런 젊은이가 부모를, 그것도 토막살해를 벌이다니. 도대체 이게 어찌된 일인가.

∽

추리소설이나 범죄영화에 흔히 나오는 감춰진 집안의 비밀이라던가 하는 거창하고 특별한 내력이 있었던 것이 아니다. 이은석의 가정은 사랑이 없는 가정이었다. 권위적인 아버지는 집에 돈만 벌어다 주면 제 역할을 다했다고 믿는 사람이었고, 야심만큼의 인생을 살지 못한 어머니는 온갖 짜증과 울화를 자식 둘을 들들 볶으며 풀었다. 무엇보다 결정적으로 부부간에 사이가 무척 나빴다. 부부가 각방을 썼고 식사도 따로 하고 말도 나누지 않았다. 사랑 없는 가정에서 은석이는 가족 간의 신뢰와 사랑이 무엇인지도 모른 채 시든 화초처럼 자라야 했다.

∽

은석이 자신에게는 무슨 문제가 있었을까? 그는 163센티미터라는 자신의 키와 용모에 굉장한 열등감과 수치심을 느끼고 있었다. 연애를 열망하면서도 자신에게 친절한 여성에게 적대적이고 무례하게 굴기 일쑤였다. 누구도 믿지 못하는 거였다. 중고교시절에는 학급 친구들에게 왕따와 폭행을 당해왔고 군에 입대해서는 하급자에게조차 모욕을 당하는 신세였다. 그는 늘 세상이 비관스러웠고 할 수만 있으면 자살을 하고 싶었다. 그의 유일한 출구는 영화와 게임이었다. 특히 고교 졸업 후 총 5백 편, 평균 한 달에 19편의 영화를 보며 내부의 세계로 깊이 침잠해 들어간 것이다.

사랑 없는 가정의 학대, 왕따, 영화나 게임 등 환상의 세계, 이것이 은석을 둘러싸고 있는 환경이었다. 그 속에서 반항도 할 줄 모르던 그가 어머니와 처음으로 크게 다투고 냉랭했던 여러 날이 지나간 끝에 저질러진 일이 부모 살인이었다. 시체를 토막 낼 생각은 하도 많은 영화에서 흔히 봤던 터라 자연스럽게 행동으로 이어졌다. 도대체 이런 살인의 동기를 어떻게 이해해야 한다는 말인가.

《미안하다고 말하기가 그렇게 어려웠나요》는 은석이의 각종 일기나 문서 등 그에 대한 자료를 인용하고, 대목마다 이훈구 교수가 분석과 설명을 다는 방식으로 씌어졌다. 전문가 분석이라고 특별히 관대한 것이 아니다. 저자에 의하면 미국에서도 연평균 3백 건 이상이나 자식에 의한 부모 살해사건이 발생하는데 상당수가 무죄방면된다고 한다. 학대에 의한 정당방위로 처리되기 때문이다. 은석이는 1심 사형에 이어 고등법원에서 무기징역형을 선고받았다. 우리나라 법체계에서는 이례적으로 관대한 형량이라고 한다.

학대받은 자식이 모두 부모를 살해하지는 않는다. 은석이가 받았다는 학대가 남다르게 심했던 것도 아니다. 은석이는 정말 악마의 심성을 타고난 것일까. 그러나 그렇게 보기에는 너무도 평범하고 선량하게 살아온 청년이었다. 우리의 가슴을 아프게 하는 대목이 바로 이것이다. 물론 은석이의 행위는 극단적인 사례이지만 우리 주위에 그처럼 사랑 없는 가정, 그래서 마음속으로 수없이 은석이의 행위를 저지르는 사람들이 너무도 많다는 사실이다. 은석이 사건은 웬 미친놈의 일도, 나와는 전혀 상관없는 일도 아니라는 점이다.

책의 제목은 검찰에서 은석이가 했던 말이다. 그때, 그러니까 은석이가 처음으로 어머니에게 크게 항의했던 그때 단 한마디라도 '미안하다'고 말해줬다면 이런 일은 없었을 거라고 그는 절규했다. 세상의 횡포한 부모들이여, 자식에게 미안하다고 말하기가 그렇게 어려운가요?

《화》, 틱낫한, 명진출판
《아름다운 삶, 사랑 그리고 마무리》, 헬렌 니어링, 보리
《촌놈, 김용택 극장에 가다》 1·2, 김용택, 이룸
《느리게 산다는 것의 의미》 1·2·3·4, 피에르 쌍소, 동문선
《봄 여름 가을 겨울》, 법정, 이레
《바다로 간 게으름뱅이》, 정수복·장미란, 동아일보사
《마음을 다스리는 간디의 건강철학》, 마하트마 간디, 뜨란
《나는 달린다》, 요쉬카 피셔, 궁리
《에버렛 루에스의 아름다운 날들》, 에버렛 루에스, 랜덤하우스코리아
《아미쉬》, 린다 에겐스, 다지리
《왜 남과 자신을 비교하는가》, 폴 호크, 사람과사람
《미안하다고 말하기가 그렇게 어려웠나요》, 이훈구, 이야기

chapter 10
진실 혹은 거짓말

RAISON D'ETRE

춘아, 춘아, 옥단춘아

이런 말 하면 남들이 웃겠지만, 머릿속으로 앞질러 계획만 하고 우물쭈물하는 중에 남들이 먼저 성사시키는 일이 꽤 생긴다. 오래전, 출판기획 일을 할 때 세웠던 계획 가운데 그런 게 많다. 가령 한국인 비판서, 일본문화에 대한 본격 소개, 남미나 이슬람 지역 같은 비중심권 풍물의 체험기 등등. 이제는 그런 종류의 책이 넘치도록 많아졌다. 그중 특히 아쉬웠던 기획물이 분야별로 당대의 예민한 인물들을 선정해 대담집을 내고자 했던 것이다. 프랑스 쪽에 그런 대담집이 성행하는 것을 보고 힌트를 얻었던 건데 여러 가지 사정으로 결국 성사되지 못하고 말았다.

민음사에서 내는 계간지 《세계의 문학》 지령 100호 기념으로 매혹적인 대담집이 있는데 제목이 좀 생뚱맞다. 《춘아, 춘아, 옥단춘아, 네 아버지 어디 갔니?》라나. 대담자의 한 사람인 작가 이윤기가 떠올린 무가巫歌의 한 구절을 인용한 건데 뭐 눈길 끌려는 편집자의 고충이겠지. 철학자, 생물학자, 정치학자, 화가, 기업가, 스님, 목사, 여성운동가, 시인, 소설가 등등 다양한 분야의 13팀 26명의 진술한 대화록. 대화의 성패는 참여한 면면이 얼마나 첨단적 위치에 있고 얼마나 밀도 있는 대화를 나눴는가에 달려 있을 것이다.

내용에 들어가기에 앞서 좀 황당했던 대목부터 짚어야겠다. 그 사람의 지나온 행적을 세상이 다 아는데 천연덕스럽게 자기변명, 자기선전에 열을 올리는 모습도 보여서였다. 요즘은 실명 비판이 대세이니 좀 무리하더라도 이름을 거명해 말해보자.

중간쯤에 "한국 현대시, 트레이닝이 덜 되었다"라는 제목으로 원로시인 김춘수와 중견시인 이승훈의 대화가 나온다. 일제 치하였던 어린 시절에 자신이 얼마나 특권층으로 살았는지 등에 대한 길고 장황한 자랑쯤은 그냥 넘기기로 하자. 정지용, 김기림, 김광균 같은 이미지스트들은 역사의식도 종교의식도 없는, 폭이 좁고 깊이도 얕은 존재들이며, 청록파는 시대착오자들이라는 비판 역시 하나의 견해로 수용할 수 있겠다. 그런데 어…… 미당 서정주에 대해 이렇게 말씀하시네. '비판의식, 역사의식이 없었던 겁니다. 어떤 길을 가야겠다는 생각 없이 내키는 대로 아무렇게나 했다는 말입니다. 천재는 분명 천재인데 비판의식이 약했기 때문에 생활도, 처신도 그렇게 되어버렸지요……."

　　　　　　　　　　～

　이상은 모두 원로시인 김춘수의 말씀을 옮긴 것이다. 미당에 대한 언급도 그리 틀린 말은 아닐지 모르겠지만 글쎄요, 다른 사람이 그렇게 말했다면 모를까…… 비판을 하려면 자기 자신부터 생각을 좀 하셔야지요. 황지우의 첫 시집에 우스꽝스럽게 묘사된 '페르디난도 춘쵸'가 바로 원로시인 자신이란 것은 알고 계시겠죠? 비판의식이 약한 미당은 전두환 찬양 발언에 그쳤지만 원로께서는 바로 그 5공화국 시절 민정당 전국구 국회의원을 하시고(순수파의 귀결?), 국회 문공위원장인가를 하시면서 기이한 발언으로 물의를 일으키지는 않으셨던가요?(역시 예술가!) 자꾸만 역사의식을 강조하시는데 그런 역사의식으로 일제시대나 독재시절에는 어떤 행동을 하셨고 무엇보다 작품 속에 어떤 역사의식을 담으셨는지요?(무의미의 시?)

　　　　　　　　　　～

　하긴 이런 게 대담의 묘미인가 보다. 글과는 달라서 말이 적나라하게 펼쳐지기로 가면 대책이 없다. 김춘수 시인 말고도 듣기에 고개가 갸우뚱거려지는 말씀들이 몇몇 더 있는데 그건 독자가 직접 찾아내시라. 오히려 그런 대목이 있는 게 이 책의 매력이자 강점일 수 있는 것 같기도 하다. 어쨌든 전반적으로 새겨들을 말이 많은 훌륭한 대담집임에는 틀림없다.

∽

　재미있거나 감명 깊은 꼭지도 참 많다. 첫 순서인 작가 이윤기와 그의 딸 다희 양과의 대담에서는 '한 격정' 하시는 이윤기의 개인적인 면모가 많이 노출된다. 철학을 전공하는 딸 앞에서 종횡무진 펼치는 방대한 인문학적 소양이 경탄스럽기도 하고. 풍수학자 최창조와 철학자 탁석산의 대담에서는 두 아웃사이더의 이심전심이 이어지는 게 재미있다. 탁석산은 '영향력'이나 '힘'에 관심이 많다는 게 느껴지고. 작가 최인호와 그의 친구인 기업가 윤윤수는 시종일관 '돈'을 화제로 삼았는데, 어째 작가가 더 현실적인 것 같고 기업가가 좀더 이상주의자 같아서 웃긴다.

∽

　가장 재미있었던 꼭지는 불문학자 김화영과 이문열의 대담 편이다. 재미난 말들을 했다는 게 아니다. 어쩜 그리도 생각이 반대인 사람들이 만나서 팽팽하게 맞서고 있는지…… 읽는 이를 아슬아슬, 조마조마하게 만드는 게 재미였던 것. 한국문학의 위상과 작가의 과제에 대한 내용이 주조였는데, 김화영은 우리 문화의 천박성에 대한 개탄이 많았고 이문열은 뭐랄까, 자신이 한국을 대표하는 작가라는 점을 주지시키고자 애쓰는 면이 엿보였다. 사실 김화영의 발언에서 배울 점이 무척 많았다. 음악학자 이강숙과 화가 김병종의 예술 대담은 예상외로 평이했고, 여성 사회학자 함인희와 여성운동가 이숙경의 대화는 '아줌마' '성' 등을 주제로 아기자기하고 진솔하게 펼쳐진다. 그밖에 여러 꼭지가 더 있는데 아, 내용을 일일이 소개하기는 좀 벅차다.

《춘아, 춘아, 옥단춘아, 네 아버지 어디 갔니?》는 우리 출판계에 대담집의 가능성을 보여준 수작으로 평가하고 싶다. 고매한 테마들을 이만한 탄력으로 끌어나가기가 쉽지 않은 일이다. 참여자들이 해당 분야를 대표할 만한 인물인지에는 견해가 엇갈리겠지만 이만하면 큰 무리는 없을 것 같다. 다만 아쉬운 점으로는, 글로 정리된 대담의 문장이 지나치게 논리적이고 문어화돼 있다는 점. 대담은 정리자의 취향이 많이 반영되는데 너무 수준 높은(?) 사람이 작업을 한 것은 아닐까. 이 책은 버스나 전철 안의 자투리 시간에 한 꼭지씩 읽어나가기를 권한다.

김어준과 김규항

읽을 사람은 다 찾아 읽은 글이다. 《한겨레21》에 연재되었던 김규항, 김어준의 화끈한 대화록 《쾌도난담》. 그중 20편이 추려져 책으로 나왔다. 화제성 인물 하나 초대해놓고 난담인지 농담인지 응담인지, 하여간 술자리 객설에 가까운 종횡무진성 구라와 야지가 사방으로 튄다. 웃기는 건 때로 손님은 뒷전이고 초대자 둘이서 마냥 떠들어댄다는 것. 손님이 어벙벙해하는 것까지 그대로 실감나게 그려냈다.

출간 즉시 김어준과 인터뷰할 기회가 생겨 물어봤다. 만난 사람 중에 특별히 기억에 남는 '좋은 나라'가 누구더냐고. 1초도 망설이지 않고 나오는 이름이 황석영, 강준만, 백지연이다. 그 이유야 새삼 말하고 자시고도 없겠지. 특히 백지연에 대해 크게 감동 먹은 모양이었다. "너무나 당당하고 아름답다"며 딴지총수답지 않게 겸손한 표정으로 정색을 한다.

제일 '우끼는' 사람이 누구냐고도 물어봤다. 역시 0.1초도 망설이지 않고 나온 이름이 허경영과 김영삼. 여전히 재미있어 죽겠는지 우리의 김어준 총수님 우렁차게 끼끼끼끼 웃어댄다. 실은 그 두 사람의 경우만은 직접 만난 게 아니라 김규항과 함께 그들의 언행을 떠올리며 몸부림치듯이 웃어준 기록이다. 하기야 아시아를 통일해서 대통령에 취임하시고 제3차 세계대전도 홀로 막아내시며 우리 국민소득을 기냥 10만 달러로 올려주겠다는 허경영 공화당 총재님의 명성은 딴지일보에서 익히 접했지만, 김어준이 새삼 상기시켜주는 김영삼 어록들은 정말 그랬나 싶게 기막힌다.

~

《신동아》에 실렸던 그 전직 김 대통령의 말씀인즉 "김일성이 죽은 게 자기하고 만날 일에 심적 부담을 느껴서였다는 것이고, 미국이 자기를 무척 어려워했으며, 클린턴은 전화로 자기 목소리 듣는 게 인생의 낙이라고 했다는 것이고……" 뭐 씨근벌떡 이어지는데 그만하자. 고작 "아름다운 지하자원" 정도밖에 기억하지 못하는 내게 《쾌도난담》이 일깨워주는 이 부분은 좀 서글펐다. 차라리 허경영을 대통령시키는 게 호연지기라도 있을 뻔하지 않았나.

대개 이런 식이다. 가만가만 뜯어보면 김규항은 좌파이고 김어준은

리버럴리스트인 것 같은데 뽕짝이 잘 맞는다. 원래 좌파 사람들이 우파보다 더 미워하고 경멸하는 게 자유주의자들이건만 객담 나누면서 얼굴 붉힐 일은 없었겠지. 세상 돌아가는 일에 관심과 근심이 많은 사람에게 이처럼 재미만점의 책도 드물겠다.

다만 늙은 독자의 한 사람으로 노파의 마음이 드는 면도 없지 않다. 논증의 부담을 전혀 지지 않은 채 그들 나름의 판단과 진단과 결론만을 이렇게 섹시하게 풀어놓으니 귀가 여리고 순한 사람들은 고민 없이 쉽게 휩쓸려갈 수도 있겠다. 설사 이들의 쾌도가 백퍼센트 옳다 해도 그건 바람직한 일이 아니지.

그러니까 《쾌도난담》은 논술예제처럼 읽는 게 좋겠다. 그들의 주장과 결론을 흡수하기보다는 논의를 시작할 단서쯤으로 말이다. 더 바람직하기로는 차라리 그들의 주장일랑 잊고 그들의 유머와 여유 혹은 엉뚱함을 섭취하는 게 낫겠다. 풍자는 책임을 지지 않는 속성을 갖고 있다.

졸라 스페셜

씨바 존나 엽기적이네,라고 한번 따라하려니 좀 멋쩍다. 딴지 넘덜이 돈 쫌 벌라고 즈덜 기사 삼탕째 우려먹은 책이네,라고 말하기에도 기분 좋게 만난 적이 있던 김어준 총수님이 눈에 걸린다. 그럼 뭔가. 딴지일보 독자투고란을 보면 투고자들 글이 한결같이 딴지 투를 닮아 있듯이 나 역시 딴지가 세상을 바라보는 시선처럼 딴지 자체를 그렇게 바라보고 싶은 얼빵한 모방심리가 작동하는 모양이다.

딴지 측이 광고하는 대로 옮겨보자면, 이《딴지일보 졸라 스페셜》은 아날로그 영역에서도 활약하고 싶다는 의지의 소산으로 나온 작품이다. 자작나무에서 기왕에 출간된《딴지일보》4권이 인터넷 기사를 전량 그대로 담은 거라면 이번《딴지일보 졸라 스페셜》은 종이책 형식에 맞게 재구성하고 추려낸 40여 편의 기사 선집인 셈이다. 앞으로도 뒤로도 읽을 수 있는데 뒤에는 그들이 원조로 삼는《썬데이서울》의 패러디 판〈썬데이 딴지〉가 묶여 있다. 옛날《썬데이서울》을 그대로 흉내 낸 광고란이 특히 쥑인다.

근데 딴지가 대체 모냐. 똥꼬, 엽기, 좃선 뭐 그런 말 비틀기 하는 데냐. 서문에 보니 총수님께서 딴지적 엽기의 정의를 내리셨다. '발상의 전환' '주류의 전복' '왜곡된 상식의 회복' '발랄한 일탈'. 좀더 구체적으로 말하자면 억압된 성문화의 개방, 극우 멘털리티의 극복, 천민자본주의에 대한 야유 같은 거라는 말이다.

말인즉슨 구구절절 옳다. 정상인이 보기에 실은 딴지네들이 전복하고 일탈하는 것 하나도 없다. 오히려 '건강한 상식의 눈으로 세상보기' 하는 게 딴지 동네의 참모습이라고 나는 생각한다. 하지만 아날로그 세상 즉, 주류를 향해 고개 디밀겠다고 했으니 그게 어떤 건지 이제부터 함 당해봐라. 조회 수 1천만을 훨씬 넘었어도 아직까지는 동호인 끼리끼리의 딴

딸이 성격이 더 강했던 거고 이제 진짜 세상의 참맛을 겪어보란 말이다.

∽

내 경험을 하나 알려주마. 언젠가 MBC 〈100분 토론〉이란 데 토론자로 불려 나갔었다. 이현세 만화의 유죄판결을 계기로 표현의 자유 뭐 그런 식상한 주제였는데 나는 성 개방 운운에다 같잖은 청소년 보호법 철폐를 주장하는 조디를 놀렸다가 일평생 먹어도 못 먹을 양의 욕설을 MBC 인터넷 게시판에서 한꺼번에 먹었다. 말의 수위래야 딴지 측에서 보면 점잖은 아저씨의 한 말씀쯤으로 보일 법한데도 그 난리들이다. 근데 날 패 죽이고 쳐 죽이겠다던 넘들이 모두 육순 칠순의 극우 망령들인가. 천만에! 어떤 세대가 인터넷에서 노는지 뻔하지 않은가.

∽

우리 사회는 아직도 상식이 엽기다. 그런 현상은 지배 카르텔만의 문제가 아닐뿐더러 매스컴이 호들갑 떠는 세대 간의 차이도 소비문화에서나 두드러질 뿐 이념적, 정서적 성향은 애나 어른이나 별로 다를 것도 없다. 하다못해 에로 비디오에서마저도 순정과 순결에 눈물 뚝뚝 흘리니 코가 맥힐 일 아닌가. 비열한 이중 가치관의 사회. 아직 딴지네들은 그 엽기적 현실에 상처받을 일이 없었다. 이제 《딴지일보 졸라 스페셜》을 들고 주류들의 본격 경쟁에 뛰어들겠단다. 아까 말한 '함 당해봐라' 하는 야지를 이제 취소한다. 대신 걔네들이 추구하는 명랑사회 구현에 어떤 보탬이 될 수 있는지 곰곰 생각해보겠다. 왜냐구? 나도 정상인으로 살고자 하는 졸라 엽기적인 인물이니까.

유명인의 심리세계에
내 자아가 숨어 있다

　책을 읽다 보면 한번 만나보고 싶은 저자가 있다. 어쩌면 저렇게 내 마음을 꼭 집어냈을까. 만나서 이야기해보면 정말 마음이 통할 거야. 아, 편지라도 한 장 써볼까. 《남자 vs 남자》를 쓴 정신과 의사 정혜신이 그런 경우다. 인터넷에 들어가 서평 검색을 해봤는데 조금 읽다가 포기해버렸다. 그 엄청난 분량이라니! 역시 사람들 생각은 다 엇비슷한 모양이다.

　심리평전이라는, 처음 들어보는 장르의 이 책은 이 땅에서 한가락하는 남자 21명을 홀딱 벗겨 쿡쿡 찔러도 보고 슬슬 쓰다듬어주기도 하고 때론 세게 한방 먹여주기도 한 인물 비평서다. 포맷의 특징은 전혀 연결될 것 같지 않은 의외의 인물 두 명씩을 한 팀으로 매치시켜 나간 것인데, 정확히 말해 한 사람은 나쁜 나라, 또 한 사람은 좋은 나라에 해당된다. 먼저 그 괴이쩍은 결합에 어리둥절하다가, 치밀한 심리분석에 감탄하다가, 완전히 갖고 노는 것에 얄밉기까지 하다가 마침내는 저자의 튼튼한 필력과 선명한 관점에 꼼짝없이 설득 당한다. 아, 중요한 한 가지를 빼먹었다. 죽어라고 웃기는 대목이 무척 많다는 점.

　자, 첫 번째 팀 입장. '내 맘대로' 왕자 김영삼 대 '니 맘대로 독재자' 김어준의 한판 승부. 이른바 '자기인식'의 막상막하 기싸움이다. 김영삼의 막가파식 왕자병은 정상적이고 교양 있는 한국어 문장으로는 참 표현하기가 난감한 일인데, 정혜신은 그의 가족력에서, 성장 과정에서, 그의 집요한 욕망 속에서 조목조목 원인을 밝혀낸다. 반면에 자기인식의 불균형, 이른바 자기과잉이 바람직한 모습으로 발전한 사례로서 딴지일보 김어준의 분방한 행적을 추적한다. 자신의 기 때문에 박정희, 김일성이 죽었다고 주장하는 김영삼 편이 워낙 압권이라 김어준이 좀 묻힌 듯한 점이 아쉽다.

나머지 커플들은 이름만 거명해야겠다. 이건희 대 조영남, 장세동 대 전유성, 이수성 대 강준만, 박종웅 대 유시민, 김윤환 대 김윤식, 봉두완 대 이외수, 정형근 대 마광수, 김우중 대 정동영, 김종필 대 앙드레김, 이회창 대 이회창. 당신이라면 어떤 관점으로 이들을 파악하겠는가. 유명인에 대한 객담이 결코 아니다. 이 사람들의 심리세계 속에 다중의 '나'가 숨어 있으니까.

여성사도 역사다

상대는 세련이 철철 넘치는 이십대 여성이다. 명문대 출신으로 그 나이에 방송 진행자가 되었으면 꽤 똑똑하다는 얘기다. 대화 중에 정비석의 소설 《자유부인》이 나오니 눈을 동그랗게 뜨며 "그게 뭐예요?" 한다.

어, 이것 봐라. 동일방직 사건, 부천서 문귀동 성고문 사건, 동두천 윤금이 살해사건, 서울대 신 교수 성희롱 사건, 김창자 여사 등의 황혼이혼 소송사건 등등 거론되는 사건마다 처음 들어본다며 멋쩍어한다. 며칠 전 내가 겪은 실화다.

∽

사연인즉, 매주 한 차례씩 문화적 사안을 자유롭게 준비해 출연하는 라디오 프로그램이 있는데, 방송 직전 진행자와 사전 대화를 나누는 와중에 있었던 일이다. '길밖세상'이라는 젊은 여성학 연구자들이 집필한 《20세기 여성사건사》라는 책 내용을 소개하고자 했다. 하지만 각 사건의 의미와 맥락 이전에 그런 일의 존재 자체를 모르니 이를 어쩐담.

그녀의 무식일까, 무관심일까, 혹은 무책임일까. 아니다. 단순한 세대 차이일지 모른다. 그녀가 젖병을 빨던 무렵부터의 일을 나는 성인으로 접했으니까. 기억하는 것도 당연하지. 매스컴에서 오죽 떠들어댔던 일 아니었던가.

∽

내가 요란한 매스컴 보도로 기억하는 각 '사건'들에 대해 책의 집필자들은 이렇게 강조한다. 사건과 역사의 차이점을 인식해야 한다고. 역사가 인과성을 갖는 '중요한' 시간의 흐름이라면, 사건은 우연적이고 일회적인 '덜 중요한' 일이다. 그동안 우리 현대사에서 여성문제는 화제와 유행을 몰고 온 사건으로 기록됐지 역사로 등재되지는 못했다. 따라서 지나간 여성 사건들을 사회적, 역사적 맥락에서 재구성하여 역사의 한

장으로 자리 매김 하고자 한다고.

　그런 취지에서 지난 1백 년 동안 벌어진 여성 사건 가운데 27건이 추려진 게 이 책이다. 일부러 그렇게 한 듯, 논문 투의 까다로움도 에세이 투의 정서이입도 보이지 않는다. 조금 긴 시사월간지 기사를 연상하는 게 가까워 보인다.

　내용의 상당량을 차지하는 일제시대, 전후 시기, 근대화 개발기 즈음의 여러 사건들을 보니 멀뚱해지기는 나도 그 여성 진행자와 다를 바가 없다. 기생 선각자 강향난의 단발남장 사건이며 을밀대 고공농성의 주역 강주룡을 처음 접하는 심정이 그렇다. 지식도 늘었고 공부도 됐다. 하지만 화제성 사건을 넘어 역사적 자리 매김을 도모했다는 저자들의 목적은 충분히 달성됐을까. 현대사 전체 맥락과의 접점이 좀 부실한 것은 아닐까. 흩어져 있는 사건들을 정리해서 알리는 데 주안점을 둔 것으로 이해해야 할까.

《춘아, 춘아, 옥단춘아, 네 아버지 어디 갔니?》, 김병종·이문열 외, 민음사
《쾌도난담》, 고경태·김규항·김어준, 태명
《딴지일보 졸라 스페셜》, 김어준, 딴지그룹
《남자 vs 남자》, 정혜신, 개마고원
《20세기 여성사건사》, 길밖세상, 여성신문사

chapter 11
사람들

RAISON D'ETRE

유인원과의 산책

　무얼 판단하고 평가해야 하는 사람이 가장 피해야 할 일은 지나친 감격과 그에 따른 감정이입이다. 자칫하면 객관성을 잃어버릴 수 있기 때문. 무엇보다 감동이 잦으면 신뢰감을 잃는다. 그런데 애석하게도 감동 과잉(?)이 나의 지병인 것 같다.

　사이 몽고메리가 쓴 《유인원과의 산책》을 읽었는데 지병이 또 도졌다. 감동, 감동의 도가니다. 출간되어 별 반응 없이 조용히 사라져버린 책이다. 서고 한 귀퉁이에 조용히 잠들 뻔한 책을 평소 자연과학에 관심이 많은 아내가 우연히 읽게 되었던 모양이다. 며칠 동안 아내는 그 얘기만 했다. 냉정한 아내가 그토록 흥분하는 걸 보면 뭐가 있나 보다 하는 생각에 책장을 넘기다가 아, 벅차오르는 감동과 놀라움. 두고두고 마음속 연인을 삼을 만한 세 여인을 만나게 된 것이다. 그들의 이름은 제인 구달, 다이안 포시, 비루테 골디카스이다.

~

내용을 재구성해보자. 루이스 리키라는 남아프리카공화국 출신의 백인 인류학자가 있다. 그는 최초의 인류가 아프리카에서 발생했다는 가설을 세워 화석자료로 입증한 대학자이다. 그러나 리키의 평소 지론대로 "화석은 말을 하지 않는다". 원시 상태의 인류가 어떻게 행동하고 발전해왔는지 궁금했다. 대체 어떤 방법이 가능할까. 리키는 인간과 가장 닮은 동물 즉, 유인원의 행동을 관찰해보자는 데 착안했다. 그것도 실험실의 조작을 통해서가 아니라 자연 상태의 모습 그대로를. 그런데 그런 장구한 프로젝트를 누가 해낸단 말인가.

~

리키는 여성의 특성에 주목했다. 여성만이 갖는 직관력 그리고 동일한 사물에서 더 많은 것을 파악할 수 있는 세심한 관찰력. 아울러 근 20년 가까운 자녀 양육기간을 치러야 하는 태생적인 끈기에서 가능성을 보았다. 그래서 발탁된 첫 번째 제자가 제인 구달. 당년 26세의 아름다운 금발머리 영국인으로, 인류학과는 관계가 없는 자신의 비서 출신이었다. 괴짜가 아니면 생각할 수 없는 엉뚱한 선택이었다.

~

타잔의 연인과 이름이 같은 제인 구달은 스승의 명을 받고 타잔이 살

앉음 직한 아프리카 탄자니아 곰베 지역에 들어가 침팬지 연구를 시작했다. 연구가 별다른 게 아니다. 밀림 속에 들어가 무한정 그들을 지켜보면서 친구가 되는 일이었다. 여기서 잠시 건너뛰어 가자. 비서 노릇을 하던 금발 미녀가 밀림 속에서 얼마간을 침팬지와 살았는가. 한 3개월? 3년? 놀라지 마시라, 30년이다! 조금 더 건너뛰어 보자면, 그렇게 해서 제인 구달은 인간만이 도구와 언어를 사용한다는, 소위 '만물의 영장'론을 불식시킬 만한 대발견을 이루어낸다. 책에 보니, 서구에서 가장 저명한 과학자를 설문조사하면 첫손가락 꼽히는 존재가 스티븐 호킹이 아니라 바로 제인 구달이라고 한다. 상상을 뛰어넘는 헌신을 하기도 했지만 그에 상응하는 업적과 영예를 제인은 이룩했다.

리키가 두 번째로 발탁한 현장연구가 역시 여성이고 역시 미인인데, 그녀는 전직 물리치료사였다. 제인 구달의 스토리가 과정상의 고통을 잊게 만들 만큼 '해피'한 데 반해 두 번째 이야기는 비극으로 점철된다. 미국인인 그녀의 이름은 다이안 포시. 르완다에 들어가 산악 고릴라를 연구하는 과제를 맡았다. 다이안은 불행하게 성장했다. 야비하고 탐욕스러운 계부는 어린 다이안을 식탁에도 앉히지 않아, 다이안은 부엌에서 따로 식사를 해야 했다. 이런 환경에서 다이안의 공격적 성향이 길러졌던 것 같다.

연구차 아프리카에 들어가 그녀가 목격한 것은 잔혹하기 이를 데 없는 밀렵꾼들의 횡포였다. 그것이 수천 년 동안 이어져온 그네들의 생존 방식이라는 걸 '문명인' 다이안은 이해도 용납도 할 수 없었다. 다이안은 연구자가 아니라 전사로 변신했다. 밀렵꾼들을 체포해 응징하고 심지어 고문까지 벌이는 한편 '야만국' 관리들과 밀렵금지 문제로 투쟁을 벌이는 게 그녀의 주된 활동이었다. 1985년, 아프리카 생활 18년 만에 그녀는 손도끼로 두개골이 파괴된 처참한 시체로 발견된다. 밀렵꾼에 의해 먼저 희생된, 그녀가 너무도 사랑한 고릴라 '디지트'의 뒤를 따라간 것이다.

캐나다 출신 비루테 골디카스는 스승 리키가 죽기 3년 전에 발탁한 세 번째이자 마지막 제자이다. 인류학과 대학원생으로 리키의 제자 중 '가장 많이 공부한' 23세의 비루테는 인도네시아에서만 발견되는 오랑우탄을 선택했다. 가장 험난한 길을 자처한 거였다. 제인과 다이안의 연구가 결코 쉬운 것은 아니었지만, 비루테의 오랑우탄은 도대체 대책이 서지 않았다. 연구를 하려 해도 도무지 오랑우탄의 모습이 보이지 않는 것인데, 무리를 짓지 않고 혼자 떠돌아다니는 오랑우탄의 습성 때문이었다. 어쩌다 한 놈 발견해도 이렇다 할 행동 특성을 찾아볼 수 없었다. 온몸에 거머리가 달라붙는 늪지대를 8년이나 헤매고서야 비로소 나뭇가지로 엉덩이를 긁는 행동, 다시 말해 오랑우탄의 '도구 사용'을 발견하는 정도였다. 함께 간 남편도 5년여 만에 달아나버리고 혼자가 된 그녀는 순진짜 토종 원주민과 결혼하여 아예 인도네시아 사람이 돼버렸다. 제인은 서방권으로 귀환하고 다이안은 이승을 떠났지만 비루테만이 지금까지 보루네오 섬 탕중 푸팅 캠프를 지키며 연구를 계속하고 있다.

어떻게 서술했느냐가 정말 중요한 것 같다. 이 책은 저자 몽고메리의 필력 이상으로 그 진솔성이 두드러진다. 좀 과하다 싶게 까발린 것인데, 제인은 성공 이후 그 열매를 지나치게 즐기는 모습으로, 비루테의 경우는 업적의 빈약함과 인도네시아에서 취하는 그녀의 처신을 지나치게 '정치적'인 것으로 각각 묘사하고 있다. 특히 다이안에 대해서는 그런 것까지 들추어내야 했나 싶다. 밀림에서 성욕을 감당할 수 없었던 다이안이 마스터베이션 기계를 사용했던 사실이나 유부남들과의 불행한 관계는 안쓰럽게만 다가온다.

내게 이 책은 휴먼 다큐멘터리로 읽힌다. 도시에서 성공에 몸부림치는 삶이 얼마나 허망한지 이 이야기만큼 강렬하게 다가온 경우가 없었다. 혹시 읽을 의향이 있다면 2부부터 읽으시라. 서방권에서는 워낙 유명한 존재들이어서인지, 친절한 안내 없이 앞 대목에 대뜸 학술적 성과가 나와 좀 어렵다.

나쁜 성질이 도달한 위대한 생애

존경할 만한 사람이 없다는 말을 하는 사람에게 나는 약간의 저항감을 느낀다. 혹시 하나님 근처의 인물을 찾는다면 모를까 우리 사는 이 범속한 세상에서 조금만 겸손하게 주위를 둘러보면 남다른 흠모의 정을 느끼게 만드는 사람이 얼마나 많은가. 꼭 위대하고 엄청난 위업이 있어야만 존경의 대상이 되는 것은 아닐 것이다.

나는 요 며칠 1970년대의 신화였던 김민기의 음반을 들으며 아련한 지난날의 추억과 더불어 그에 대한 한량없는 존경의 마음에 푹 젖어 지내고 있다. 그의 신화가 떠돌던 시대가 지나간 이후의 행적 때문이다. 한때의 영광을 두고두고 우려먹는 사람이 너무도 많은 세상에서 그는 은자처럼 뒷전에 머물며 아무것도 내세우지 않고 조용한 현재를 살아간다. 그렇게 살기란…… 대단히 어려운 일이다.

몇 주 전 KBS의 〈TV, 책을 말하다〉 팀에서 또 연락이 왔다. 수능시험을 끝낸 학생들에게 생의 열정을 투사한 인물들의 전기를 토대로 대담을 하자는 것이다. 그런 취지에 걸맞은 존재로 선택된 것이 《유인원과의 산책》에 등장하는 세 명의 여성 인류학자 제인 구달, 다이안 포시, 비루테 골디카스와 닥터 노먼 베쑨 그리고 이중섭이었다. 이미 다 읽었던 책들이지만 다시 한 번 정독을 하면서 잠까지 설쳤다. 모두가 정말 놀라운 존재들이다. 그중에도 특히 '성질 나쁜' 캐나다 의사 닥터 노먼 베쑨에 대해서.

∽

　닥터 노먼 베쑨은 우리에게 의외로 잘 알려지지 않은 인물이지만 베쑨의 전기는 캐나다 인으로서는 가장 폭넓게 많이 읽히는 대상이다. 1890년 캐나다에서 목사의 아들로 태어난 베쑨은 애초에 평범한 외과의사에 불과했다. 스코틀랜드 명문가의 멋쟁이 외동딸과 결혼했고 유럽 각지의 유명 병원에서 최고의 수련을 받는다. 그리고 미국 디트로이트에서의 개업. 개업 초엔 약간 고생도 하지만 결국 돈도 제법 잘 벌고 귀족적인 취향에 걸맞게 고급스러운 골동품이며 호사스러운 가구에 둘러싸여 잘 먹고 잘 산다.

∽

　여기에서 그쳤으면 우리가 그 의사를 기억할 이유가 없다. 하지만 그는 한창때인 36세에 당시로서는 치명적인 질병이었던 결핵에 걸린다. 아내와의 이혼과 죽음만 기다리는 요양소 생활. 이때부터 다른 베쑨이 태어난다. 그는 누구나 꺼리던 새로운 치료법의 실험대상을 자처해 기적적으로 회생하고 의사로 복귀한다. 그러고는 창조적인 삶으로 나아간다. 기존의 치료술, 수술기구를 불신하여 수많은 의학기재를 발명하고 치료법을 개발해내는 것이다. 하지만 베쑨은 깊은 고뇌에 사로잡힌다. 특히 결핵의 경우, 획기적인 치료법의 개발로 완치되는 환자가 이처럼 많은데 왜 환자 수는 조금도 줄지 않고 오히려 늘어만 가는가. 베쑨은 결핵균보다 더 무서운 세균, 즉 가난이라는 사회적 세균에 주목하게 된다.

이때부터 그는 환자 한 사람 한 사람의 치료보다 더 근본적인 치료인 사회변혁에 나선다. 사회주의 혁명을 통해 당시로서는 이상적인 공중보건 의료시스템을 확립한 러시아를 방문해 확신을 얻게 된 그는 공산당에 입당하고, 호사스러운 자신의 집은 빈민아동을 위한 미술교육시설로 활용한다. 1936년에는 파시스트에 대항해 스페인 내전에 참전하여 이동식 혈액은행을 설립하여 전시 의료분야의 개척자가 된다.

그리고 운명적인 중국행. 스페인 내전의 참전도 험난한 일에 틀림없지만, 서방인의 관점에서는 오지 중의 오지인 중국의 황야에서 군국주의 일본군과 맞서 싸운다는 건 상상을 초월하는 선택이었다. 그는 모택동 예하부대의 일원이 되어 초인적인 활약을 벌여나간다. 약품도 의료기구도 바닥난 황량한 전쟁터에서 머리 위를 오가는 포연에 휩싸인 채 산더미처럼 쌓여만 가는 팔로군 부상병들을 붙들고 자신의 목숨이 다할 때까지 치료에 헌신한다.

그의 활약을 방해하는 유일한 존재는 그를 통솔하는 중공군 장군이었다. 제대로 먹지도 못한 상태에서 도무지 잠을 자지 않고 밤이고 낮이고 치료에만 몰두하는 베쑨이 걱정되어 장군은 때로는 명령으로 때로는 애원으로 그에게 잠시라도 쉴 것을 간청하지만 그는 요지부동이었다. 결국 몇날 며칠 한숨도 자지 않고 수술에 몰두한 끝에 정신이 흐릿해진 베쑨은 환자에게 감염되어 패혈증으로 사망하고 만다. 참전 2년을 얼마 앞둔 시점이었다. 그때 그의 체중은 과로로 인해 50킬로그램을 갓 넘긴 상태였다고 한다.

전기의 도입부와 후반부를 차지하는 중국에서의 활약상을 읽다 보면 도무지 벌린 입이 다물어지질 않는다. 너무도 초인적인 헌신이기 때문이다. 하지만 솔직히 말해 내 관심은 그것이 아니다. 만일 그의 행적만을 훑는다면 역사에 기록되는 수많은 '훌륭한 위인'의 하나로 기억될 것이다. 하지만 정말 흥미로운 대목은 그의 독특한 됨됨이다.

약점투성이의 인간성. 한마디로 말해 그는 안하무인에 시도 때도 없이 버럭버럭 화를 내는 '지랄 같은 성질'의 소유자였다는 것이다. 캐나다 시절은 물론이고 스페인, 중국에서도 끝까지 그랬다. 사소한 일에도 워낙 화를 잘 내는 터라 그의 중국인 보조자들은 존경하고 따르는 한편으로 언제나 전전긍긍해야 하는 신세였다. 베쑨 스스로도 술회한다. "나는 평생 두 가지 질병을 앓았다. 하나는 결핵이고 또 하나는 '성질'이라는 난치병이다."

중국인들은 근대 중국 역사의 가장 위대한 인물로 네 명을 든다고 한다. 모택동, 주은래, 에드가 스노. 그리고 나머지 한 명이 바로 닥터 노먼 베쑨이다. 대단한 성질의 대단한 생애가 아닌가.

희미한 옛사랑의 그림자

어느 날 나는 흐린 주점에 앉아 있을 거다. 아 참, 이 문장은 지금 내가 지어낸 것이 아니라 황지우의 베스트셀러 시집 제목이었지. 어쨌거나 흐린 주점 안으로 들어가면〈거울에 비친 괘종시계〉라는 시가 있다. "나, 이번 生은 베렸어 / 다음 세상에선 이렇게 살지 않겠어······."

구구절절 내 마음 같은 시의 결말은 이렇게 흐른다. "그래, 내 삶이 내 맘대로 안 돼! / 서가엔 마르크시즘과 관련된 책들이 절반도 넘게 / 아직도 그대로 있다 / 석유스토브 위 주전자는 김을 푹푹 내쉬고."

내 서가 뒤쪽 칸 역시 아직도 '사회과학' 서적들이 대부분을 차지하고 있다. 사회과학 서적이라니까 경제경영서 같은 걸 떠올렸다면 당신은 흐린 주점을 찾을 필요가 없는 젊은 사람이다. 늙은 70년대 학번들이 젊었을 때는 중국집 뒷방 같은 데서 허구한 날 '사회과학 스터디'라고 부르는 짓들을 했다. 그것은 물론 단 한 권도 번역된 바 없는 마르크스 저작물 주변을 더듬거리는 일이었다.

∽

프랜시스 윈이 쓴《마르크스 평전》을 말하려는데 구차한 옛 기억이 떠오르는 이유인즉 우연히 들은 방송 신간안내 때문이었다. 아리따운 리포터의 책 소개 끝 멘트가 이랬다. "이 여름 마르크스의 매력에 흠뻑 빠져보시죠!"

그 멘트에 대한 반응 1. "와, 세상 많이 변했다." 반응 2. "정말 뭘 몰라도 너무나 모르시는군." 하긴 이젠 누구도 황지우네 주전자처럼 김을 푹푹 내쉬지는 않는다. 그저 희미한 옛사랑의 그림자 또는 검은 상처의 블루스 정도. 그러나, 그렇지만, 에이, "매력에 빠져보시죵!"이라니.

냉전시대의 마르크스는 악마와 신 둘 중의 하나였다. 그 중간은 전혀 없었다. 포스트모던 시대에 들어 인기 하한가 속에 새로 씌어진 이 평전은 '인간 마르크스'쯤을 그리고 있다고 보면 된다.

"프로이센 출신의 망명자였지만 영국의 중간계급 신사로 살았으며 사나운 선동가였지만 삶의 많은 시간을 영국박물관 열람실에서 학자처럼 정적에 묻혀 살았던 사람. 그는 사교와 연희를 좋아했지만 거의 모든 친구들과 불화를 일으키고, 진지한 철학자였지만 술과 담배와 농담을 좋아하는 낙천가였다……." 이런 안내문이 책의 분위기를 잘 설명해준다.

반공투사형 비방문과는 전혀 거리가 멀다. 저자는 오히려 마르크스에 대한 깊은 공감과 애정을 갖고 있는 게 느껴지는데 이렇게 사람 냄새 물씬 나는 마르크스 관련서는 처음 접해보는 것 같다. 그런데 왠지 쓸쓸하다. 가령 오늘날 장 자크 루소나 마틴 루서 킹의 이름을 떠올릴 때 별다른 심정적 동요를 느낄 수 없듯이 마르크스도 그렇게 옛날 옛적 어떤 위인의 하나로 흘러가고 있는 건가.

이념무상 시대의 체 게바라

인물전을 읽으며 몹시 흔들렸던 기억으로 에드가 스노의 《중국의 붉은 별》이 떠오른다. 대장정을 중심으로 모택동의 중국 해방기를 다룬 내용인데, 한동안을 가슴 쿵쾅거리는 흥분 상태로 보내야 했다. 스노의 아내였던 님 웨일즈가 쓴 《아리랑》의 감동 역시 그 못지않았다. 김산이라

불렸던 조선인 혁명가 장지락의 일대기로서 그 엄청난 스케일과 불굴의 의지 앞에 벌린 입이 다물어지질 않았다. 그 책들을 읽던 때가 이른바 전노 일당(전두환·노태우) 치하였다. 교정 곳곳에 백골단 깡패들이 진을 치고 있었고 학교 옆동네가 곧장 감옥이던 시절이었다. 운동권이든 아니든 모택동, 김산의 투쟁기가 결코 먼 나라 삼국지로 읽힐 수 없는 사회분위기였던 것이다.

∽

세월은 흘러 한총련 같은 학생운동 단체가 젊은 네티즌들의 집중 포화를 맞고, 김정일 국방위원장님은 와인 원샷으로 남한 인민들에게 인기 상종가를 누리기도 했었는데 돌연 남미의 직업 혁명가 체 게바라의 평전이 베스트셀러를 넘어 스테디 독서물로 등극한다. 염색머리 휘날리며 정치무상, 이념무상을 구가하는 N세대들에게 사회주의 혁명전사 체 게바라라니!

∽

아무래도 관심은 체 게바라가 왜 팔리느냐에 모아진다. 의인이 사라진 시대에 '진정한 의인의 표상'으로서 어필한다는 한 신문사 논설위원의 설명은 너무 소박하다. 냉정히 볼 때 우선은 체 게바라의 인물 이미지에서 원인을 찾을 수 있을 것 같다. '베레모를 쓴 제임스 딘'이라고 불리듯, 시대적 맥락을 떠나 체 게바라는 멋스러운 스타의 이미지로 부각된 것이다. 책 못지않게 그의 브로마이드 사진이 큰 인기를 끈다는 게 그 증거다. 아울러 게바라의 정신을 자신들의 음악적 원점으로 삼는 대형 하드코어 록그룹 레이지 어게인스트 더 머신의 인기와 내한 공연에 따른 관심도 상승작용을 했을 것이다. 물론 불과 80명의 병력으로 출발하여 한 국가체제를 전복시키는 게릴라전 묘사의 장구한 서스펜스도 독자를 이끄는 데 빼놓을 수 없는 요소다.

∽

하지만 그뿐일까. 베를린 장벽이 붕괴되던 즈음 서양사를 강의하던 선배는 이제부터 본격적으로 마르크스를 공부하겠다고 말했다. 젊은 날의 순정한 이상주의적 열정! 영어공부에 매진하고 인터넷, 주식투자, 벤처 창업에 골몰하는 것으로 젊은 피를 모두 잠재울 수는 없다. 현실 사회주의 체제가 소멸의 길을 걷고 혁명적 열기가 역사의 뒷전으로 물러났어도 이성의 힘으로 평등한 세상을 이루고자 했던 도덕적 지향은 사람들 내면 어딘가에 잠복해 있을 것이다. 비록 돌발적인 일회성 관심으로 그칠지라도, 2000년대 한국에 나타난 우리의 체[Che], 친구는 '사람은 무엇으로 사는가'에 대한 진지한 숙고를 안겨줄 것이다. 자주 인용되는 그의 말을 떠올려본다.

"우리 모두 리얼리스트가 되자. 그러나 가슴속에 불가능한 꿈을 가지자!"

자서전을 읽읍시다

날 잊지 말아요. 물망초의 노래는 이렇게 시작된다. 누군가의 기억에 남기를 바라는 참을 수 없는 욕망. 그러니까 모든 일기며 편지며 비망록이며 온갖 사사로운 기록들은 타인에게 읽혀질 것을 전제하고 씌어지는 일종의 자서전이다. 나는 그러한 욕망에 담겨 있는 간절함 혹은 적나라함 때문에 '사람에 대한 이야기' 즉 자서전, 평전, 전기 같은 인물전을 늘 독서물의 앞자리에 놓는다. 흔히 이런 유의 책에서는 진실과 정직성을 의문시하는 수가 많지만 그 점은 별 문제가 되지 않는다. 글이란 곧 사람이어서 아무리 꾸미고 채색해도 별수 없이 다 드러나게 마련이기 때문이다.

내가 좋아하는 인물전은 우선 감동과 경외심이 느껴지는 것이다. 두 번도 망설이지 않고 내놓을 수 있는 책이 테드 알렌과 시드니 고든이 쓴 《닥터 노먼 베쑨》이다. 나는 이 책이 범국민 필독서가 되기를 바란다.

이 전기의 압권은 역시 노먼 베쑨 자신의 말과 글을 통해 드러나는 독특한 성격이 아닌가 싶다. 그는 통상적인 위인전에서 보이는 것처럼 성스럽고 위대한 유형의 인물이 전혀 아니었다. 스스로 표현한 대로 '성질'이라는 지병을 죽을 때까지 안고 살아간, 어떤 면에서는 꽤 고약한 품성의 인물이었다. 아울러 사회현실에 눈뜨기 전에는 꽤나 귀족적인 취향에 사치스러운 생활을 해온 터였다.

그런 노먼 베쑨의 생애가 보여주는 특별한 점은 존재의 자기 갱신 가능성이다. 애초부터 훌륭한 사람은 아니었지만 무엇이 올바른 길인지를 깨달았을 때는 미련 없이 자신의 모든 것을 던졌다. 그 결과 평범한 사람은 상상도 할 수 없는 엄혹한 상황 속에 그의 인생은 휩쓸려 들어갔고, 그는 그걸 조금도 후회하지 않았다. 그 결과가 머나먼 중국 오지에서의 참혹한 죽음이다. 책을 읽다 보면 베쑨이 주위 사람들에게 '성질부리는' 모습이 훤히 떠오른다. 그것은 이른바 '지랄 같은', 그러나 위대한 성질이었다.

노먼 베쑨의 투사적 삶과는 반대편에 있는 듯이 보이는 비타협적 은둔의 생애였지만, 그 본질에 있어서는 동일한 것으로 여겨지는 존재가 헬렌과 스코트 니어링 부부이다. 이제 우리 독서가에서 니어링이라는 낯선 성은 꽤나 친근한 이름이 됐다. 지난 1997년에 조용히 출간되어 별다른 홍보도 없는 가운데 입에서 입으로 전파되어 소문 없는 베스트셀러가 된 헬렌 니어링의 《아름다운 삶, 사랑 그리고 마무리》의 감동 때문이다. 그후 《조화로운 삶》《소박한 밥상》《스코트 니어링 자서전》《인생의 황혼에서》 등 니어링 부부의 각종 저작물이 속속 출간되기에 이르렀다.

각 권이 상호 보완적인 역할을 하지만 아무래도 처음 출간된 헬렌의 《아름다운 삶, 사랑 그리고 마무리》가 흥미로움에서는 가장 앞선다. 이 책은 남편 스코트가 1백 세를 맞이해 스스로 음식을 거부하고 위엄 있는 죽음을 맞이한 후에 집필된 것으로 그녀의 전 생애의 윤곽을 담고 있다. 스코트를 만나기 전, 유럽에 바이올린 유학을 한 시절에 만났던 인도 출신의 명상 지도자 크리슈나무르티와의 연애담이 솔직하게 그려져 있고,

아버지의 친구 스코트와의 돌발적인 사랑 그리고 이어진 농장의 생활이 그림으로 그린 듯이 묘사되어 있다.

미국 상류층 출신으로 아름다운 외모와 총명함, 헬렌에게 어울리는 삶은 정해져 있는 듯이 보였다. 그런 그녀의 삶은 21세 연상의 해직교수 출신 경제학자 스코트를 만나면서 전혀 엉뚱한 길로 접어든다. 이른바 '비순응주의자'의 삶, 일찍이 《월든》의 헨리 소로가 그랬던 것처럼 광포한 자본주의 문명을 거부하고 버몬트의 숲속으로 들어가 자연인의 삶을 추구한 것이다. 땅에 뿌리박은 그들의 남다른 결혼생활은 53년에 이른다. 이들의 탈문명적 삶에서 특기할 점은 자연주의와 지적 추구를 동시에 병행했다는 사실이다. 하루하루와 연간의 생활 단위를 명확히 구분해 농사일과 저술활동을 완벽하게 조화시킨다. 그 결과 경쟁과 격려가 있는 도시를 등지고서도 남편 스코트의 저서는 무려 50여 권에 이른다.

니어링 부부의 저작을 읽은 사람들의 한결같은 반응은 놀라움과 위안과 자책감이다. 현대인이라면 누구나 가슴속에 아련한 동경처럼 품고 사는 자연생태적 삶을 니어링 부부는 마치 모범답안처럼 이루어냈다. 책을 통해 이들의 생활을 엿보노라면 내일이라도 당장 이 도회지를 떠나고 싶은 욕구가 불쑥 치밀어 오른다. 하지만 생각이 그러할 뿐 우리는 자신을 둘러싼 모든 것을 떨쳐버릴 용기가 없음을 잘 알고 있다. 헬렌의 《소박한 밥상》 앞에서 우리는 온갖 과잉으로 점철된 화려한 식탁을 부끄러워하는 한편 그 반대편에 헬렌 같은 모델이 있다는 사실에 위안을 얻게도 된다.

◈

자서전이 일종의 스캔들처럼 다가오는 책도 있다. 루 알버트 라사르트의 《내가 사랑한 시인 내가 사랑한 릴케》나 《리고베르타 멘츄》 같은 책이 그것. 여류화가 라사르트의 《내가 사랑한 시인 내가 사랑한 릴케》는 일종의 릴케 평전처럼 여겨지지만 진정한 집필 동기는 다른 데 있다. 실제로 연애관계가 성립되었는지 의문시되는 루 살로메와 릴케 사이의 진실은, 후대에 알려진 릴케의 몇몇 연애사가 상당히 왜곡돼 있음을 밝히고자 한 것이다. 물론 저자 자신만이 가장 확고한 연인이었음을 주장하는 내용이다.

이럴 때 독자는 미묘한 미소를 머금으며 제3의 시선을 따라가게 된다. 즉 릴케를 묘사하는 그녀의 심리적 욕망, 다른 여성들에 대한 배타적 언급 등에서 저자와 심리적 일체감을 느끼기보다는 그 동기며 배경을 헤아려 짚어가는 흥미로움이 있는 것이다. 하물며 연애의 속사정에 대한 것임에랴.

그러나 물론 이 책은 릴케에 관한 신변잡기는 아니다. 일반적인 전기 작가로서는 도저히 규명해 들어갈 수 없는 심리세계, 연인이었기에 가능한 경험을 통해 한 위대한 시인의 연약한 속살을 잘 이해할 수 있게 해준다. 무엇보다 제대로 릴케의 시를 읽어보지 못한 사람이라면 책의 곳곳에 인용된 그의 시편들이 창작의 주변 정황 묘사를 통해 매우 깊이 있게 다가오는 체험을 할 수 있을 것이다.

《리고베르타 멘츄》는 나중에 내용의 진위가 논란을 빚어 더 유명해진 자서전이다. 1992년 노벨 평화상 수상자인 멘츄는 중남미 과테말라의 원주민 인디헤나 출신의 여성 인권운동가이다. 인류학자인 엘리자베스 부르고스가 문맹인 그녀의 구술을 받아 적어 완성한 책으로 원주민들이 백인 정권의 가혹한 수탈에 맞서 싸우는 과정을 그리고 있다. 그녀의 남동생은 노예생활 끝에 영양실조로 굶어 죽었고, 둘째 동생은 가족의 면전에서 고문 끝에 발가벗긴 채로 불에 타 죽었다. 어머니는 정부군 장교들에 의해서 폭행당한 뒤 고문 끝에 밀림에 버려졌으며 저항운동을 주도한 아버지는 불에 타 죽고 토지도 몰수당한다. 또한 그녀의 가장 가까운 친구 역시 토막살해되고 만다. 13세부터 하녀로 일해온 멘츄는 이 모든 역경을 이겨내며 여성 투사로 세계적인 주목을 받은 것이다.

멘츄의 자서전이 국내에 번역 출간되었을 때 나 역시 깊이 빠져들었던 기억이 난다. 하지만 그후 미국의 인류학자 데이비드 스톨이 연구를 통해 멘츄의 증언 가운데 상당 부분이 날조되었다고 밝혀 커다란 논란이 빚어진다. 영양실조로 죽은 동생은 존재한 적이 없고, 불에 타 죽었다는 둘째 동생의 죽음은 목격자가 없다. 토지를 빼앗아간 것도 백인 정권이 아니라 분쟁을 벌이던 그녀의 친척들이라고 한다. 무엇이 진실인지는 알 수 없다. 하지만 분명한 사실은 실제로 백인들의 가혹한 원주민 수탈과 야만적인 살육 행위가 존재했다는 점이다. 자서전의 진위 공방에서 무엇을 우선적으로 보아야 할지 시금석이 되는 책이다.

국내 인물의 자서전으로 두고두고 뇌리에 남는 책은 뜻밖에 가수 한대수의 《사는 것도 제기랄 죽는 것도 제기랄》이다. 한국 모던 포크의 개척자로서 명문가 출신의 히피. 그의 음악이 전설인 만큼 그의 생애도 기구하고 드라마틱하다. 두 명의 아내와 동시에 사는 이야기는 속된 흥미를 자아냄 직한 대목이기도 하다. 그러나 《사는 것도 제기랄 죽는 것도 제기랄》에서 부각되는 점은 인생의 각 시기마다 자기 행위에 대해 명료한 객관적 분석과 의미부여를 한다는 사실이다. 그는 각각의 처신이 왜 그러했는지 그 의미는 무엇이었는지를 냉정하게 설명해낸다. 이른바 자기 객관화의 능력이다. 독자들은 한대수라는 독특한 개성을 읽는 과정을 통해 오히려 자기 자신의 억눌린 일면을 찾아낼 수 있을 것이다.

《유인원과의 산책》, 사이 몽고메리, 르네상스
《닥터 노먼 베쑨》, 테드 알렌, 실천문학사
《마르크스 평전》, 프랜시스 윈, 푸른숲
《체 게바라 평전》, 장 코르미에, 실천문학사
《스코트 니어링 자서전》, 스코트 니어링, 실천문학사
《월든》, 헨리 소로, 이레
《내가 사랑한 시인 내가 사랑한 릴케》, 루 알버트 라사르트, 하늘연못
《리고베르타 멘츄》, 엘리자베스 부르고스, 장백
《사는 것도 제기랄 죽는 것도 제기랄》, 한대수, 아침이슬

chapter 12
운명

RAISON D'ETRE

운명의 딸

 여름 휴가차 머물렀던 해남 땅끝마을에서 바다낚시를 하는 와중에 이사벨 아옌데의 《운명의 딸》을 읽었다. 남녘의 바다도 운명의 딸도 다 함께 도도했다. 거대한 서사. 그것은 감동의 세계이다. 정말 오랜만에 맛보았던 유장한 장편서사의 감흥을 될수록 많은 사람과 함께 나누고 싶다.
 《운명의 딸》의 저자 이사벨 아옌데는 마르케스 이후 남미문학을 대표하는 작가로 평가된다. 1942년 페루 리마 출생으로 눈 밝은 독자라면 이름에서 눈치 챘겠지만, 남미에서 최초로 사회주의적 정권을 세웠던 살바도르 아옌데 칠레 대통령의 조카이다. 미국의 사주를 받은 피노체트에 의해 아옌데가 피살되면서 망명의 굴곡 많은 삶이 시작된다.
 망명지 베네수엘라에서 40세의 이사벨 아옌데는 자신의 가족사를 배경으로 한 장편소설 《영혼의 집》을 출간하고 이 데뷔작으로 곧장 세계적인 작가의 반열에 올라선다. 오래전 아무런 사전지식 없이, 영화화된

〈영혼의 집〉을 비디오로 보고 무척 감동했었는데 이제야 비로소 그 내력을 알게 된 셈이다. 《영혼의 집》과 또 다른 작품 《세피아 빛 초상화》 그리고 오늘 소개하는 《운명의 딸》이 모여 내용적으로 연결되는 3부작을 구성한다.

시대배경은 19세기 중엽 칠레의 항구도시 발파라이소. 수백 년간 스페인의 통치를 받아온 인디오의 고장에 영국인들도 특정한 거류지를 형성해 살고 있다. 어느 날 영국에서 사업차 건너온 소머스 3남매의 집 앞에서 아기 바구니가 발견된다. 누군가 인디오와 백인 사이의 혼혈 여자 아이를 버리고 간 것이다. 아이는 독신을 결심하고 사는 소머스 가의 여동생 로즈에 의해 엄격하고 귀족적인 영국식 교육을 받으며 행복하게 자란다. 엘리사로 이름 지어진 그 아이가 바로 운명의 딸. 양어머니 로즈가 철부지 시절의 빗나간 사랑으로 인해 인생이 뒤바뀌었듯이, 아무것도 부족할 것 없는 엘리사 역시 뜻밖에 찾아온 사랑으로 인해 파란곡절의 생애를 겪어나간다.

소설의 흥미 요소는 첫째, 영화 〈순수의 시대〉나 〈하워드 엔즈〉 등을 연상시키는 19세기 유럽 상류계층의 사회상. 유럽 이주민들로서 본토보다 오히려 더 격식과 품위에 집착하는 모순된 칠레 유럽인들의 생활상이 역사 사실에 바탕하여 섬세하게 그려진다. 다음은 외교관 부모를 따라 세계 각지를 떠돌았던 작가의 체험을 토대로 한 폭넓은 공간적 배경. 소설 속에서는 당시의 영국, 칠레, 미국, 중국의 사회적 격동이 실감나게 묘사된다. 또 하나, 작품의 기둥 줄거리를 이루는 이른바 '운명적 사랑에 대한 가슴 벅찬 대리 체험. 〈닥터 지바고〉나 〈잉글리시 페이션트〉의 안타까움을 연상하면 된다.

⁓

어떤 사랑이 엘리사를 훑고 지나갔던가. 19세기 당시의 상류층 여성이란 교양과 예의범절을 익혀 귀족 집안으로 시집가는 게 지상 목표였다. 로즈 소머스 역시 엘리사를 명문가에 시집보내기 위해 부단한 노력을 한다. 하지만 사춘기의 엘리사에게 사랑이란 엉뚱한 곳에서 벽력처럼 예기치 않게 다가온다. 소머스 가의 가장이자 로즈의 오빠 제레미가 운영하는 회사의 말단 직원으로, 사생아로 태어난 호아킨 안디에타라는 반항아적 인물.

엘리사와 호아킨의 비극적인 사랑은 역사의 격랑으로 휩쓸려 들어간다. 북미의 캘리포니아라는 황무지가 멕시코에서 미국의 손에 넘어가면서 황금이 널려 있는 엘도라도로 알려지는 게 당시의 실제 상황. 전 세계에서 목숨을 건 개척자들이 몰려들고 호아킨도 자신의 신분 제약을 극복할 유일한 방안으로 엘도라도행을 감행하는 것이다. 작품의 후반부 전체는 사라진 호아킨을 찾아 소머스 가를 탈출한 엘리사의 모험으로 이어진다. 여기서 그녀를 헌신적으로 돕는 중국인 의사 타오치엔이 중심 인물로 새롭게 등장한다. 호아킨은 잡힐 듯이 잡히지 않는 일종의 환영으로 존재하는 반면, 인종이 다른 중국인과 칠레 여인은 모험과 방랑을 함께 경험하며 미묘한 우정과 애정 사이를 오가는 것이다.

타오치엔의 성장 과정을 통해서는 아편전쟁 즈음의 중국 실정이 상세히 그려지고, 타오치엔과 엘리사의 캘리포니아 행각에서 미국 서부개척사의 혼란과 모험상이 생생히 추체험된다. 또한 미국 백인 지배계층의 잔혹하고 비열한 정복행위 묘사 속에서 작가의 관점이 드러난다. 법과 제도가 정착되기 이전의 혼란 상황에서 인간군상이 어떻게 생존하고 승자와 패자의 명암이 갈리는지도 적나라하게 보여준다. 아무튼 거듭 말하지만 거대한 서사, 유장한 인생사가 이 작품의 매력이다.

∽

이 소설은 페미니즘의 시각으로 읽힐 수도 있다. 사랑을 찾아 모든 기득권을 포기하고 황무지로 떠난 엘리사가 발견한 것은 '일'과 '자유'였다. 자신이 교육받은 바로는 교양 있는 여성이 일을 하는 것은 수치이고, 순결을 잃는 것은 인생의 종말을 의미했건만 캘리포니아 황무지에서 그러한 교양은 아무런 의미도 없음을 깨닫는 것이다. 엘리사는 유랑 창녀집단의 피아니스트로 동행해 다니며 생존을 위한 노동과 자유로운 인생의 선택이 갖는 가치를 깨닫는 씩씩한 여인으로 새롭게 태어난다.

늘 느끼지만, 긴 이야기를 추려서 말할 때는 언제나 미진한 아쉬움이 남는다. 특히나 《운명의 딸》에는 너무나 많은 이야기가 담겨 있다. 구비구비 펼쳐나가는 이야기의 힘. 이사벨 아옌데의 이렇듯 장대한 서사 구축 능력을 접하면서 우리의 문학을 되돌아보게 된다. 대체적인 한국소설들, 특히 요즘 젊은 작가의 작품들은 너무나 심리적이고 사변적이다. 심리와 사변도 문학의 한 영역임은 분명하지만 그것은 때로 왜소한 경험세계의 포장으로 여겨지기도 한다. 큰 문학, 큰 작가가 나와야 한다. 아마도 많은 국내 작가들이 《운명의 딸》을 읽으며 같은 생각을 하고 있을 것만 같다. 나의 이번 여름은 이사벨 아옌데로 인해 특별한 시간으로 기억될 것이다.

밀란 쿤데라의 향수

1988년 밀란 쿤데라의 소설 《참을 수 없는 존재의 가벼움》의 국내 출간은 한국의 문화사적 사건이었다. 전체주의 사회라는 배경 속에서도 마치 럭비공처럼 튀는 자아의 다면성과 운명의 우연성. 억압하려는 체제 쪽이나 그것에 저항해온 운동세력 측이나 모두 집단의식의 미몽에서 헤어 나오지 못할 때 비로소 개인의 실존의식에 눈뜨도록 한 편의 소설이 작용했다고나 할까. 제목의 '가벼움'은 억압적 정치체제에서 풀려난 1990년대 내내 한국인의 화두 역할을 했다.

이후 쿤데라의 작품들은 속속 번역됐고 일본의 하루키 이상으로 국내 작가들에게 영향을 미쳤다. 특히 《불멸》과 《느림》이 큰 화제를 낳았던 기억이 난다. 철학적 에세이와 소설이 함께 흘러가면서 중간중간 작가가 직접 개입하는 특유의 쿤데라식 작법은 독자들에게 모든 고정관념으로부터의 탈피를, 특히 한국인에게는 농담과 조롱의 내러티브를 통해 감상성의 극복을 깨우쳐준 셈이다.

그의 《향수》는 세계에서 두 번째로 우리나라에서 번역 출간됐다. 베르나르 베르베르의 신작 《천사들의 제국》이 그러더니 이젠 유수한 외국 작가들도 한국의 구매력을 인정하게 됐던가. 하여튼 그리 싫지 않은 일. 동양 최대의 건물 어쩌구 하는 촌티에 비해 이런 식의 최초, 최대는 자랑스러워해도 됨직한 일이다.

《향수》는 평자들에 의해 《참을 수 없는 존재의 가벼움》의 완결편이라고 설명된다. 《참을 수 없는 존재의 가벼움》이 끝나지 않을 것 같은 공산 지배하에서 벌어지는 운명의 아이러니를 그렸다면, 신작은 그로부터 20년 후 체코로부터 각각 프랑스, 덴마크로 망명한 두 남녀의 귀향과 재회를 담았다.

고향에 가고 싶다! 이런 심경은 이산가족 상봉에 눈물 흘리는 우리들에게나 망명지 설움을 겪어온 쿤데라에게나 마찬가지였을 것이다. 작가는 그런 그리움-향수-노스탤지어를 무지의 상태에서 비롯된 고통으로 설명한다. "너는 멀리 떨어져 있고 나는 네가 어찌 되었는가를 알지 못하는 데서 생겨난 고통"으로서, 그리스 어 '노스토스(귀환)'와 '알고스(괴로움)'가 합성되어 '노스탤지어'란 말이 생겨났다는 어원적 분석을 곁들인다.

각기 다른 경로로 조국 프라하를 찾은 주인공 이레나와 조제프는 고향사람들에게서 그들의 20년이 단지 단절과 무관심이었을 뿐임을 확인한다. 또한 공항에서 우연히 마주친 이 두 남녀에게도 역시 단절이 안겨준 희극이 벌어진다. 망명 전에 희미한 연정을 느꼈던 조제프를 이레나가 바로 알아본 반면, 무심한 남자 조제프는 단지 여인의 유혹에 응할

셈으로 알은체했을 뿐이었던 것. 오해 속에서 이들이 정사를 벌이는 순간 이레나의 동거 애인 구스타프는 그녀의 어머니 즉 장모와 우스꽝스러운 정사를 벌인다.

"상실과 망명의 시대, 잃어버린 시간을 찾아가는 보헤미아 연인들의 슬픈 랩소디"라는 좀 뽕짝조의 광고 문구가 퍽 어울려 보이는 작품이건만 읽는 내내 파리 떼처럼 달라붙는 사사로운 상념들로 쉬 책장이 넘어가질 않는다. 지나버린 과거의 기억들에게 쿤데라는 여러 형태의 이름과 관점과 명제를 부여한다. 특히 젊을수록 과거의 기억에 집착한다는 쿤데라의 지적에 동의한다. 여생이 짧을수록 추억과 놀면서 허비할 시간이 없기 때문이라는 것이다.

〈운명의 딸〉, 이사벨 아옌데, 민음사
〈불멸〉, 밀란 쿤데라, 청년사
〈느림〉, 밀란 쿤데라, 민음사
〈향수〉, 밀란 쿤데라, 민음사

chapter 13
일본소설의 신비

RAISON D'ETRE

당대를 담아낸다

　신간 홍보차 내한한 무라카미 류와 한 시간 동안 방송 인터뷰를 했다. 워낙 좀 별난 멋쟁이 이미지가 컸던 터라 같은 사내로서 약간의 위축감을 동반한 긴장을 느꼈었는데, 정작 대면해보니 가뜩이나 작은 나보다 더 작은 키에 평범한 인상이라 안도의 한숨(?)부터 내쉬었다. 크크…….
　그러니까 집단 살인, 사도마조히즘, 마약, 원조교제 따위로 점철되는 그의 작품경향하고 실제 작가를 동일시할 필요는 없다는 말이다. 일본 가서 무라카미 하루키를 인터뷰하고 온 기자친구도 비슷한 말을 한다. 하루키 역시 너무나 평범한 중년 아저씨여서 오히려 당황이 되더라고. 하염없이 슬픈 사슴일 것만 같은 하루키도, 무시무시한 변태일지도 모를 류도 그저 그런 '아자씨' 모습이란 게 뜻밖에 많은 걸 설명해줄지 모른다.

∽

　우리에겐 일본문학의 대표선수처럼 여겨지는 이 두 무라카미가 가령 다자이 오사무나 미시마 유키오처럼 자신의 전존재를 문학에 투사한 이른바 본격작가와는 어느 정도 구별되는 대중적 존재라는 것. 요즘 많이 쓰는 표현으로 '프로 정신'에 충만한 일종의 쟁이들이 아닌가 하는 새삼스러운 깨달음 말이다. 그런 인식으로 무라카미들을 볼 때 다가오는 생각이 있다.

　먼저 평론가들이 많이 지적하는 바대로 아무리 인기가 있어도 이들로써 일본문학 전부를 파악하는 우를 범해서는 안 되겠다는 것. 그리고 또 하나, 그럼에도 불구하고 이들은 역시 만만찮은 작가라는 사실이다. 이번 류의 신작 《공생충》도 대단해, 하는 속마음을 갖고 재미있게 읽지 않을 수 없었다.

　무엇이 대단하다는 건가. 류나 하루키 혹은 또 다른 인기작가들인 야마다 에이미, 요시모토 바나나, 유미리 등은 한결같이 자신들의 당대를 담아내는 능력을 지녔다는 사실이다. 고베의 14세 중학생이 연쇄살인을 벌이자 유미리는 대뜸 《골드 러시》라는 소설을 통해 '왜 인간이 인간을 죽이면 안 된다는 건가' 하는 소년의 의문을 소설화한다. 당대 현실과의 직접적 매개가 소설 본령의 전부는 아니겠지만, 독자 의식보다 오히려 뒤처진다고 비판받는 한국작가들이 크게 유념해야 할 사항이 아닌가 한다.

∽

　《공생충》은 무려 1백만 명에 달한다는 일본의 히키코모리 족을 다룬 이야기다. 특정 관심분야에 광적으로 몰두하는 사람을 마니아라고 부르고 그게 지나쳐 사회와 절연하다시피 하는 인물을 오타쿠라고 하는데, 히키코모리는 아예 문밖 출입조차 완전히 끊어버리는 자폐증상의 사람을 말한다. 주인공 우에하라도 학교를 거부하고 8년째 단칸방에 틀어박혀 사는 전형적인 히키코모리다. 이런 인물은 사회의 기본적인 룰을 완전히 일탈하게 되어 아무 이유 없이 야구방망이로 아버지와 형의 머리를 부수어버리고 낯선 여인을 살해하러 다닌다. 그리고 이 모든 행동의 배경으로 인터넷이라는 괴물이 작용하는 것이다.

지식의 게임. 복잡한 학술논문이 인용되고 미로와도 같은 이야기 구성과 주인공의 심리세계가 얽혀드는 이런 소설은 요즘 독자들에게는 일종의 게임 같은 것이다. 게다가 '윤리적 인간의식'을 벗어버린 인간상을 통해 구현하는 문제의식 또한 녹록지 않다. 이 모든 장치가 평범한 독자들보다 한발 앞질러 나간 프로적 기술의 소산이 아닐까 싶다. 불륜의 사랑이나 불쌍한 아빠에 대한 연민도 좋지만 이렇듯 당대 현실을 요리해내는 '현란한 기술'도 우리 문학에 좀 필요한 게 아닐까.

우아하고 감상적인 일본 야구

그럴 걸로 짐작했다. 저자의 한국어판 서문을 보니 일본에서 자기 책이 스포츠 코너에 진열돼 있다는데 우리네 서점과 다를 바 없는 풍경이다. 그렇다면 이 '일본 야구' 책을 소설 진열대로 보내고 손 털면 해결인가. 그게 글쎄…… 보르헤스의 '불한당 소설'이 걸작이라더라, 소문 들고 책장을 넘겼다가 경험하는 것과 같은 요령부득의 난감함이 우선한다. 소설이라 그러려니 하겠지만 시종일관 맥락을 알 수 없는 말의 미로다. 그런데 전혀 우아하지도 감상적이지도, 더욱이 스포츠적이지도 않은 이 '소설'의 기존 독자 반응이 꽤 우호적이다. 1995년에 첫 번역이 나와 절판된 동안 《우아하고 감상적인 일본 야구》는 책 콜렉터들의 표적물이었다. 근래 이루어진 재출간의 동기도 바로 이 열광적인 독자 호응 때문으로 전해진다. 그 호평의 진실을 감히 유추해보자면 그건 다카하시가 교묘히 던져놓은 낚싯밥, 즉 '무언가 다른 것이 있다'는 기대감 때문이 아닐까.

굳이 줄거리를 찾아본다면, 야구라는 스포츠가 완전히 사라진 미래의 가상세계에서 야구 편집증을 가진 사람들이 야구의 의미를 자의적으로 해석하고 확장시키는 이야기라고 할까. 다음은 등장인물 랜디의 발언. "그 탄생 이래 야구는 발전과 분화를 거듭하여, 미국 야구로부터 마다가스카르 야구, 그리고 우주 야구에 이르는 대략 9천 개나 되는 아종을 낳아온 것인데, 일본 야구만큼 우아하고 감상적인 것은 없었던 것 같다." 다음은 '일본 야구 창세기담' 편에 나오는 아들 네케레케세맛타의 말. "아버지, 우리들은 온갖 곳에 찾아가 '일본 야구'를 했습니다. 아버지, 당신은 삭제하겠습니다. 어머니, 당신은 취소하겠습니다. 맏형, 당신은 너무 복잡해. 그러니까 말소하겠습니다. 덩치 큰 형, 당신은 생략해드리겠습니다. 막내 형, 당신은 교환당하고 싶습니까?"

소설은 근대의 산물이고 그 핵심은 서사성과 '나'로부터 출발하는 내면성의 구축에 있다. 다카하시의 천방지축 말놀이pun는 그 점을 뒤집거나 패러디하는 포스트모더니즘 문학의 전형을 보여준다. 야구를 이야기 축으로 등장시킨 것은 저자 자신이 경마광, 야구광이라는 우연도 작용했겠지만 무엇보다 육체성에 대한 정신성의 우위를 추구한 근대정신의 부정에 있을 것이다. 소설 속의 투수와 포수는 라이프니츠나 칸트의 어려운 저작물들을 대화 속에서 '가볍게' 인용하거나 비틀며, 또 한편으로는 야구와 포르노 영화, 근친상간 등과도 연관관계를 만든다.

　박현욱의 《아내가 결혼했다》는 내용의 절반이 축구 이야기이고, 박민규의 《삼미 슈퍼스타즈의 마지막 팬클럽》은 야구 소년 일대기로 시종하지만 그것은 실제의 축구, 야구에 인생 드라마를 펼쳐나간 정통적인 근대소설에 해당된다. 독자를 유혹하는 '무언가 다름'은 《우아하고 감상적인 일본 야구》 쪽이다. 그러나 한때의 포스트모던 열기도 지난 일이 되고 말았다. '포스트' 현상이 심상한 일상이 된 오늘날, 다카하시의 작품이 어떻게 읽힐지 자못 궁금하다.

생의 신비와 암리타

　폐결핵 덕택에 자주 누워 있어야 했던 적이 있다. 출근한 아내가 남겨놓은 흔적을 주섬주섬 챙기면서 '이것도 지낼 만한데……' 하면서 픽

웃던 기억. 그때 갓 번역돼 나온 무라카미 하루키의 4권짜리 장편《태엽 감는 새》를 읽었다. 내용은 이제 가물가물해졌지만 그때의 기분은 지난 가을의 추억처럼 투명하게 떠오른다. 페이소스. 하루키 소설을 둘러싸고 있는 아우라가 페이소스라는 걸 그때 깨달았다. 어딘가가 아픈 사람이 하루키를 깊게 느낀다.

폐결핵은커녕 감기 증상도 없었지만 그 시절의 기분으로 되돌아간 며칠을 보냈다. 별일이 있었던 게 아니다. 아니, 별일이 있었다. 요시모토 바나나의 구작《암리타》를 읽은 것이다. 지난 일요일, 한나절 동안에 간단히 훑어보려다가 뭐에 홀린 듯이 찬찬히 정독하다 보니 오늘이 목요일. 좀 두껍다고는 하지만 무려 나흘에 걸쳐 소설 한 권을 읽은 셈이다.

∽

감동 먹었냐고 누가 묻는다면 그렇다고 대답하겠다.《암리타》가 그렇게 훌륭한 소설이냐고 다시 묻는다면 좀 머뭇댈지도 모르겠다. 영화든 소설이든 보고 읽는 이의 사사로운 심리적 정황에 크게 지배받는다. 평론가적으로 작품을 대하는 것에 나는 반대한다. 일단 받아들이는 방향으로 남의 작품을 대한다. 그러나 작품마다 감흥의 차이는 천차만별이다. 소요하듯 천천히 읽어나간《암리타》의 감응력은 컸다. 그 정체가 무얼까.

언젠가 하루키가 주었던 페이소스와는 다른 성질의 것. 구태여 표현해보자면 '생의 신비' 또는 '일상의 신비'라고나 할까. 페이소스와 신비감을 연결 짓는 공통점은 '다른 마음'이 되게 하는 것이다. 지금은 아닌 때, 여기는 아닌 곳. 그러나 내 존재의 추억이 살아 숨쉬는 어떤 시간과 공간. 《암리타》에서 그곳은 특별히 다른 곳이 아니라 가족이 있고 연인과 만나는 일상의 공간에 배치되어 있다. 그런데 신비롭다. 작중 인물들의 영적 능력 때문이 아니라 불가해한 일상사의 알 수 없는 비의를 포착하는 작가의 시선에서 신비가 온다.

⁂

무슨 이야기가 펼쳐졌던가. 재미있게도 소설 안에 여주인공 사쿠미의 상황을 정리하는 내용이 두 차례 나온다. 본문 350쪽, 사쿠미가 연인 류이치로에게 쓴 편지의 사연 중 한 대목 "아버지는 죽고, 어머니는 재혼하여 사내아이를 낳고는 이혼하고, 둘째 딸은 여배우가 되기는 하는데 그다지 유명해지지는 못하고, 결혼 비슷한 장난을 하다가는 자살. 큰딸은 머리를 다친 끝에 자기 여동생의 애인과 사귀게 될 것". 이것이 큰딸이자 주인공인 사쿠미의 상황이다.

다시 본문 467쪽에 사쿠미가 자신에게 벌어진 일을 메모한 내용이 나오며 이것이 실제 소설의 줄거리이다.

- 여동생의 죽음(이 일이 사쿠미에게 큰 상처가 된다.)
- 머리를 다쳐 수술, 기억의 혼란(우연히 계단에서 굴러 떨어진 사쿠미는 과거의 기억을 잃고 가족과 주위 사람을 새롭게 보기 시작한다.)
- 동생이 오컬트 꼬맹이가 됨(소설의 주요한 모티브로, 초등학생인 이복 남동생이 초능력을 소지하게 되며 사쿠미와 깊은 유대감을 갖는다.)
- 류이치로와 좋은 사이로(자살한 여동생 마유의 애인이자 작가인 류이치로와 연인관계가 된다.)
- 코치에, 사이판에(등교 거부아가 된 남동생과 함께 코치라는 곳에서 일주

간 머물고, 류이치로와 더불어 사이판에서 특이한 현지 부부와 한 달간 체류하며 따뜻한 인간애를 체험한다.)
- 아르바이트하던 바 문 닫음, 새 아르바이트(처음 사쿠미는 레게 바에서 일하고 거기가 문 닫자 빵집에서 돈을 번다.)
- 기억이 돌아오다(평범한 추리소설 《철학자의 밀실》을 잃다가 차츰 잃어버린 기억을 되찾는다.)
- 동생, 아동원에(초능력자 동생은 스스로 원해서 자폐아 학교에 들어간다.)
- 준코 아줌마 도망(엄마의 친구로서 한가족처럼 살다가 어느 날 돈을 훔쳐 달아난다.)
- 밀국수, 메스머 씨와 친구가 됨(밀국수, 메스머는 동생의 나이 든 친구이자 초능력자들. 초능력의 세계를 현실의 일부로 느끼게 해준다.)

≈

《암리타》는 신이 마시는 불사不死의 감로수를 뜻한다. 상처받은 사쿠미, 그러나 결코 그녀만의 것이 아닌 보편적인 생의 통증 속에서 그것을 딛고 이겨나가는 과정이 이 소설의 내용이라고 할 수 있다. 그녀 자신도 또렷이 의식하지 못하는 가운데 마시고 있는 사쿠미의 암리타는 무엇일까. 아니, 우리들 각자의 생의 암리타는?

≈

흥미로운 줄거리를 찾는다면 이 소설은 젬병이다. 다소 변칙적인 가족 구성원의 일상사와 두 차례의 여행이 전부일 뿐이니. 하지만 하염없이 이어지는 사쿠미의 상념은 우리가 평상시에 생각하는 방향, 느끼는 방법과 조금씩 어긋난다. 그 생각과 느낌 역시도 선명하게 윤곽이 잡히는 것이 아니라 뿌연 안개 속처럼 불투명하게 흘러간다. 다른 마음, 다른 느낌. 그것의 신비로움. 삶이 너무도 바쁘고 신념이 뚜렷해서 언제나 분명한 정답만을 찾는 사람이라면 이 몽롱한 소설, 군데군데 황당한 초능력이 등장하는 미심쩍은 이야기를 견뎌내지 못할 것 같다. 그러나 언제고 우리는 되물어야 한다. 뻥 뚫린 생의 구멍들을 어떻게 견뎌야 하는 것인지. 어떤 무엇이 우리를 계속해서 살아가게 만드는 것인지. 암리타?

이양지의 죽음과 돌의 소리

책장에는 죽은 자의 이름이 그득하다. 몇백 년 전, 몇십 년 전 혹은 지지난해쯤 이승을 떠난 이의 이름들. 하지만 책장의 죽은 이름에서는 죽음의 냄새가 나지 않는다. 간혹 책장을 펼치다 보면 기형도처럼 죽은 자의 목청이 더욱 시끄럽기도 하다. 서고의 배열을 죽은 저자와 산 저자의 것으로 나누어보는 건 어떨까. 그렇다면 그건 저자의 생사가 아니라 책의 존재감 여부가 관건이 될 테지만.

이양지라는 작가가 있다. 그 이름을 기억하는가. 지금 각광받고 있는 유미리보다 열세 해 먼저 태어나 유미리보다 훨씬 앞선 1989년 제100회 아쿠다가와 상을 수상했다. 유미리와의 비견에 보탤 사항은 더 많다. 물론 재일동포라는 점. 부모의 이혼과 그에 따른 복잡한 가정불화와 가출. 고교 중퇴와 여관 종업원 생활…… 이 뜬금없는 비견에 무슨 깊은 뜻이 있는 것은 아니다. 다만 이양지, 그 아름다웠던 외모, 온몸으로 앓았던 재일 한국인의 자기 정체감, 고토^琴에서 가야금으로 다시 한국 민속무용의 수련으로 이어진 타고난 예인의 천성, 무엇보다 염결한 내면성의 표출로 무한한 가능성을 보여줬던 그녀의 소설들. 한데 한국의 전 매스컴이 호들갑을 떨어댄 유미리 열풍에 비해 죽음 뒤편에 선 그녀의 존재는 왜 이리도 고적한가.

∽

지난 1992년의 봄날 이양지는 37세로 생을 마감했다. 감기 바이러스에 의한 급성 신근염이라는 황당하기 이를 데 없는 병명이었다. 말하자면 감기로 죽은 거였다. 죽음은 아무래도 그녀 가계의 내력인 듯하다. 1980년대 초반 그녀가 한국에 유학하던 시절에도 두 오빠가 차례차례 원인 모를 병으로 세상을 떴다. 이 즐비한 죽음들 속에서 작가적 상징을 찾아낸다는 건 센티멘트일까. 그럴는지도 모른다. 그녀의 작품들에서 죽음은 두드러지는 모티브가 아니다. 하지만 죽음이 경과하고 나서 되짚어 읽게 되는 흔적들의 강렬함을 어쩔 것인가. 독자의 입장에서 이양지라는 존재의 소멸은 소설의 탄생과 대구를 이룬다.

두서없는 편린보다 그녀의 연보를 한번 정리해보는 게 좋겠다. 작가 이양지는 1955년 후지 산 기슭의 작은 시골마을에서 태어났다. 귀화한 부모 아래서 김치 한번 먹어본 일 없는, 조센징임을 의식할 필요가 없는 환경이었다고 한다. 삶의 곤핍함은 출신이 아니라 가정불화에서 왔다. 고교 2학년 때의 학교 자퇴와 여관 종업원 생활. 그녀가 조센징으로서 사회적 자아에 눈을 뜨는 것은 고교에 재입학을 하고 나서부터인데, 대학도 재일 한국인들의 정치적 서클이 있는 와세다 대학 사회과학부를 택하게 된다. 그녀가 남긴 기록을 검토해보면 사회적 각성이 생긴 이후부터 오히려 내적 갈등은 더욱 심화됐던 것으로 보인다. 그녀에게 민족적 신념과 각성을 촉구하는 대학 동료들의 정치 편향에 동화될 수 없어서였다. 관념으로만 무장된 듯한 '한국 혁명'의 일방 노선에 동의할 수 없었던 것이다. 결국 한 학기 만에 와세다 대학을 걷어치우고 슬리퍼 공장 종업원이 된다. 한편으로 부당한 처사를 당한 재일동포를 위해 단식투쟁을 하기도 한다.

하지만 궁극적으로 이양지를 이끌어간 것은 예인적 기질이었다. 이양지는 와세다에서 처음으로 가야금을 알게 되었다. 오직 가야금을 연마할 목적으로 1980년 5월 광주민중항쟁의 와중에서 한국 유학을 시작한다. 서울대 국문과 입학. 여기서 그녀는 두 가지 자신의 길을 찾게 된다. 하나는 한국 민속무용에 대한 심취이고 또 하나는 가야금을 대치하며 찾아든 소설 쓰기에 대한 열망이었다. 다시 그녀의 기록을 보면 "오전에는 무용, 오후에는 가야금, 저녁부터는 계속 원고지 앞에 앉는" 유학생활을 한다. 그렇게 해서 씌어진 첫 소설 〈나비 타령〉이 유명한 일본 문예지 《군상》에 게재되어 소설가가 되고, 아울러 한국무용에 대한 열정의 결과로 서울대를 마치고 나서 이화여대 대학원 무용과에 진학하는 결과를 낳는다. 소설을 계속했을지 아니면 무용가가 되었을지 혹은 드물게 둘 다를 병행하는 종합예술인이 됐을지 예측할 수 없는 와중에 그녀는 서둘러 세상을 떴다. 짧은 생애만큼이나 그녀가 남긴 작품은 많지 않다.

1982년의 처녀작 발표 이래 《해녀》를 1983년에, 《각刻》을 1985년에, 그리고 그녀의 대표작이랄 수 있는 〈유희由熙〉로 1989년 아쿠다가와 상을 수상하고 책으로 묶어낸다.

연보로 그려낼 수 있는 건 역시 건조한 사실事實에 불과하다. 그녀가 어떤 매혹적인 섬세함을 가졌고 어떤 견고한 성찰의 힘을 지녔는지는 작품을 읽어야만 한다. 내게는 《돌의 소리》라는 그녀의 장편소설 번역본이 있다. 정확히 말하자면 계획된 분량의 일부만 씌어진 미완성 유고이다. 어쩌면 나중에 퇴고를 염두에 두었을지 모르게 긴긴 사념의 독백이 두런두런 이어진다. 주인공은 일본에서 직장생활을 하다 자아 정체감을 찾아 한국으로 유학 온, 시를 쓰는 청년. 첫대목을 압도하는 것은 주인공 '임주일'의 일상생활이다. 모국에서 이방인일 수밖에 없는 그가 아침에 눈을 떠 가장 먼저 하는 일은 "눈꺼풀 안쪽에다 글자를 새기듯" 생각에 잠겨 있는 2, 30분 동안의 명상. 그는 그 행동을 '뿌리의 광망光芒'이라 이름 붙인다. 이어서 전날의 일과와 생각들을 기록하는 노트 '아침의 나무'에 글쓰기를 시작하고, 하루 중에는 '낮의 나무'라는 다른 노트에 상념 혹은 시를 적어나간다.

소설의 첫대목도 바로 '뿌리의 광망'으로 시작되는데 그날의 화두는 '의로움義'에서 시작된다. 소설의 군데군데가 그 '뿌리' 혹은 '나무'의 인용으로 전개되며 주인공이 쓰고 있는 연작 장시 '르상티망 X씨에게' 또한 암시적으로 인용된다. 그에게는 두 명의 대조적인 연인이 있다. 일본에서 5년째 사귀어온 일본 여성 에이코와 서울에서 만난 동료 교포 유학생 가나. 한없이 가련하고 불우한 말더듬이 여성 에이코와 재기발랄하고 그늘진 데 없는 재일 한국인 가나의 면모는 작가 자신의 양면일 것으로 추측된다.

줄거리는 사소하고 생각은 깊다. 《돌의 소리》의 인상은 그렇다. 혹시 예정됐던 3,500매가 다 씌어졌다면 어떤 파노라마가 펼쳐졌을 것인가. 나의 추측으로라면 총명한 작가가 '일상을 파고드는 깊은 힘'을 저버렸을 거라고 생각되지 않는다. 그 존재가 재일 한국인의 소외감에서 비롯됐건 억압과 차별이라는 사회 역사적 관계 속의 인물이건 작가 이양지의 강점은 민감한 자의식의 섬세한 드러냄으로 두드러진다. 작중 인물을 둘러싸고 있는 외부적 조건에 앞서 이런 개체성의 확보는 곧 인간조건의 보편성의 확보로 이어지는 관건이다. 이양지 소설의 가장 큰 가능성을 나는 여기에서 찾는다.

이양지는 죽었다. 직접 만나본 일도 나는 없다. 몇몇 잡지와 TV에서 흘낏 봤던 고혹적인 얼굴. 한데도 어쩐지 한 번쯤 데이트를 했을 것 같고 어쩐지 더 좋아해도 괜찮을 것 같다. 그녀의 소설을 읽다 보니 그렇다는 얘기다. 지금도 서점에 《돌의 소리》가 있는지 갑자기 궁금해지네.

《공생충》, 무라카미 류, 웅진닷컴

《골드 러시》, 유미리, 솔출판사

《우아하고 감상적인 일본 야구》, 다카하시 겐이치로, 웅진지식하우스

《태엽 감는 새》, 무라카미 하루키, 문학사상사

《암리타》, 요시모토 바나나, 민음사

《돌의 소리》, 이양지, 삼신각

chapter 14
돌아오는 여행

RAISON D'ETRE

비틀어본 해외 견문록

먼저 테스트 삼아 다음 한 구절을 읽어보시라.

"벨기에 사람들은 프랑스 사람의 도덕적 용기, 이탈리아 사람의 호전적인 기질, 영국인의 근면성, 독일인의 유머감각을 함께 지니고 있다. 또한 (벨기에 사람들은) 활력과 성실성, 단호한 성공 의지를 가지고 있다……"

이 구절을 읽으며 웃음이 터졌다면 당신은 피터 비들컴의 《서류가방 여행》을 읽을 자격이 있다. 만일 그게 아니라면, 다시 말해 진지한 표정으로 나라별 특성에 대한 저자의 고견을 읽어나갔다면 책을 걷어치우는 게 좋다. 전라도, 경상도 하는 수준도 아니고, 청주사람은 어떤데 충주사람은 또 어떻게 다르더라 하는 식의 세밀하고 괴이하고 믿을 수 없는 지역 대비 관념에 가득 찬 영국인의 세계견문록을 어떻게 읽어낼 도리가 있겠는가. 가령 또 한 구절.

"영국에서는 자기 차보다 느리게 달리는 자동차 운전자에게 '거친 제스처'를 취하는 게 다반사이다. 그런데 고맙게도 독일의 아우토반에선 다른 차를 추월하며 그런 행동을 하는 것을 법으로 금하고 있다."

이 말 역시 준법정신에 투철한 독일인의 특성을 저자 '나름대로' 유머러스하게 표현한 것이다. 이 책은 전편이 그렇듯 유럽 시정인들의 외국에 대한 인식, 특히 식자층이라면 될수록 피해가고 싶어 하는 편견과 악감정까지도 전혀 여과 없이 그리고 있다.

한바탕 웃자고 쓴 책 같지는 않다. 제목의 '서류가방'이 의미하듯 저자 비들컴은 여행을 위한 여행, 모험이나 풍속 체험을 위한 '한가한' 관광 성격의 체험기를 강력하게 불신하고 있다. 비들컴의 주장인즉 진정한 외국 이해는 서류가방여행, 즉 비즈니스 여행을 통해서만 가능하다는 것이다. 저자 자신이 세계 160개국을 누비고 다니며 외교적인 모임, 사업상의 거래, 회사 인수 건 등을 주관한 비즈니스맨으로 모든 내용이 직접 체험으로 채워져 있다.

책에 담긴 여행 범위는 실로 방대하다. 유럽지역은 브뤼셀, 헤이그, 하노버, 빌프랑슈, 취리히 등이고, 아프리카 지역은 알제, 카사블랑카, 튀니스, 카이로, 쿠마시, 나이로비 등등. 아시아는 방콕, 광둥, 도쿄인데 아쉽게도 서울이나 부산은 없다. 오세아니아 지역은 오클랜드, 시드니이고 미국은 보스턴이 그려져 있다.

그 독설가가 아시아는 어떻게 봤는지 궁금하지 않은가. 주로 1990년 초반의 기억으로 비틀컴이 찾아간 중국 광둥은 이렇다. "그 부인은 박쥐 고기나 프라이팬을 흔들며 센 불로 볶은 벌꿀 튀김은 물론, 싱싱한 원숭이의 뇌 역시 이번 주에 먹기에 충분한 양을 산 듯했다. 이제 그녀는 오늘 저녁 식단을 위해 올빼미와 뱀과 개고기에 가장 잘 어울리는 개구리를 고르는 중이다." 비틀컴이 호텔에서 시킨 요리에는 잘게 썬 쐐기 벌레와 지렁이 소스에 푹 담근 축축한 굼벵이 새끼 요리가 나왔다. 택시 운전사는 거의가 사기꾼이며 대부분의 공산품은 교도소 수인들이 만든 것이다. 하지만 이어지는 일본 도쿄 여행의 기록에는 놀라운 서비스 정신과 첨단 테크놀로지로 잘 구획된 유기적인 도시 기능에 대한 찬미가 계속 이어진다. 도쿄 거리에서는 단 하나의 쓰레기도 볼 수가 없었다……

　나도 비슷한 시기에 중국을 여행했고 일본은 업무 출장차 무수히 다녀왔다. 평범한 중국 서민들이 일상적인 저녁식사로 뱀과 올빼미와 개구리를 먹는다? 도쿄 거리에는 쓰레기 한 톨 없다? 아서라 마서라……

　일반적인 서구인들이 벨기에 인이라면 둔하고 멍청하고 느린 사람의 상징으로 치부하는 것을 나도 안다. 독일인에게 유머감각이 결여되어 있고 프랑스인이 약간 야비하고 제멋대로라는 것도 들어서 알고 있다. 하지만 그런 시정의 객설들이 진지하게 논의될 가치가 있는 견해일까. 하긴 비틀컴에게 시비를 걸 필요는 없다. 오히려 그의 유머와 독설들은 솔직하고 진실해 보이기까지 한 점도 있다. 그러니까 이 책의 미덕은 서구의, 특히 영국의 평범한 시정인들이 다른 나라를 어떻게 비꽈서 보고 있는지를 가르쳐주는 교과서라는 데 있다. 심지어 본국에서는 베스트셀러라고 하니 비들컴 혼자만의 견해는 아닌 셈이다.

어이없어하면서 단숨에 읽어 내려간 영국인의 해외 여행기. 읽기에 적어도 심심하지는 않다.

나를 부르는 숲

가령 당신에게 반년쯤의 여유시간이 주어졌다고 치자. 편안한 잠자리와 질 좋은 식사가 있는 감옥과 총 3,520킬로미터의 산길을 별별 난관에 시달리며 무작정 걸어야 하는 선택이 주어졌다면 어느 쪽을 택할 것인가. 전자가 한없이 달콤한 잠과 하릴없는 독서의 나날을 의미한다면 후자는 굶주린 산짐승, 타는 듯한 갈증, 추락사 따위가 기다리고 있는 생사의 갈림길이다. 낭만적으로 생각하지 말자. 걷는 일에 목숨 걸어야 하다니!

나라면 당연히 즐거운 감옥을 택할 것 같은데 생각이 다른 사람이 세상엔 많은 모양이다. 빌 브라이슨이라는 저널리스트도 그런 사람의 하나. 미국 출신으로 타지인 영국에서 20년간 활동하다가 귀국했는데 새 출발의 첫 계획으로 시작한 것이 산행이었다. 우리네 설악산이나 지리산

등정쯤이 아니다. 그의 책을 통해 처음 알게 되었는데, 미국에는 남부 조지아 주에서 북부 메인 주까지 총 14개 주에 걸쳐 있는 애팔래치아 트레일이라는 종주 코스가 있다고 한다. 숲에서 숲으로 이어지는 길에 1천 개가 넘는 준령을 넘어야 한다. 우리 지형에 빗대어보자면 지리산에서 백두산 꼭대기까지의 백두대간 전장의 두 배가 한참 넘는 코스로서 빨리 걸어도 최소한 5개월 이상 걸린단다. 직업 산악인이라면 모를까 여느 직장인이 어찌 감히 넘볼 만한 코스인가. 《뉴욕타임스》 3년 연속 베스트셀러에 오른 종주기 《나를 부르는 숲》은 바로 그런 엄두가 나지 않을 도전과 실패의 기록이다.

　

이 휴먼 다큐멘터리에는 두 명의 주인공이 나온다. 하나는 물론 산행 계획을 세운 빌 브라이슨. 문제는 동행인이다. 역사 기록물에는 혼자 완주한 사람도 간혹 나오지만 빌은 사십대 후반의 백면서생일 뿐. 친구가 필요했다. 사방에 편지를 띄웠지만 아무도 응답해주지 않았는데 뜻밖에 연락해온 인물은 엘리트 빌 브라이슨과는 너무도 다른 인생길을 걸어온 고교 동창 스티븐 카츠. 그는 한마디로 개골창 인생을 걸어온 인생 낙오자였다. 알코올 중독에 마약 전과에 노가다판 일꾼에 무엇보다 비만의 게으름뱅이였다. 하지만 찬밥 더운밥 가릴 처지인가.

여행 준비물 구입 과정부터 시작되는 이야기는 시종일관 개그다. '3년 연속 베스트셀러'라는 타이틀에서 짐작되겠지만 저자 빌의 입담은 정말 못 말리는 것이어서 배낭이나 슬리핑 백, 비상식량 따위를 사들이는 사소한 과정에서조차 낄낄거리지 않고는 못 배기게 만든다. 대체 거기

뭐 웃길 일이 있냐고 궁금해한다면, 정확한 비유는 아니지만, 영화 속 우디 앨런의 모습을 연상하면 된다(짐작이 되시죠?).

~

물론 개그로만 점철됐다면 그토록 칭송받는 책일 리가 없겠지. 똘망똘망한 빌과 황당무계한 카츠가 어울려 온갖 사고를 저지르며 걸어가는 와중에 애팔래치아 트레일에 얽힌 대자연과 인간 도전의 장엄함, 미국의 역사, 환경문제에 대한 설득력 있는 체험담들이 끝도 없이 교차된다. 그리고 험난한 산행의 와중에서 우연히 마주치는 사람들에 대한 자질구레한 묘사, 거기서는 고립된 산속에서만이 가능한 인간 성찰의 깊이를 엿보게 한다.

빌과 카츠, 두 늙은 소년 모험기는 전체 트레일의 39.5퍼센트에 해당되는 1,392킬로미터에서 중단되고 만다. 그들은 실패했다. 빌이 되묻는다. "도대체 전 구간을 종주하는 사람들은 누구야?" 모든 노력과 땀, 구역질 나는 지저분함, 터벅터벅 걸었던 끝없는 나날들, 딱딱한 바닥에서 보낸 밤들, 이 모든 것이 결국은 실패로 귀결되었다. 억울하고 아쉽기만 한 일일까. 글 마무리에서 빌은 술회한다. "물론 아쉽다. 캐터딘까지 가지 못한 게 못내 아쉽다. 비록 언젠가 갈 거라고 다짐한다 해도……." 산행 과정의 여러 아쉬움이 한참 이어지지만 이 책의 맨 끝 문장은 어리석은 동행자 카츠의 이야기로 맺는다.

~

"우린 3,520킬로미터를 다 걷지 못한 게 사실이지만, 여기에 한 가지 유념해야 할 게 있다. 우린 시도했다. 카츠의 말이 옳았다. 누가 뭐래도 나는 개의치 않는다. 우린 애팔래치아 트레일을 걸었다."

내 인생에서 나는 무엇을 '시도'했노라고 말할 수 있을까.

필독 해외 여행기를 기대하며

마빈 해리스의《문화의 수수께끼》같은 유의 문화인류학 서적이 다소 뜬금없는 붐을 이룬 적이 있었다. 하지만 뜬금없어 보였던 그 잠깐의 출판 붐이 꽤나 의미 있는 시사였음이 그후 각광받게 된 일군의 출판물들을 통해 입증되고 있는 중이다. 왜 한국인들은 갑자기 회교도들이 돼지고기를 먹지 않고 힌두교인이 소고기를 먹지 않는 이유가 궁금해졌는가. 바퀴벌레를 먹는 종족에 대해 개고기를 잡아먹는 우리는 어떻게 이해해야 할 것이며, 일부 원시부족 사회의 광신적 배타주의가 어떻게 우리의 대중적 흥밋거리가 될 수 있었는가.

문화인류학이라는 학문의 출발점이 제국주의 열강들의 식민지 개척의 필요성에 부응하는 동기를 담았다는 걸 상기해보면 일차적인 해답이 나온다. '세계경영'이라는 기업체의 슬로건처럼, 해외로 세계로 뻗어나가는 한국인들에게 다른 나라, 다른 민족의 풍습과 전통이 긴요한 궁금사항이 된 것이다. 머나먼 오지에서부터 뉴욕, 동경, 파리의 일상사가 새삼스러운 관심사가 되어버렸다. 그리고 그러한 관심은 소설적 상상력의 공간이 아니라 일상적인 업무 출장으로 혹은 마음만 먹으면 휴가철에 '놀러' 가볼 수도 있는 구체적인 체험의 장이 되었기에 더욱 실감을 갖게 되었다.

국내 필자에 의해 쓰여진 일종의 체험적 해외견문록이 출판의 한 분야를 이룰 기세로 쏟아져 나왔다. 순수한 기행서에서부터 문화인류학적인 내용을 담거나 사회비평서의 성격을 띤 것까지 다채롭다. 선진국들은 국제 관련 기사가 신문방송 보도의 절반 이상을 이룬다며, 한국인의 시야의 변방성을 개탄하는 말들이 있는데 그에 대한 반증을 출판이 앞장서는 것일까.

일단 각광받은 책 중심으로 보자면, 프리랜서 문명비평가 권삼윤의 《두브로브니크는 그날도 눈부셨다》와 한양대 문화인류학과 이희수 교수의 《세계문화기행》이 인문분야에서 높은 순위를 기록했다. 《두브로브니크는 그날도 눈부셨다》는 '유네스코 지정 세계문화유산 기행—유럽편'이라는 부제가 말하듯 서구문명의 발원지에 대한 테마여행인 셈이다. 18년간에 걸친 저자의 발걸음은 아테네 아크로폴리스에서부터 프라하, 아우슈비츠, 상트 페테스부르크까지를 아우른다. 책의 제목을 이룬 두브로브니크는 구 유고 연방에서 독립한 크로아티아의 지방 도시로서, 지중해의 눈부신 날씨와 그곳의 말끔한 거리, 고풍스러운 유적들, 평화스러운 사람들의 모습을 통해 참혹한 내전의 현실과의 극명한 대조를 시도하고 있다. 아울러 유고 내전의 감회는 분단국 국민인 필자의 비감한 정조와 닿아 있다.

《두브로브니크는 그날도 눈부셨다》가 유럽의 동서를 아우르는 반경을 가진다면, 이희수의 《세계문화기행》은 우리에게 낯선 중동문화권을 중심으로 지중해권, 고대 이집트권, 오리엔트 중동권, 인더스 문화권, 실크로드권, 마야 잉카 문화권을 두루 포괄하고 있다. 드물게도 터키의 이스탄불 대학에서 학위를 하고 현지에서 강의를 한 경험이 있는 저자는 영미와 서유럽의 시각에 편향되어 있는 우리들에게 무언가 색다르면서 전문적인 식견을 제공해준다.

물론 베스트셀러만 있는 것은 아니다. 국내에 세 명밖에 없다는 인도사 전공자 이옥순은 《인도에는 카레가 없다》 등 네 권의 인도문화 관련서에 이어 《베란다가 있는 풍경》이라는 인도 풍물지를 냈고, 신문사 파리 통신원을 역임한 바 있는 사회학자 최연구도 《프랑스 실업자는 비행기를 탄다》라는 프랑스 사회비평서를 펴냈다. 또한 서울대 동양사학과 김호동 교수가 낸 《황하에서 천산까지》라는 역사 기행서도 주목할 만하다. 흔히 조선족이라 부르는 중국 동포를 연변에 심어놓고 있는 우리로서는 중국의 4대 소수민족인 티베트족, 회족, 몽골족, 위구르족의 역사적 연원과 소외된 현재의 삶을 추적한 《황하에서 천산까지》가 남의 일로 무심히 읽힐 수는 없기 때문이다. 또 다소 견강부회가 될지는 모르지만, 다른 나라 사람들은 무슨 생각을 하고 어떻게 살고 또 거기에 무엇이 있는지를 밝혀주는 출간물들 가운데 홍세화의 《쎄느강은 좌우를 나누고 한강은 남북을 가른다》를 포함시켜도 무방할 것 같다. 저자는 프랑스 사회를 들어 한국을 말하고자 하지만 또한 한국과 대조되는 프랑스의 문화적 심층을 꽤 설득력 있게 접할 수 있기 때문이다.

～

　새로운 경제질서에 의해 국가 간 경계의 해체가 운위되는 시점에 권력 게임에 기초한 국내정치 문제가 온 국민의 일상적 관심사인 현상은 아무래도 '후진적'이다. 그렇다고 눈감고 외면한다 해서 모면할 수만도 없는 게 우리의 현실이다. 답답한 현실 타개의 한 활로로서 다른 나라, 다른 민족의 경험과 현실을 이해하는 건 무척이나 소중한 체험이 아닐 수 없다. 그것이 단순한 여행 풍물기이건 문화적 접근이건 혹은 역사적 시야를 갖건 외국은 이미 우리 안에 깊이 들어와 있고 우리 자신을 성숙시키는 자양이다. 언제까지 "우리 것은 좋은 것이여"를 외치고 있을 것인가. 하지만 질적으로 양적으로 증가하고 있는 해외문화 안내 서적들에 아쉬운 면이 없지 않다. 우선, 저자 자신이 전공하거나 집중 탐구한 지역에 대한 과도한 애정으로 인해 객관성을 결한 혐의가 드는 점이 그것이다.

　이제 우리 독자도 더 이상은 '진기한 풍물'이거나 '때 묻지 않은 인간'이 살아 숨쉬는 공간으로만 외국을 바라볼 수 없게 되었다. 《폴 써로의 중국 기행》에서와 같은 냉정하고 때로는 비판적인 견문을 듣고자 원한다. 또 한 가지 남는 아쉬움은, 이런 분야의 책이 아직 초기 단계여서 그러리라 짐작되지만, 대체로 한 권 안에 너무 많은 지역, 너무 많은 범위를 담으려 한다는 점이다. 일반 대중을 염두에 둔 탓인지 총론적이고 다소는 주마간산 격이라는 아쉬움을 지울 수 없다. 해당 지역이 안고 있는 현재의 정치적, 시사적 환경에 대해서도 심도를 더해야 할 것 같다. 문화현상이 정치상황을 배경으로 하고 있음은 이제 주지의 사실인 것이다.

· ·•••

《서류가방여행》, 피터 비들컴, 열림원
《나를 부르는 숲》, 빌 브라이슨, 동아일보사
《문화의 수수께끼》, 마빈 해리스, 한길사
《두브로브니크는 그날도 눈부셨다》, 권삼윤, 효형출판
《세계문화기행》, 이희수, 일빛
《인도에는 카레가 없다》, 이옥순, 책세상
《베란다가 있는 풍경》, 이옥순, 책세상
《프랑스 실업자는 비행기를 탄다》, 최연구, 삼인
《황하에서 천산까지》, 김호동, 사계절
《쎄느강은 좌우를 나누고 한강은 남북을 가른다》, 홍세화, 한겨레출판
《폴 써로의 중국 기행》, 폴 써로, 푸른솔

chapter 15
한국 까발리기

RAISON D'ETRE

발칙한, 그러나 명석한 미국인 문화건달

기회 있을 때마다 하는 말이다. 우리 사회가 성숙하기 위해 제일 먼저 버려야 할 것이 '반만년 역사' 운운의 허장성세라고. 그렇지 않은가? 우리나라 역사는 반만년은커녕 겨우 60년을 넘긴 신생국가다. 1948년 건국 이전은 선조들의 왕국이었지 우리나라 즉, 근대 국민국가의 역사가 아니다. 민족사와 국가의 역사를 동일시하는 것은 이른바 '단일민족'이라는 모호한 상식이 안겨준 인식의 혼란에 다름 아니다. 학교시절에 미국은 '역사가 짧은 나라'라고 배워왔는데 생각해보라. 1775년 독립혁명기부터만 계산해도 그네들의 현존 국가 역사는 장장 230년이 넘는다.

나이를 따지는 것은 고루한 일이다. 하지만 우리에겐 국가의 나이 따지기가 좀 필요한 시점인 것 같다. 연령에 따라 생각하는 바가 확실히 바뀌기 때문이다. 어떤 기준을 따를지에 달렸겠지만 대략 18세기 중엽에 시작된 산업혁명기를 근대국가의 출발로 보자면(우리가 사는 세상이 산업혁명의 결과물이므로) 대한민국의 60년 역사는 사람으로 치환시켜 볼 때 유년기를 지나 이제 막 청소년기에 도달한 것으로 볼 수 있다. 청소년 시기는 사춘기를 의미한다. 사춘기는 육체적 성장과 정신적 성숙이 균형을 이루지 못해 격심한 내적 방황을 겪는 시기를 말한다. 자아에 대해 가장 왕성하게 사색하고 고민하는 때인 것이다. 바로 그 증거가 1990년대 후반 들어 활발하게 출간되고 있는 '한국, 한국인'에 관한 책들이다.

한국, 한국인론은 크게 한국인이 쓴 책과 외국인이 쓴 책으로 나눌 수 있다. 전자의 것으로는 이화여대 최준식 교수가 쓴 《한국인에게 문화는 있는가》, 작가 유순하의 《한국문화에 대한 체험적 의문 99》, 언론인 홍사중의 《한국인, 가치관은 있는가》 등이 인상 깊게 떠오른다. 모두가 격렬하고 파격적인 한국인 비판서들이다. 이전에 어떤 지식인도 감히 이렇게 심한 비판을 할 수는 없었다. 저자들이 몰매 맞지 않고 살아남았다는 것이 바로 우리 사회의 성숙을 의미한다고 본다.

외국인의 한국인론은 역시 이케하라 마모루의 그 유명한 베스트셀러 《맞아죽을 각오를 하고 쓴 한국, 한국인 비판》을 기폭제로 삼아야 한다. 외국인, 그것도 일본인이 사석에서나 함 직한 과감한 비판을 쏟아냈고 우리 독자들은 그것을 과감히 수용해 초베스트셀러로 만들어주었다. 이 책의 출간 이후로 정말 많은 한국인론이 외국인에 의해 쓰여진다. 개중에는 전혀 관점을 달리해서 한국인의 긍정적 측면을 역설한 제프리 존스의 《나는 한국이 두렵다》같이 '특이한' 책도 있다.

이렇듯 한국과 한국인에 관한 기존의 책들은 대부분 비판 혹은 칭찬이라는 전제를 깔고 들어간다. 논의의 시작 단계에서 이런 단순화는 불가피했을지 모른다. 특히 귀화한 러시아인 박노자 교수가 쓴 《당신들의 대한민국》은 전문적인 식견과 진보적 관점이 일구어낸 한국인 비판서의 정점으로 여겨진다. 하지만 어떻게 한 국가 사회가 긍정 또는 부정이라는 이분법으로 설명될 수 있겠는가. 지금 시점에서 새롭게 필요한 논의는 이슈 메이킹을 위한 과격한 비판이거나 한 수 접어주고 들어가는 칭찬도 아니다. 그보다는 문명사회를 기준으로 했을 때 우리 사회가 안고 있는 복잡한 층위에 대한 다면적이고 입체적인 분석이 아닐까 싶다. 비판을 넘어서 '성찰'을 해보는 단계로 말이다.

이 긴 서론 격의 글은 사실 그러한 '생각해보기'에 합당한 책을 발견했기에 쓰여진 것이다. 자칭 문화건달이라는 스콧 버거슨의 《발칙한 한국학》이 바로 그것이다. 종로통 여관에 거주하며 1인 잡지 《버그》를 만들어 지하도에서 직접 파는 인물. 버클리 대학 출신의 문화비평가, 1999년에 나온 《맥시멈 코리아》의 저자. 간단한 그의 이력이다. '발칙한'이라는 제목이며 장난스러운 표지, "철학 없는 것을 철학으로 한다"는 그의 주장. 이 모든 것이 진지한 책이라기보다는 좀 튀는 미국 백인 청년의 아방가르드한 행동으로 여겨지게 만든다. 실제로 인터넷을 검색해 서평들을 읽어보니 대부분 '톡톡 튀는 책' 식의 반응이 일반적이었다.

하지만 《발칙한 한국학》은 찬찬히 숙독을 필요로 하는 매우 무겁고 진지한 내용을 담고 있다고 나는 믿는다. 저자 스콧 버거슨의 시선은 중심이 아니라 둘레 혹은 외곽의 한국에 닿아 있다는 데 특징이 있다. 첫 장에 나오는 '한국에 관한 너무나 이상한 이야기들'은 수백 권의 한국학 저서를 섭렵한 끝에 그가 찾아낸 이상한 책 다섯 권의 소개다. 한국인이 본래 유대인 또는 백인이라는 주장들, 철저히 모멸적인 관점으로 씌어진 미국인 저명 심리학자의 조선 여행기 등등. 그 황당한 내용들을 읽다 보면, 우리가 좀 낯선 저개발국을 대할 때의 무지와 억측을 그대로 떠올리게 한다.

다음 장은 저자의 다큐멘터리다. 부산의 텍사스촌, 이태원의 요지경, 리틀 마닐라가 된 대학로, 인천의 차이나타운 등이 나온다. 읽으며 놀란다. 우리 곁에 이렇게 많은 외국인이 있었던가? 이어서 독특한 이력과 생각을 가진 인물 네 사람과의 인터뷰. 그들이 말하는 한국. 마지막 장은 최근에 북한을 다녀온 독일인과 아나키즘에 몰두한 뉴질랜드 인 등 외부 기고가의 글이 담겨 있고, 한국생활을 체험한 각국의 친구 12명과의 적나라하고 솔직한 인터넷 대담으로 끝을 맺는다.

거듭 말하지만 이 책은 기존의 한국인 비판서와는 궤를 달리한다. 한국사회에 동화되고자 열망하는 것도 아니고 선진국 관점에서 흥분된 비판을 퍼붓는 것도 아니다. 핵심은 보통의 한국인들이 놓치기 쉬운 보편 가치, 인류적 관점의 드러내기가 아닐까 싶다. 지역주의, 학연주의, 연령 지상주의, 성차별주의는 우리도 익히 알고 있지만 한국인의 인종주의, 문화주의, 계급주의, 교포주의, 반자전거주의, 신체도전주의, 혈통순수주의 등에 우리가 깊은 관심을 가져본 적이 있을까. 영리하고 명석한 미국 백인 청년, 아니 글로벌 자유 지식인의 체험적 한국학. 가련한 북한과 유치찬란한 남한을 크게 다른 것으로 여기지 않는 책의 방향. 우리는 스콧 버거슨의 분방한 시선을 사회적 토론의 자리에 올려놓을 필요가 있다. 신생국 대한민국 사회의 진보를 위하여!

서양 문명인의 눈에 비친 '미개국가' 조선

"최근, 외국인들이 우리의 자녀들을 돈으로 사다가 끓여서 결국 먹어버리고 있다는 괴소문이 횡행하고 있다. 실제로 거리 여기저기서 아이들을 훔치는 도둑들이 속속 붙잡히고 있다…… 따라서 여러분들 중 누구라도 외국인이 아이를 데리고 가는 것을 보게 되면 그를 끝까지 추적해서 반드시 관아에 고발할 것을 당부하는 바이다."

이 담화문은 아프리카 어느 부족국가에서 나온 것이 아니라 지금부터 불과 1백여 년 전인 1888년 조선의 외무부 대신 조평식이 발표한 국가 공식 문서이다. 이런 상황에서 조선 땅을 밟는다는 것은 거의 목숨을 거는 일. 그럼에도 불구하고 제국주의 열강의 선교사, 군인, 모험가, 지리학자, 민속학자 등이 수천 년 동안 외부를 향해 굳게 문을 닫아걸고 살아온 이미지의 왕국을 탐험한다. 그들 서구인의 눈에 비친 조선의 문물은 '토착 원주민'들이 스스로를 생각하는 바와는 매우 달랐다. 가령 다음과 같은 탐험기의 한 구절.

조선 음식은 맛있는 것과는 거리가 멀었고, 섬세한 맛에 길든 미각에는 어울리지 않았다. 일례로 이 나라를 대표하는 두 가지 요리만 말해 본다면, 생선은 거의 썩은 것이 좋은 것으로 권장되는 실정이며, 일종의 양배추 절임이라고 할 수 있는 '김치'라는 것 역시 냄새가 고약하기 이를 데 없었다.

이상은 외교대신 조평식의 초대로 조선 최고의 요리를 맛본 당시 한성 주재 미국 총영사 샤이에 롱이 남긴 기록의 한 대목이다. 섬세한 조선의 음식문화, 그중에서도 김치의 기막힌 맛에 세계인이 탄복한다고 선전되는 요즘 이야기하고는 무척이나 다르지 않은가.

외국인의 시선에 우리가 어떻게 비치는지를 아는 일은 중요하다. '루킹 글래스looking glass'라는 표현이 있듯 남의 눈을 통해 자신의 실체를 정확히 비쳐볼 수 있기 때문이다. 하지만 어찌된 일인지 우리가 비로소 세계를 향해 문호를 개방해야 했던 구한말 개화기에 이 땅을 다녀갔던 해외 지식인들의 귀중한 문서들이 충분히 번역되고 있지 않다. 짐작건대 별로 유쾌한 내용들이 아닌 경우가 많기 때문이 아닐까 싶다. 인구 대비 인터넷 보급률 세계 1위라는 오늘의 우리 모습에 비해 1백여 년 전 우리 선조들의 생활은 서구문명의 기준으로 볼 때는 거의 미개인 모습에 가까웠다. 그들이 오해를 했건 어쨌건 그렇게 비칠 수밖에 없었던 당시 정황을 객관적으로 이해하고 나서 한국의 근대 1백 년 발전사를 파악하는 것이 순서다. 역사는 연속되는 현상인데 우리는 끊임없는 단절로 지난날을 바라보는 습관이 있다. 실체적 진실을 외면하기 때문이 아닌가 한다.

구한말 세 명의 외국인이 남긴 기록이 두 권의 책으로 묶여 국내에서 출간됐다. 샤를 바라와 샤이에 롱의 글 두 편은 《조선기행》이라는 제목으로, 조르주 뒤크로의 것은 원제 그대로 《가련하고 정다운 나라, 조선》이라는 제목이다. 샤를 바라는 프랑스의 여행가, 지리학자, 민속학자로 1888년에서 1889년 사이 제물포로 입국해 한양을 거쳐 부산까지 서양인으로는 처음으로 한반도를 종단한 기록을 세웠다. 그 내용 '조선 종단기'가 《조선기행》에 실려 있다.

앞서 글의 일부를 인용한 샤이에 롱은 미국의 군인이다. 외교사절로 고종을 알현하는 등 한양 체류의 체험과 당시 외국인에게 켈파에르트라고 불리던 제주도를 방문한 체험을 '코리아 혹은 조선'이라는 제목으로 썼고 역시 《조선기행》에 함께 묶여 있다. 《가련하고 정다운 나라, 조선》의 저자 조르주 뒤크로는 프랑스 문인으로 당시 조선 서민들의 일상 살림살이를 다양한 소재를 통해 서정적으로 그리고 있다.

두 권의 책에서 우선 돋보이는 것은 풍부한 사진자료. 실제 집필자와 그의 동료들에 의해 찍히거나 판화로 그려진 장면들은 글의 사실성을 높여주고 있는데, 사진 속의 저 이상하고 낯선(?) 모습의 사람들이 우리 선조라는 것에 아련한 감회가 든다. 자, 그들은 1백여 년 전 조선 땅에서 무엇을 보았을까.

먼저 관점의 문제. 세 저자가 이 땅에서 느끼는 호감도는 판이하게 달랐다. "조선만의 문화와 예술이라는 것은 존재하지 않는다"고 단정하며 서술하는 샤이에 롱에게 이 땅은 철저한 오지였다. 기생을 비롯한 대부분의 여인들은 생김새가 추악하며 의복은 우스꽝스럽고 비합리적이고 먹거리는 비참하다. 그가 볼 때 조선인은 인종적으로 훈족과 몽골족, 타타르족 및 투르크족의 혼혈로 판단되며 에스키모와 생활습관이 놀라울 정도로 유사하다.

샤를 바라는 베테랑 여행가이자 민속학자답게 능수능란하게 이 '단순한' 원주민들을 부린다. 외침을 우려해서 아예 길을 만들어놓지 않은 이 천연적인 지형을 종단하며 그는 문명인이 미개인을 대할 때의 심정으로 될수록 너그럽게 조선을 이해한다. 하지만 여행 과정에서 그에게는 많은 변화가 일어난다. 아무것도 없는 것 같은 이 오지에 의외로 자기들만의 고유 문물이 존재한다는 사실의 발견이다. 그는 민화, 장승, 푯대, 비석 등에서 가치 있는 민속학적 탐구를 벌인다.

가장 우호적인 것은 《가련하고 정다운 나라, 조선》을 쓴 조르주 뒤크로의 글이다. 수많은 속담과 구전설화를 채취해 인용하며 그는 조선인의 가옥, 의복, 상점, 생김새, 정치상황에까지 속속들이 관심을 펼친다. "가진 것이 별로 없어도 행복한 조선사람"들에 대한 언급은 오늘날의 세련된 도회지 사람이 투박한 농촌사람에게 부러움을 느끼는 것과 같은 종류의 이중 감정을 담고 있다.

그러나 세 편을 모두 읽고 나서 드는 느낌은 샤이에 롱의 무섭도록 가차 없고 냉정한 시선이 가장 쓸모가 있었다는 점이다. 방한 중인 서양인들이 습관적으로 말하는 "오, 하늘빛이 아름다운 한국" 따위의 자연예찬 상투어는 문화가 별 볼일 없다는 일종의 연막이자 의례적인 표현일 뿐이다. 샤이에 롱에게 화내면 안 된다. 그의 냉혹한 시선이 오히려 보편적인 서구인의 속마음을 노출시키고 있기 때문이다. 우리가 관념적으로 이해하는 선조들의 '찬란한 5천 년 배달문화'의 실체가 그의 겉핥기 여행을 통해 오히려 진실의 일단을 드러내고 있다고 보인다.

일본 사회학자의 눈에 비친 한국인

이케하라 마모루의 《맞아죽을 각오를 하고 쓴 한국, 한국인 비판》이 베스트셀러가 됐을 때 내심 조마조마했었다. 열혈 배달겨레 아저씨들에게서 무슨 반응을 보일지 불안했던 것. 아니나 다를까. 한 시사 월간지에 장문의 반박 기고문이 실렸다. 한마디로 요약하자면 '간악한 일본의 음모'라는 것.

음모는 웬 음모? 만일 내가 일본인을 비판하는 글을 쓰면 그것이 '한국의 음모'일까. 수긍할 수 없는 비판이라면 왜 그렇게 비치는지 성찰해

볼 일이고, 인정되는 내용에 대해서는 아프게 반성할 일이다. 칭찬만 받고 싶어 하는 것은 유아기 심리다. 타인의 비판, 객관적 평가를 수용하면서 소위 대자적 존재로 성장해나간다.

⁓

지난 1999년 일본에서 제법 각광을 받았던 일본인 사회학자의 한국인론이 번역돼 나왔다. 1990년대 서울에서 5년 반 동안 유학했던 고하리 스스무의 《한국과 한국인》이 그것인데, 체험적 에세이 성격을 지닌 이케하라의 책과는 달리 지역연구 및 외국학에 토대를 둔 한일 비교문화 연구서이다.

비교문화의 관점이라지만 결국 저자의 심리회로를 따라가보면 문명인의 교양에 한참 못 미치는 것으로 진단되는 게 현 단계 한국사회의 실상이다. 가령 한국의 고속도로 휴게실에서 다음과 같은 표어를 발견한다. "우리 일등 국민은 화장실을 깨끗이 사용합니다." 스스무는 어안이 벙벙해진다. 국민에도 일등, 이등이 있다는 말인가. 한국민이 일등이라고 주장하면 그럼 나는 몇 등 국민이라는 말인가.

⁓

시내버스 운전기사에게 호통을 당하기도 한다. "내릴 거면 빨리 입구에 나와 있어야죠!" 달리는 차량은 위험하므로 버스가 멈춘 다음 자리에서 일어나 내리는 일본과 구미의 관행은 초특급 빨리빨리 템포의 한국에서는 용납되지 않는다. 문화적 차이일까, 안전불감증일까. 사소한 생활문화에서 전직 대통령의 폭언을 예로 든 정치현상에 이르기까지 문제

제기적 시각이 가득하다. 편협한 민족우월주의, 누구나 비판하면서 헤어 나오지 못하는 지역주의, 아는 사람 외에는 철저히 무관심하거나 적대적인 연고의식…… 사실 우리가 모르는 문제들은 아니다.

나는 어설픈 문화 상대주의를 싫어한다. 이질문화를 우열로서가 아니라 단지 차이로 인식하자는 게 이른바 상대주의인데 거기에는 다분히 한 수 접어주는 강자의 온정주의 같은 게 잠복해 있다. 그보다는 차라리 재한 외국인 청소년들이 말했다는 한국인 이미지 "매너가 없어요 no manner, 거칠어요 rudeness, 공중예의가 없어요 common courtesy." 이런 속내를 듣고 싶다. 그런 점에서 스스무의 글도 너무 조심스러운 게 아닌가 싶다.

·····

《한국인에게 문화는 있는가》, 최준식, 사계절
《한국문화에 대한 체험적 의문 99》, 유순하, 한울
《한국인, 가치관은 있는가》, 홍사중, 사계절
《맞아죽을 각오를 하고 쓴 한국, 한국인 비판》, 이케하라 마모루, 랜덤하우스코리아
《나는 한국이 두렵다》, 제프리 존스, 랜덤하우스코리아
《당신들의 대한민국》 1·2, 박노자, 한겨레출판
《발칙한 한국학》, J. 스콧 버거슨, 이끌리오
《조선기행》, 샤를 바라, 샤이에 롱, 눈빛
《가련하고 정다운 나라, 조선》, 조르주 뒤크로, 눈빛
《한국과 한국인》, 고하리 스스무, 이지북

chapter 16
민족주의의 그늘

RAISON D'ETRE

민족주의와 발전의 환상

라디오에서 심야 음악 프로그램을 진행하던 시절, 잊지 못할 청취자 사연이 생각난다. "우리 선생님 소원은 일본으로 쳐들어가서 일본놈들 우물에 독약을 타놓고 오는 거라고 했어요. 우리 반 애들도 환성을 지르며 모두 따라가겠다고 손을 들었어요. 아저씨도 '물론' 함께 가실 거죠?"

고교 2학년 여학생이었다. 그런 일의 정당성은 너무도 당연한 것이어서 나에게도 "물론 같이 가겠죠"라고 동의를 구했다. 물론 나는 함께 가지 않을뿐더러 정말 그런 일이 있다면 앞장서 말리는 역할을 하겠지만, 방송을 통해 대체 그곳의 평범한 시민에게 무슨 죄가 있느냐는 속마음을 말할 수가 없었다. 청취율을 의식해서였던가······.

복수심과 승리감에 불타는 민족주의, 이것을 어떻게 보아야 할 것인가. 가령 김구 선생은 민족주의자다. 독립국의 문지기가 되고 싶다고 했다. 이것은 전형적으로 약소국의 대항적 민족의식으로서 형법상의 정당방위와도 같은 것이다. 하지만 밀리언셀러 소설 《무궁화 꽃이 피었습니다》에 등장하듯이 핵폭탄으로 외세를 응징하여 통쾌감을 맛보는 정서, 이것은 공격적이고 배타적인 악성 집단주의라 말하지 않을 수 없다.

정치학자 권혁범 교수의 《민족주의와 발전의 환상》을 깊은 공감 속에 읽었다. 한때 문학평론을 했던 이력이 말해주듯 일반인들에게도 호소력 있는 문체로 그가 펼쳐나간 생각들은 이념의 붕괴를 체험한 오늘날 진정한 '진보적 사고'가 무엇인지를 잘 보여준다. 책을 통해 저자는 감정적이고 폭력적인 민족주의보다는 인류의 보편적 가치와 이성의 중요성을 환기시키고, 발전과 성장 만능주의에 기초한 부국강병론보다는 개인의 행복과 삶의 질적 추구를 촉구한다. 더 나아가 남북통일의 시각에 있어서도 기존 여러 갈래 통일론의 한계를 두루 비판하는 가운데 성마른 통일 지상주의보다는 장기적으로 사회통합을 목표로 하는 탈분단 상태를 지향한다.

책의 3분의 1을 할애해 상세하게 밝혀놓은 저자의 궁극적인 지향점은 저생산-저소비에 기초한 생태주의적 관점, 이른바 에코폴리틱스이다. 사실 이 대목은 긴 설명을 필요로 한다. 생태주의라는 게 아직 우리에게는 먹고살 만한 선진국 부르주아의 관심사이거나 오묘한 영성주의자, 정신주의자들의 한가한 소리로 여겨지는 수가 많기 때문이다. 하지만 저자가 주장하는 생태주의는 민족과 계급을 뛰어넘어 지구적 연대를 필요로 하는 거대 프로젝트로서 실패한 사회주의 실험 이후의 절박하고 급진적인 진보운동으로 설명된다. 통일이나 민족주의의 문제도, 개도국과 선진국 간의 갈등 문제도 모두 생태주의적 전망 속에 수렴된다.

아쉬운 것은 책의 제목이다. 이렇게 뻑뻑한 사회과학적 제목을 다는 배경에는 저자의 논점이 그리 대중적이지 못하다거나 아직은 지식사회의 토론에 그친다는 판단이 깔려 있을 것이다. 글쎄 그럴까. 이런 내용이라면 좀 섹시하고 도발적인 표제로 '영합'을 한들 무슨 흠이 될까. 헌 진보의 더께를 털어버리는 일 못지않게 새 진보의 목소리를 계몽하는 일도 시급한 과제다.

리영희에서 진중권으로

1980년대 대학생들의 경찰, 검찰 조서에 거의 예외 없이 등장하는 책이 하나 있다. 리영희 선생의 《전환시대의 논리》가 그것. 나도 사소한 일들로 조서를 쓴 적이 너댓 차례 있는데 수사관이 요구하는 문장이 아예 정형화되어 있었다. "리영희의 《전환시대의 논리》를 읽고 좌경사상에 빠져……" 운운. 솔직히 말해 오늘날 신화화되어 있는 그 책에서 당시 그리 큰 감동을 받았던 것은 아니다. 특정한 스터디그룹에 소속되지 않고 혼자 읽었던 나로서는 냉전 이데올로기의 극복이라는 큰 맥락을 놓치고 팩트fact의 숲에서 헤매었기 때문이다. 어쨌든 그 책은 우리 사회가 사상과 신념의 금제라는 국가폭력에서 벗어나고자 하는 움직임의 중요한 신호탄이었다.

그로부터 20년이 지난 지금 진중권의 사회비평서 《폭력과 상스러움》은 과연 얼마나 읽히게 될까. 한 삼독三讀을 염두에 두고 황급히 일독을 마친 지금 나는 이 책의 판매부수와 열독률이 먼저 궁금하다. 역사의 전개에는 큰 틀에서 단계가 있고 미시적으로 그때그때 국면이라는 게 있는데, 이 책은 한국사회의 변동 과정에서 단계의 이행을 집약적으로 보여주는 사상서라고 규정하고 싶다. 진중권이 이 책에서 설정한 의제가 커다란 반향을 얻고 많이 읽힌다면 단계의 변화가 현실로서 진행된다는 뜻이고, 소수의 열광에서 그친다면 아직 맹아기라고 진단하는 수밖에 없다.

그렇다면 과연 어떤 단계로의 이행을 말하는 것일까. 단적으로 말하자면 중세에서 근대로의 본격 진입을 뜻한다. 탈근대(포스트모던)의 징후를 하나의 상식이자 유행처럼 떠벌려온 지난 10여 년간의 논란을 염두에 둔다면 웬 생뚱맞은 소리냐고 하겠지만,《폭력과 상스러움》이 적시하는 우리 사회의 각종 모순들은 '이성의 제도화'라는 근대의 이상에 조차 부합하지 못하는 중세적 지체 상태를 진원지로 하고 있다. 여전히 신민臣民이자 노예인 대중과 그들을 컨트롤하는 극우 이데올로그들에 대한 조소와 비아냥으로 전편이 가득하다. 아니 다르게 보면 중세, 근대, 탈근대가 뒤섞여 있는 한국사회의 혼란상에 대한 (근대적 개념의) 좌파 지식인의 현실 진단이라고 말할 수도 있을 것이다. 그렇게 해서 저자가 확인한 한국사회의 지배적인 정신 상태는 정치적 국가주의, 경제적 자유지상주의, 문화적 보수주의로 요약될 수 있다.

　　　　　　　　　　～

　모두 12챕터로 구성되어 있는데, 각 장의 표제를 차근차근 음미하면서 각자의 머리에 어떤 생각이 떠오르는지 시험해보자. 폭력—죽음—자유—공동체—처벌—성性—지식인—공포—정체성—민족—힘—프랙탈. 실제로 그의 문장 속으로 들어가면 세 가지 체험을 하게 된다. 우선은 해체적 글쓰기(비판 대상의 글이 갖는 자기모순을 드러내 논점을 밝히는) 등 진중권표 요설의 재미와 흡인력. 그건 아, 흉내 내기 힘든 재주다. 그 다음은, 평소부터 막연히 그렇게 생각해왔지만 어떻게 도저히 정리가 안 되는 논점에 대한 그 놀랍도록 명쾌한 정리 능력. 가령 "일본식 국가주의와 미국제 자유주의의 결합이 우리 사회의 지배 이데올로기……" "우리 사회에는 집단은 있어도 사회성은 없다" 같은 간명한 혜안의 구절이 전편에 굴러다닌다. 그리고 세 번째는 역시 많이 알아야 한다는 각성. 각종 사상의 전후문맥을 충분히 숙지한 상태에서 이루어지는 온갖 인용들은 논의를 풍요롭게 만드는 동시에 신뢰감을 더해준다. 지적 딜레탕티즘이 강한 사람에게는 독이 될 수도 있는 면이지만.

　　　　　　　　　　～

　봉건의식과 파시즘이 결합된 박정희식 반공 국가주의를 문제로 인식하는 데 리영희의 저작이 단초를 제공했다. 그로부터 20여 년이 흐르는 동안 문제제기는 문제해결을 요구하는 단계로 진전되었다. 두 차례의 민간정부를 체험하는 동안 제도상으로는 대부분의 문제가 극복된 것처럼 보인다. 하지만 이제부터 다시 새로운 시작이다. 근대사회의 합리성을 규범화하면서 동시에 포스트근대의 전복적 과정을 내면화하는 일이 그것이다. 진중권은 우선 한국사회의 '폭력성'과 '상스러움'을 상징적인 의제로 내건다. 9장 정체성과 10장 민족을 먼저 읽을 것을 권한다.

이완용, 매국과 애국의 두 얼굴

내 어릴 적 동화의 세계는 조화롭고 평화로웠다. 흥부와 놀부, 친엄마와 계모, 문명인과 야만인, 국군과 공산군, 한국과 일본……. 세상은 좋은 나라 혹은 우리나라와 나쁜 나라 혹은 남의 나라로 양분되어 있었고 언제나 좋은 나라가 궁극적인 승자였다. 동화는 대학시절까지 이어져서 박정희에서 전노 일당에 이르는 지배층은 별 망설임 없이 나쁜 나라였고 좋은 나라는 좀 막연하지만 민중이라고 부르는 아련한 추상이었다. 물론 나 자신은 언제나 '당연하게' 좋은 나라 팀 소속이었다.

∽

아무도 가르쳐주지 않았다. 어떤 기준으로 좋은 나라, 나쁜 나라가 나뉘는지, 그런 구분이 온당한 것이기나 한지 그 어떤 선생님도 토론시켜주지 않았다. 편가름은 무오류의 진리와도 같아서 개인의 사회화 과정에 문답 없는 필수 항목이었다. 한데 어라, 좋은 나라가 왜 좋은 편인지, 반대편은 왜 악하거나 열등한 쪽인지 한 10초 정도만 생각해도 헷갈리기 시작하는 일들이 있다. 가령 남성과 여성, 경상도와 전라도, 기업가와 노조, 기득권층과 시민단체…….

그러니까 고정관념이란 현존 질서를 지탱해주는 버팀목 같은 것이다. 빨갱이가 나쁜 나라여야만 간신히 체제가 유지되던 시절이 있었고, 여자가 남자보다 열등해야만 하고, 연장자가 연소자보다 항상 우월해야만 돌아가는 지배 시스템이 있었던 것이다. 그러나 이젠 누구나 패러다임 시프트를 외친다. 발상의 전환! 변해야 산다! 그런데 그런 총론적 지향에 비해 각론적인 내용성은 충실한가. 자기 자신은 항상 '주관적으로' 좋은 나라 편에 소속시키는 편리하고 이기적인 관성에도 반성적 인식이 가능한가.

윤덕한의 《이완용 평전》을 읽으며 놀란다. "지금까지 알려진 것과는 전혀 다른 이완용의 모습이 계속 드러나" 집필 과정에서 큰 혼란에 빠졌다는 저자의 토로가 실감날 만큼 우리의 상식은 부실했다. "그는 술도 여자도 모르고 시문과 서예를 낙으로 삼은 전형적인 조선 선비였고 조선 왕실에 끝까지 충성을 바친 충신"이었다는 것이며, "독립협회의 회장으로서 전체 존속기간의 3분의 2 이상 동안 사실상 독립협회를 이끌었으며 독립문의 현판조차 그의 글씨일뿐더러 이 땅에 의무교육 제도를 처음으로 도입해 법제화한 인물도 그"였다. "을사조약의 실제 책임자는 을사5적이 아니라 명백히 고종"이라는 사료의 규명을 통해 저자가 제기하는 음모론과 희생양적 시각은 '만고의 역적'에 대한 우리의 고정관념을 여실히 흔든다.

우리를 편안하게 잠재워왔던 동화의 세계는 어서 깨져야 한다. 인식하지 못하고 악행에 가담하는 무반성적 태도, 외면과 무지 속에 가려진 진실들, 현상 고착을 위해 개발된 각종 허구의 논리들. 《이완용 평전》은 그에 대한 하나의 반면 사례집 같다. 이제 관심은 역사에서 당대의 현실로 옮겨와야 한다.

누가 일본을 왜곡하는가

우리나라에는 공개석상에서 마음껏 비난해도 되는 대상이 둘 있다. 빨갱이와 일본. 이들에겐 전쟁과 식민 강점이라는 원죄가 있어서 민족의 이름으로 규탄하고 저주하는 증오학습이 우리에겐 일상적이다. 따라서 왜 그들은 그렇게 악하다고 여겨지는지, 우리가 비판하는 내용은 모두 정당한지를 되묻는 일은 오히려 금기시되어 온 편이다.

특히 일본을 씹으면 통쾌한 카타르시스에서 우러나오는 박수 갈채를 받는다. "일본은 (배울 것이) 없다"고 주장하는 전여옥의 경험담이나 핵

폭탄으로 일본을 응징하는 김진명의 소설은 밀리언셀러가 됐고, 일본 고대 시가가 모두 우리 것이라는 이영희의 학설, 만악의 근원으로 일본을 설정하는 사회학자 신용하, 그밖에 박경리, 최창조, 주강현, 홍세화, 김경일 같은 유수한 작가, 학자, 지식인들의 반일, 혐일, 극일의 논조들은 유감없는 지지와 사랑을 받아왔다.

하지만 공개석상이 아닌 사석에서 쉬쉬거리며 하는 얘기들도 있다. 우리가 알고 있는 '악한' 일본과 실제로 경험하는 일본, 일본인은 많이 다르더라는 체험담이 그것이다. 이 역시 혼네와 다테마에(속마음과 겉으로 드러내는 표현)가 어떻네 해서 일본인의 이중성을 설명하는 근거로도 설명되지만 어딘가 석연치 않다. 그렇게 간교하고 잔혹하며 저질스럽고 창의성도 없고 모방에만 능하다는 민족이 어떻게 세계에서 경제 문화적으로 지도적인 위치에 서 있는 것일까. 혹시 우리가 알고 있는 일본은 그들의 실체가 아니라 억하심정을 품은 한국인 스스로의 편견과 무지 그리고 모종의 열등감의 반작용 같은 것은 아닐까. 객관적인 '사실'을 보기보다는 주관적이고 맹목적인 '감정'에 사로잡혀온 것은 혹시 아닐까.

누군가 사정을 깊이 아는 사람의 솔직한 얘기를 기대해왔고 거기에 딱 부합되는 책이 마침내 나왔다. 저자는 일본 게이오 대학에서 학부를, 와세다 대학에서 석박사를 마쳤으며 NHK에서 아나운서를 하기도 했던, 그야말로 상대를 알아도 너무 잘 알 만한 이력을 가진 중견 일문학자이다. 그는 심지어 "일본에 한국을 잘 이해하는 친한파가 있듯이 나도 좋은 의미의 친일파가 되고 싶다"는 도발적인 말도 서슴지 않는다. '아니, 이완용의 후손 아냐?' 하는 식의 분기탱천에 앞서 먼저 그의 충정 어린 말에 귀를 기울일 필요가 있다. 비판은 그 다음이다.

⁓

《누가 일본을 왜곡하는가》라는 책의 제목에 키포인트가 있다. 우리가 믿고 싶어 하는 '악한 일본'이란 실은 우리 스스로가 지어낸 내부의 혼란과 비이성적 감정의 소산이 태반이라는 것. 그 사례로 범국민적 쇠말뚝 제거운동이라든가, 중앙청 건물 폭파 같은 유명한 사건의 진상이 꼼꼼히 논증되고 있으며 앞서 언급한 반일 지식인들의 주장에 담긴 함정을 하나하나 분쇄해나간다.

짧은 지면에 이 섬세하고 치밀한 내용을 소개할 길이 없다. 다만 반드시 언급하고 싶은 점은 이 책이 결코 단순한 일본 옹호론으로 읽혀선 안 된다는 것이다. 당신이 만일 반일 민족주의자라면 이 책을 정독할 필요가 있다. 당신의 신념에 대해 이 책은 논리성과 합리성과 구체성을 요구할 것이기 때문이다. 혹은 당신이 만일 개인주의자 혹은 인류주의자라면 역시 이 책을 숙독할 필요가 있다. 국가와 민족을 빙자한 '우리 안의 파시즘'의 실체가 낱낱이 드러나 있기 때문이다.

이 책은 일본이라는 화두를 통과해 궁극적으로는 이성적이고 주체적인 사유의 필요성을 예시하는 방향으로 나아간다. 나치의 독일병정과 통일독일의 시민은 별개의 존재이듯이 우리가 대면하는 현대의 일본인은 악랄한 식민 수탈자도, 괴이한 변태들도 아닐 것이다. 대체 언제까지 암울한 피해의식 속을 헤매고만 있을 것인가.

《민족주의와 발전의 환상》, 권혁범, 솔출판사

《전환시대의 논리》, 리영희, 창비

《폭력과 상스러움》, 진중권, 푸른숲

《이완용 평전》, 윤덕한, 중심

《누가 일본을 왜곡하는가》, 박유하, 사회평론